新时代全面从严治党研究丛书
姚宏志　主编

安徽省哲学社会科学规划重大项目
“习近平总书记关于全面从严治党重要论述研究”
（项目批准号为 AHSKZD2018D01）最终研究成果

以钉钉子精神狠抓作风建设

沈燕培　孙亮　著

学习出版社

图书在版编目（CIP）数据

以钉钉子精神狠抓作风建设 / 沈燕培，孙亮著. --
北京：学习出版社，2024.2（2025.2重印）
（新时代全面从严治党研究丛书 / 姚宏志主编）
ISBN 978-7-5147-1259-9

Ⅰ. ①以… Ⅱ. ①沈… ②孙… Ⅲ. ①中国共产党一
党的作风一研究 Ⅳ. ①D261.3

中国国家版本馆CIP数据核字（2024）第020134号

以钉钉子精神狠抓作风建设

YI DINGDINGZI JINGSHEN HENZHUA ZUOFENG JIANSHE

姚宏志　主编

沈燕培　孙　亮　著

责任编辑：翟晓波　左轩铭
技术编辑：朱宝娟
装帧设计：壹读闻话

出版发行：学习出版社
北京市崇外大街11号新成文化大厦B座11层（100062）
010-66063020　010-66061634　010-66061646
网　　址：http://www.xuexiph.cn
经　　销：新华书店
印　　刷：河北鹏润印刷有限公司

开　　本：710毫米×1000毫米　1/16
印　　张：19.75
字　　数：236千字
版次印次：2024年2月第1版　2025年2月第3次印刷

书　　号：ISBN 978-7-5147-1259-9
定　　价：68.00元

如有印装错误请与本社联系调换，电话：010-66064915

序

全面建设社会主义现代化国家，全面推进中华民族伟大复兴，关键在党。党的十八大以来，以习近平同志为核心的党中央，紧紧围绕建设什么样的长期执政的马克思主义政党、怎样建设长期执政的马克思主义政党的重大时代课题，以前所未有的勇气和定力深入推进全面从严治党，解决了党内许多长期想解决而没有解决的突出问题，推动新时代全面从严治党取得了历史性、开创性成就，产生了全方位、深层次影响。不仅如此，习近平总书记还就全面从严治党问题发表了一系列重要论述，提出了事关党的长远发展的一系列新举措新思想新战略，比较系统地回答了全面从严治党的重大理论和现实问题，形成了内涵丰富、逻辑严密、系统完备的科学思想体系，丰富和发展了中国共产党管党治党、兴党强党的新鲜经验，标志着我们党对马克思主义执政党建设规律的认识达到了新高度和新境界，为深入推进新时代党的建设新的伟大工程提供了根本遵循。

为深入研究新时代全面从严治党的理论与实践，特别是深刻阐释习近平总书记关于全面从严治党的重要论述，安徽省哲学社会科学规划办公室设立安徽省哲学社会科学规划重大项目，面向全省高校和科研机构公开招标。本次招标首个选题方向和范围就是“习近平新时代中国特色社会主义思想专题化系列研究”，要求围绕习近平总书记各方面重要论述，分专题进行研究阐释，成果形式为系列专著。据此，由本人为首席专家牵头申报，并以“习近平总书记关于全面从严治党重要论述研究”为题进行投标，后经专家评审，报中共安徽省委宣传部批准，最终成功中标立项。

本项目研究的设计思路是：基于中国特色社会主义进入新时代这一全新历史方位，围绕中国共产党建设面临的新形势新要求以及所肩负的伟大历史使命，力图从总体上全面梳理党的十八大以来习近平总书记关于全面从严治党的系列重要论述，深入阐发这些重要论述的生成背景、丰富内涵、科学体系、鲜明特征、精神实质和实践要求，以期从总体上全面理解和深刻把握这一思想体系。基于这一研究思路，课题组成员经过深入研讨，确定了本项目的6个子课题，名称分别如下：

第一个子课题为“全面从严治党永远在路上”，以习近平总书记关于全面从严治党永远在路上重要论述为文本依据，深刻阐释习近平总书记这些重要论述的生成逻辑、主要内容、基本目标、逻辑体系、主要特点等，力求完整、准确地把握习近平总书记全面从严治党的科学内涵和精神实质，深入阐发习近平总书记关于全面从严治党永远在路上重要论述的理论意义和现实价值。

第二个子课题为“把党的政治建设摆在首位”，以习近平总书记关于党的政治建设重要论述为文本依据，深刻阐释坚定无产阶级政治信仰、坚持党中央权威和集中统一领导、紧扣民心这个最大政治、营造风清气正的政治生态、严明党的政治纪律和政治规矩、着力防范化解重大政治风险、努力提高领导干部政治能力等方面内容，同时注重对这些重要论述的思想史梳理和社会史还原，以期深入揭示习近平总书记关于党的政治建设重要论述的历史继承性、思想丰富性、现实针对性。

第三个子课题为“拧紧思想信念‘总开关’”，以习近平总书记关于党的思想建设重要论述为文本依据，深刻阐释思想建设是党的基础性建设、坚持不懈用习近平新时代中国特色社会主义思想武装全党、补足中国共产党人精神之“钙”、党性教育是中国共产党人“心学”、坚持思想建党和制度治党相统一等方面内容，从历史、理论、实践等方面着力概括习近平总书记关于党的思想建设重要论述的基本特征、历史地位、理论价值和指导作用。

第四个子课题为“贯彻落实好党的组织路线”，以习近平总书记关于党的组织建设特别是党的组织路线重要论述为文本依据，深刻阐释组织体系建设是新时代党的组织工作和组织路线的重点、着力培养忠诚干净担当的高素质干部、着力聚集爱国奉献的各方面优秀人才、做好年轻干部工作等方面内容，旨在揭示习近平总书记关于党的组织建设重要论述的提出背景、主要内容、理论意义与实践意义。

第五个子课题为“以钉钉子精神狠抓作风建设”，以习近平总书记关于党的作风建设重要论述为文本依据，深刻阐释党风问题关于党的生死存亡、弘扬党的光荣传统和优良作风、纠正“四风”不能止步、党性问题是改进作风的重要着眼点、把家风建设作为领导干部作风建设重要内容、持之以恒抓作风建设等方面内容，进而剖析习近平总书记关于党的作风建设重要论述的思想来源、科学内涵、理论创新和现实价值。

第六个子课题为“把纪律和规矩挺在前面”，以习近平总书记关于党的纪律建设重要论述为文本依据，深刻阐释用严明的纪律管全党治全党、建立健全各项纪律和规矩、严明政治纪律和政治规矩、把严明组织纪律贯穿管党治党全过程、使纪律真正成为带电的高压线等方面内容，旨在深入概括习近平总书记关于新时代党的纪律建设重要论述的生成背景、主要内容、核心观点、建设路径和现实意义。

上述6个子课题之间形成了“1+5”的框架结构和逻辑关系。这里的“1”即第一个子课题，主要是从全局性、宏观上对习近平总书记关于全面从严治党重要论述进行整体性阐述，这是总论；这里的“5”即其他5个子课题，分别从政治建设、思想建设、组织建设、作风建设、纪律建设等五大具体领域和局部内容，对习近平总书记关于全面从严治党某方面重要论述进行专题化阐释，这是分论。“1+5”研究框架有清晰的总分结构，第一个子课题与其他5个子课题之间，以及5个子课题相互之间，既各有区别、各有侧重，又相互联系、相互补充，共同构成了一个有机联系的统一整体。

这里要特别感谢本项目各子课题负责人及课题组全体成员的大力支持。第一至第五个子课题负责人依次为张正光教授、王先俊教授、高正礼教授、严宏教授、沈燕培教授，第六个子课题负责人由首席专家兼任。在项目推进过程中，首席专家和各个子课题负责人以及课题组其他成员多次召开汇报会、推进会和研讨会，细化工作实施方案，深入研讨框架结构，相互切磋、解疑释惑，通报各自研究进度，共同推动项目研究工作的有序开展和持续推进，确保项目如期完成和高质量结项。经过课题组全体成员整整4年的共同努力，项目最终结项成果经安徽省哲学社会科学规划办公室审核，达到免于鉴定条件，于2022年10月正式结项。

为使研究成果早日与读者见面，一俟本项目结项，首席专家便与各个子课题负责人以及课题组全体成员根据结项评审专家的意见建议，对研究成果作了进一步修改、丰富和完善，并冠以“新时代全面从严治党研究丛书”之名，由学习出版社出版发行。

习近平总书记关于全面从严治党重要论述，立意高远，内涵丰富，思想深邃，为新时代推进管党治党、全面从严治党指明了前进方向。研究和阐释习近平总书记关于全面从严治党重要论述，不仅有着重大理论意义，而且有着重大现实意义。思想理论界对习近平总书记关于全面从严治党重要论述的深入研究和深刻阐释，已经取得了不少研究成果，但也只是刚刚开始，我们的研究同样只是起步，祈愿本研究成果能够对思想理论界有所裨益。

姚宏志

2022年12月

目录

前 言 1

第一章 党风问题关乎党的生死存亡 1

一、党风是马克思主义执政党人格力量的集中体现 5

（一）衡量马克思主义信仰和共产主义信念的尺子 5

（二）保持共产党人的高尚品格和廉洁操守的必然要求 8

二、对作风问题任何时候都不能掉以轻心 10

（一）重视作风建设是党的重要政治优势 11

（二）抓作风是推进党的建设新的伟大工程的重要切入点和着力点 16

（三）作风建设是防微杜渐的现实要求 20

三、腐败问题对党的危害最大 23

（一）腐败是社会毒瘤 24

（二）反腐败斗争形势依然严峻复杂 28

第二章　弘扬党的光荣传统和优良作风 35

一、坚持实事求是的马克思主义根本观点 39

（一）实事求是是马克思主义的精髓 39

（二）坚持实事求是要坚持真理、修正错误 44

（三）坚持实事求是要把调查研究作为基本功 48

二、保持党同人民群众的血肉联系 53

（一）人民是党执政的最大底气 54

（二）坚持马克思主义群众观点 58

（三）自觉站稳人民立场 61

（四）贯彻执行党的群众路线 65

三、把批评和自我批评摆在重要位置 71

（一）批评和自我批评是共产党人防身治病的有力武器 72

（二）批评和自我批评变成了“钝器” 75

（三）用好批评和自我批评这个武器 77

四、坚持与发扬艰苦奋斗的精神 80

（一）艰苦奋斗是党和国家开辟前进道路中的宝贵经验 81

（二）厉行节约，反对浪费 84

（三）甘于奉献，勇于担当 88

第三章 纠正“四风”不能止步 95

一、“四风”问题是广大人民群众反映最强烈、最突出的问题 97

（一）“四风”问题的基本表现 97

（二）“四风”问题违背党的性质和宗旨 103

（三）“四风”问题归根到底是理想信念的动摇 104

（四）“四风”问题必须下大气力惩治 107

二、抓“四风”首先要把中央八项规定抓好 112

（一）落实中央八项规定是解决“四风”问题的切入口与动员令 112

（二）中央八项规定精神落地生根 117

（三）锲而不舍落实中央八项规定精神 120

三、抓“四风”重点是抓“关键少数” 125

（一）“关键少数”要形成“头雁效应” 126

（二）“关键少数”要以自我革命带动作风转变 130

（三）“关键少数”要以身作则重塑风清气正的政治生态 134

四、抓“四风”必须有“真抓实干”的坚定决心 138

（一）把“求真务实”的导向立起来 138

（二）以“踏石留印、抓铁有痕”的劲头善始善终 143

第四章　党性问题是改进作风的重要着眼点　149
一、党性问题是作风问题的本质　155
（一）党性是最大的“德”　155
（二）党性与人民性是统一的　160
（三）党性是干部立身、立业、立言、立德的基石　166
二、衡量党性强弱的根本尺子——公与私　169
（一）权力姓公不姓私　169
（二）树立正确的义利观　173
（三）坚决反对特权思想和特权现象　177
三、党性教育是共产党人修身养性的必修课　180
（一）筑牢拒腐防变的思想道德防线　181
（二）把党章作为加强党性修养的根本标准　185
（三）严格落实党内生活制度　188
（四）培养干部，要抓好党性教育这个核心　192
第五章　把家风建设作为领导干部作风建设的重要内容　197
一、领导干部的家风关系党风政风　201

（一）家风是社会风气的重要组成部分　201
（二）家风是领导干部作风的重要表现　206
（三）家风败坏是领导干部走向严重违纪违法的重要原因　210
二、领导干部应带头树立良好家风　214
（一）廉洁修身，廉洁齐家　215
（二）继承和弘扬革命前辈的红色家风　223
（三）继承和弘扬中华优秀传统文化　228
（四）保持高尚道德情操和健康生活情趣　231
三、严格教育、管理、监督亲属子女　236
（一）过好亲情关　237
（二）注重发挥妇女在社会生活和家庭生活中的独特作用　239
（三）健全领导干部家风建设制度　242

第六章　持之以恒抓常抓细抓长　247

一、作风建设是攻坚战和持久战　249
（一）作风问题具有顽固性和反复性　249
（二）时刻防范“四风”隐形变异新动向　253
二、作风建设要标本兼治　259
（一）经常抓、见常态　259
（二）深入抓、见实效　264

（三）持久抓、见长效 267

三、实现作风建设制度化、规范化、常态化 270

（一）树立制度的权威性和严肃性 272

（二）以法治思维和法治方法抓作风建设 275

（三）完善以转作风改作风为重点的制度体系 278

参考文献 284

后　记 288

前言

党风，即党的作风。关于党风的科学内涵，长期以来不同学者有不同的理解。从语义上分析，党风包括党与作风两个方面。“作风”在《辞海》中主要有两层含义：一是工作或生活上一贯表现的态度和行为，二是文艺作家在一系列创作中所表现出来的特有的方法、技巧和风格，也指一个时代或民族的文学风格；在《现代汉语词典》中释义为（思想上、工作上和生活上）表现出来的态度、行为。可见，党风中的作风应取《辞海》中的第一个释义，包含着思想精神层面的内在要素和行为方式层面的外在表现。具有明确主体规定性的党风，主要指政党组织及其成员在思想、工作、生活等方面一贯的态度与行为，既有政党成员在认识、评价、审美等实践活动中形成的世界观、人生观和价值观，也体现出其在世界观、人生观、价值观指导下而形成的行为方式。任何政党都会有体现其性质、宗旨、纲领等内涵的党风，所不同的是，由于各政党所处的社会环境、文化背景、历史传统、阶级立场、政治态度等诸多方面的不同，有些政党是在不自觉中形成自己的党风，有些政党是在完全自觉的基础上进行党风建设。中国共产党明确提出党风这个科学概念，并对党风进行全面系统阐述的，是以毛泽东同志为主要代表的中国共产党人。1941 年 9 月，毛泽东在《反对主观主义和宗派主义》一文中第一次使用了党风概念，指出“党风存在宗派主义”[①]。他不仅提出了党风的概念，还阐明了党风的内涵，在《整顿党的作风》中指出，“反对主观主义以整顿学风，反对宗派主义以整顿党风，反对党八股以整顿文风”，“学风和文风也都是党的作风”[②]，这些论述实际上表明党风包括党在思想、政治、组织、工作、生活等方面的作风。20 世纪 80 年代，黄克诚在中纪委第三次贯彻《关于党内政治生活的若干准则》座谈会中充分肯定了毛泽东对党风的理论创新，强调：“党风指的是党的作风，是共产党员的作风，它包括思想、政治、工作、生活等各方面的作风。”[③]

从价值上分析，党风关系党的形象，关系人心向背，关系党的生死存亡，是评价一个政党好坏的直接依据。党风由党的性质、宗旨、纲领等党的内在规定所决定，本质上是一个政党党性的外化表现。党风正、党性强，党的光辉形象就能在群众中树立；党风不正就会影响党的性质，甚至造成党的腐败蜕化，严重损害、践踏党的形象。早在 1980 年 11 月，陈云就

① 《毛泽东文集》第 2 卷，人民出版社 1993 年版，第 373 页。

② 《毛泽东选集》第 3 卷，人民出版社 1991 年版，第 812 页。

③ 邓颖超、黄克诚：《关于党风问题的讲话》，人民出版社 1981 年版，第 17 页。

鲜明指出："执政党的党风问题是有关党的生死存亡的问题。"[①]此后，"党风关系生死存亡"的问题，多次被写入党的重要文献和党的制度规定中。2016年7月，习近平总书记在庆祝中国共产党成立95周年大会上特别强调："党的作风是党的形象，是观察党群干群关系、人心向背的晴雨表。党的作风正，人民的心气顺，党和人民就能同甘共苦。"[②]2022年10月，习近平总书记在党的二十大上再次强调，"党风问题关系执政党的生死存亡"[③]。这些论述都展现了党风的价值规定，党的作风是党的性质与宗旨、思想与价值观念在公共政治实践中的外化。

综合语义和价值的分析可以看出：党风即党的作风，是指一定政党的性质、宗旨、纲领、路线、方针、政策通过党组织和党员在实际生活中表现出来的相对稳定的思想方法、行为风格、道德状况和精神状态，是一个政党本质属性的外在表现。通过党风，人们可以判断一个政党的性质，判断其是多数人的代表还是少数人的代表；可以判断一个政党的前途，判断其是代表社会进步的方向，还是代表历史潮流的倒退；可以判断一个政党的风格，判断其是表里如一、引领示范，还是言行分离、蝇营狗苟。马克思主义政党正是在长期的党建实践中逐步形成了对党风的系统认识，并不断丰富发展党的作风建设理论。

---

① 《陈云文选》第3卷，人民出版社1995年版，第273页。

② 《习近平关于全面从严治党论述摘编》，中央文献出版社2016年版，第170页。

③ 习近平：《高举中国特色社会主义伟大旗帜　为全面建设社会主义现代化国家而团结奋斗》，人民出版社2022年版，第68页。

在马克思主义发展史上，马克思主义创始人虽然没有明确提出党风的概念，但却始终重视党的蜕化问题和脱离群众的危险，注重党的纯洁性建设，并逐步形成了以批评求团结、防止党的蜕化、密切党群关系等优良作风。针对领导干部特殊化的作风问题，马克思恩格斯明确要求干部不能高高在上，“无权要求别人对自己采取与众不同的温顺态度”[①]；为了防止领导干部搞特殊化，恩格斯主张党内实行人人平等的原则，指出党内的官吏是群众的仆人，人们“不要再总是把他们当做完美无缺的官僚，百依百顺地服从他们，而不进行批评”[②]。针对各国共产党和工人党内存在的脱离群众、奢侈腐化、以权谋私问题，恩格斯及时意识到党面临的蜕化变质危险，认为“无产阶级运动的规律显然是，到处都有一部分工人领袖必然要蜕化”[③]；在主张坚决清除蜕化变质腐败分子的同时，他也关注到了无产阶级政党执政后如何严防党的腐化问题。1891 年，恩格斯在《法兰西内战》序言中，总结了巴黎公社失败的经验教训，提出了为防止国家和国家机关由社会公仆变为社会主人的两项措施：第一，它把行政、司法和国民教育方面的一切职位交给由普选选出的人担任，并且规定选举者可以随时撤换被选举者。

① 《马克思恩格斯全集》第 38 卷，人民出版社 1972 年版，第 73 页。

② 《马克思恩格斯全集》第 38 卷，人民出版社 1972 年版，第 33 页。

③ 《马克思恩格斯全集》第 32 卷，人民出版社 1974 年版，第 334 页。

第二，它对所有公职人员，不论职位高低，都只付给跟其他工人同样的工资[①]。针对马克思主义执政党建设问题，列宁始终高度关注党内廉政建设，主张自上而下、不留情面地“把欺骗分子、官僚化分子、不忠诚分子和不坚定的共产党员以及虽然‘改头换面’但内心里依然故我的孟什维克从党内清除出去”[②]。

在马克思主义党建理论指导下，中国共产党自诞生之日起，就有着无产阶级政党的独特风格，并在革命、建设、改革的百年实践中，不断总结党的建设经验，充分认识到党的作风建设的极端重要性，形成并始终弘扬理论联系实际、批评和自我批评、密切联系群众等优良作风，这些都成为中国共产党区别于其他政党的显著特征。党的十八大以来，以习近平同志为核心的党中央高度重视党的作风建设，反复强调作风问题无小事，带领全党从落实中央八项规定入手，坚决惩治“四风”，以驰而不息、久久为功的韧劲，锲而不舍、一以贯之的恒心，以钉钉子精神狠抓作风建设，开创了新时代党的作风建设的新境界，表明了中国共产党狠抓作风建设的信心和勇气。可见，在推进新时代党的作风建设中，习近平总书记始终坚持以人民为中心的立场，以人民反映最强烈的作风问题为导向，坚定真抓实干的决心，围绕新时代为什么要加强党的作风建设、怎样以党的作风建设为全面从严治党的切入口、如何实现党的作风建设的制度化和常态化等问题，形成了一系列独创性的新思想

① 《马克思恩格斯选集》第3卷，人民出版社2012年版，第55页。
② 《列宁选集》第4卷，人民出版社2012年版，第562页。

新判断，丰富发展了马克思主义党建理论，是新时代党的作风建设的重要理论指南。2022 年 1 月，习近平总书记在十九届中央纪委六次全会上再次强调："坚持严的主基调不动摇，坚持发扬钉钉子精神加强作风建设，坚持以零容忍态度惩治腐败，坚持纠正一切损害群众利益的腐败和不正之风，坚持抓住'关键少数'以上率下，坚持完善党和国家监督制度，以伟大自我革命引领伟大社会革命，坚持不懈把全面从严治党向纵深推进。"①2022 年 10 月，党的二十大明确提出健全全面从严治党体系，把"坚持以严的基调强化正风肃纪""坚决打赢反腐败斗争攻坚战持久战"②作为"坚定不移全面从严治党，深入推进新时代党的建设新的伟大工程"③的重要组成部分，再次展现中国共产党以钉钉子精神推进作风建设常态化长效化的鲜明态度和坚定决心。2023 年 1 月，习近平总书记更是要求"站在事关党长期执政、国家长治久安、人民幸福安康的高度，把全面从严治党作为党的长期战略、永恒课题"，并就作风问题深刻提出要"抓住普遍发生、反复出现的问题深化整治""要把纠治形式主义、官僚主义摆在更加突出位置，作为作风建

---

① 《习近平在十九届中央纪委六次全会上发表重要讲话强调　坚持严的主基调不动摇　坚持不懈把全面从严治党向纵深推进》，《人民日报》2022 年 1 月 19 日。

② 习近平：《高举中国特色社会主义伟大旗帜　为全面建设社会主义现代化国家而团结奋斗》，人民出版社 2022 年版，第 68—69 页。

③ 习近平：《高举中国特色社会主义伟大旗帜　为全面建设社会主义现代化国家而团结奋斗》，人民出版社 2022 年版，第 63 页。

设的重点任务”等要求[①]。因此，系统阐释习近平总书记关于党的作风建设的重要论述，有助于丰富习近平新时代中国特色社会主义思想研究，进一步明确党的作风建设的突破点和着力点，为推进党的作风建设的制度化、规范化、常态化探寻有效方法和长效机制，把全面从严治党向纵深推进。

基于此，本书坚持问题导向，以马克思主义党建学说为指导，以文本研究为基础，分为“党风问题关乎党的生死存亡”“弘扬党的光荣传统和优良作风”“纠正‘四风’不能止步”“党性问题是改进作风的重要着眼点”“把家风建设作为领导干部作风建设的重要内容”“持之以恒抓常抓细抓长”六部分，对习近平总书记关于党的作风建设的重要论述进行提炼、概括，并阐释相关论述的基本内涵、理论特点和实践创新，揭示“作风建设永远在路上”的重要意义，基本涵盖了习近平总书记关于党的作风建设的重要论述的主要内容。这些内容大体构成了习近平总书记关于全面从严治党重要论述的不可分割的重要组成部分。

本书在分析阐释问题时，坚持从文本出发，尽可能做到读原著、学原文、悟原理，把习近平总书记关于党的作风建设的重要论述与马克思主义党建理论中国化的历程相结合，与当代中国党的建设实践相结合，与党领导的新时代中国特色社会主

---

① 《习近平在二十届中央纪委二次全会上发表重要讲话强调 一刻不停推进全面从严治党 保障党的二十大决策部署贯彻落实》，《人民日报》2023年1月10日。

义事业相结合，力争系统性、整体性地呈现习近平总书记关于党的作风建设重要论述的历史渊源、基本内涵、理论创新、实践路径、现实价值与宏观视野，从党的作风建设层面回答“建设什么样的长期执政的马克思主义政党、怎样建设长期执政的马克思主义政党”的时代之问，阐明党的作风建设在党的建设新的伟大工程中的重要地位，增强研究的思想性与学术性。由于习近平总书记关于党的作风建设的重要论述本身博大精深、内容丰富，并处于不断发展创新中，课题组成员将及时学习理解习近平总书记关于党的作风建设的最新论述，不断深化对习近平总书记相关重要论述的研究，尽一份马克思主义党建理论研究者的责任。

第一章 党风问题关乎党的生死存亡

党风是一个政党本质属性的外在表现，体现着政党的外在形象，主要包括党的思想作风、学风、文风、领导作风、工作作风和生活作风等。中国共产党作为马克思主义政党，尤其是执政党，对党风问题的重要性历来有清醒认识。面对新中国成立前夺取全国胜利的历史转折，党中央深刻认识到，全党必须在胜利面前保持清醒头脑，在夺取全国政权后经受住执政考验，防止出现骄傲自满、贪图享乐、脱离群众而导致人亡政息的危险。因此，毛泽东在党的七届二中全会上告诫全党，务必继续保持谦虚、谨慎、不骄、不躁的作风，务必继续保持艰苦奋斗的作风，这充分彰显了中国共产党人对党风认识的高度自觉。改革开放以来，党的领导人更是从党和国家生死存亡的高度反复强调党风问题，展现了马克思主义执政党特有的作风。早在1980年11月中纪委第三次贯彻《关于党内政治生活的若干准则》座谈会中，陈云就鲜明指出："执政党的党风问题是有关党的生死存亡的问题。”邓小平明确表示赞同陈云的观点，提出“极少数党员、干部的不正之风，非常不利于恢复党在群众中的威信”，要坚持不懈反对各种不正之风。20世纪90年代后，江泽民在不同场合多次强调党风问题，在庆祝中国共产党成立八十周年大会上的讲话上特别提出，“党的作风，关系党的形象，关系人心向背，关系党的生命”，要求全党“一定要从党和国家生死存亡的高度，充分认识反腐倡廉工作的重大意义”①。胡锦涛在党的作风建设上，特别从腐败的具体问题上强调“坚决惩治和有效预防腐败，关系人心向背和党的生死存亡”②。

习近平总书记在长期的工作实践中同样把党风问题放在党和国家生死存亡的高度，早在改革开放初期，他在基层工作时面对不正之风的侵蚀，就深刻认识到，“执政党的党风问题是关乎党的生死存亡问题，不但已为历史经验所证明，也是已为现实无

---

① 《江泽民文选》第3卷，人民出版社2006年版，第291页。

② 《胡锦涛文选》第2卷，人民出版社2016年版，第656页。

数事实所证明了的真理”，“党风的好坏，决定人心的向背；人心的向背，不但决定着社会主义建设的命运，也决定着党的命运。我们的党在国家政治生活中的领导地位，很容易使党员和党的干部产生利用职权谋取私利等脱离群众的错误思想作风”，“不能把争取党风尽快根本好转当作一般的业务工作去看待，必须提高到党和国家命运的政治高度来认识争取党风根本好转的重大意义”①。党的十八大以来，习近平总书记在不同场合反复强调：“工作作风上的问题绝对不是小事，如果不坚决纠正不良风气，任其发展下去，就会像一座无形的墙把我们党和人民群众隔开，我们党就会失去根基、失去血脉、失去力量。”②这些都凸显了优良党风的至关重要性。

---

① 习近平：《知之深　爱之切》，河北人民出版社2015年版，第22—23页。

② 《习近平谈治国理政》第1卷，外文出版社2018年版，第387页。

一、党风是马克思主义执政党人格力量的集中体现

马克思主义政党的人格力量，并不是空洞、抽象的概念，而是与党的理想信念、政治品格、精神风貌、道德操守、文化传统密切相关，有着丰富内涵与鲜明品质，是中国共产党区别于其他政党的鲜明特征，而党的作风正是马克思主义执政党人格力量的集中体现。习近平总书记曾明确指出，“我们党作为马克思主义执政党，不但要有强大的真理力量，而且要有强大的人格力量；真理力量集中体现为我们党的正确理论，人格力量集中体现为我们党的优良作风”①，“共产党人拥有人格力量，才能无愧于自己的称号，才能赢得人民赞誉”②。这一论述彰显了党风与马克思主义执政党人格力量的内在联系，党风好坏是衡量马克思主义政党的显著标志。

（一）衡量马克思主义信仰和共产主义信念的尺子

对马克思主义的信仰，对社会主义和共产主义的信念，是共产党人的政治灵魂，是共产党人经受住任何考验的精神支柱。“理想信念是共产党人精神上的‘钙’，理想信念坚定，骨头就硬，没有理想信念，或理

---

① 《习近平关于全面从严治党论述摘编》，中央文献出版社 2016 年版，第 157 页。

② 习近平：《在纪念邓小平同志诞辰 110 周年座谈会上的讲话》，人民出版社 2014 年版，第 21 页。

想信念不坚定，精神上就会‘缺钙’，就会得‘软骨病’”[①]，就可能导致政治上变质、经济上贪婪、道德上堕落、生活上腐化，这些消极腐败的党风问题会大大损害党的形象，甚至危及党的生命。对此，习近平总书记强调：“对党员干部来讲，是有坚定理想信念，还是满脑子功利私欲，决定着一个人的思想境界和行为举止。党员干部有了坚定理想信念，才能经得住各种考验，走得稳、走得远；没有理想信念，或者理想信念不坚定，就经不起风吹浪打，关键时刻就会私心杂念丛生，甚至临阵脱逃。现实生活中，一些党员、干部精神空虚、意志消沉、心为物役，信奉金钱至上、名利至上、享乐至上，少数人更是把党和人民赋予的权力作为谋取私利的手段，堕入腐败深渊，说到底都是理想信念动摇所致。”[②]可见，衡量一名共产党员、一名领导干部是否具有马克思主义信仰和共产主义信念，是有客观标准的，就是要看其能否坚持全心全意为人民服务的根本宗旨，能否在实际工作中吃苦在前、享受在后、廉洁奉公、拼搏奋斗，能否为理想和信仰奋不顾身、无私奉献甚至随时准备为党和人民牺牲一切，“一切迷惘迟疑的观点，一切及时行乐的思想，一切贪图私利的行为，一切无所作为的作风，都是与此格格不入的”[③]。

可见，党风是共产党人理想信念的“度量衡”，共产党员的“精神之钙”有没有、够不够、足不足，自身的言行举止、党风党性是其直接表现。党员干部的理想信念坚定，就能够在工作中有责任、有担当，真

---

① 《习近平关于党的群众路线教育实践活动论述摘编》，党建读物出版社、中央文献出版社 2014 年版，第 34 页。

② 习近平：《努力成为可堪大用能担重任的栋梁之才》，《求是》2022 年第 3 期。

③ 《习近平关于全面从严治党论述摘编》，中央文献出版社 2016 年版，第 58 页。

正贯彻为人民服务的根本宗旨，密切党与群众的联系，就能够身先士卒、冲锋在前、甘于奉献，展现出先锋模范作用。因此，习近平总书记明确指出，“作风问题本质上是党性问题。对我们共产党人来讲，能不能解决好作风问题，是衡量对马克思主义信仰、对社会主义和共产主义信念、对党和人民忠诚的一把十分重要的尺子”[①]；“有了坚定的理想信念，站位就高了，眼界就宽了，心胸就开阔了，就能坚持正确政治方向，在胜利和顺境时不骄傲不急躁，在困难和逆境时不消沉不动摇，经受住各种风险和困难考验，自觉抵御各种腐朽思想的侵蚀，永葆共产党人政治本色”[②]。他要求广大年轻干部要深刻认识到：“接好班，最重要的是接好坚持马克思主义信仰、为共产主义远大理想和中国特色社会主义共同理想而奋斗的班。党员、干部只有胸怀天下、志存高远，不忘初心使命，把人生理想融入党和人民事业之中，把为人民幸福而奋斗作为自己最大的幸福，才能拥有高尚的、充实的人生。坚定理想信念，必先知之而后信之，信之而后行之。坚定理想信念不是一阵子而是一辈子的事，要常修常炼、常悟常进，无论顺境逆境都坚贞不渝，经得起大浪淘沙的考验。”[③]

把党的作风与共产党人的理想信念紧密相连，这是党的思想作风的内在要求。在革命、建设、改革各个历史时期，无数共产党人为了民族独立、人民解放、国家富强，无私无畏，艰苦奋斗，用鲜血和汗水展现

---

① 习近平：《在第十八届中央纪律检查委员会第六次全体会议上的讲话》，人民出版社2016年版，第11页。

② 《习近平关于党的群众路线教育实践活动论述摘编》，党建读物出版社、中央文献出版社2014年版，第33页。

③ 《习近平在中央党校（国家行政学院）中青年干部培训班开班式上发表重要讲话强调　筑牢理想信念根基树立践行正确政绩观　在新时代新征程上留下无悔的奋斗足迹》，《人民日报》2022年3月2日。

了共产党人战胜一切敌人和困难的英勇气概，谱写了为国家和人民奋斗奉献的胸怀意志，这都充分彰显了中国共产党人的政治态度与价值追求，展现了共产党人为人民谋幸福、为民族谋复兴的初心使命和全心全意为人民服务的根本宗旨。所以，正如习近平总书记所说："信仰、信念、信心是最好的防腐剂。"[①]

（二）保持共产党人的高尚品格和廉洁操守的必然要求

高尚品格与廉洁操守是中国传统道德的基本规范，中国人历来强调"正心以为本，修身以为基"，主张"一念收敛，则万善来同；一念放恣，则百邪乘衅"。共产党人保持高尚的道德风范与行为操守既是对中华传统美德的传承，又是马克思主义政党作风建设的应有之义，是共产党人的政治本色，深蕴于党的作风之中。共产党人对理想信念的坚定首先源于对自我的道德约束与向上向善的道德追求，有了高尚的道德风范才能更好地将小我融入大我，坚定为人类解放事业而奋斗的价值目标。马克思主义执政党的人格力量正是站在了道义的制高点上，规范了共产党人的道德要求，展现出党的精神风貌与清正廉洁。因此，习近平总书记特别强调："干部要想行得端、走得正，就必须涵养道德操守，明礼诚信，怀德自重，保持严肃的生活作风、培养健康的生活情趣，特别是要增强自制力，做到慎独慎微"[②]；"要崇尚严于律己的品德，广大党员、干

① 《习近平在广西考察时强调 解放思想深化改革凝心聚力担当实干 建设新时代中国特色社会主义壮美广西》，《人民日报》2021 年 4 月 28 日。

② 《习近平在中央党校（国家行政学院）中青年干部培训班开班式上发表重要讲话强调 在常学常新中加强理论修养 在知行合一中主动担当作为》，《人民日报》2019 年 3 月 2 日。

部要慎微慎独，清清白白做人、干干净净做事，努力做一个高尚的人、一个纯粹的人、一个有道德的人、一个脱离了低级趣味的人、一个有益于人民的人”①；要加强道德修养，带头弘扬社会主义核心价值观，明辨是非善恶，追求健康情趣，不断向廉洁自律的高标准看齐，做到心有所戒、行有所止②。

然而，由于受到封建残余的官本位与特权思想的影响，受到西方个人主义与功利主义思想的侵蚀，加之市场经济自身的消极影响，改革开放以来，党内明显存在不正之风与错位的道德观、权力观、政绩观相互交织的现象，特别是与党的性质宗旨格格不入的形式主义、官僚主义，成为党和人民的大敌，成为人民群众反映最为突出的问题之一，严重损害党的形象，侵害党的肌体健康，造成党内腐败的蔓延之势，影响党的各项事业。对于不讲道德廉耻、不讲清正廉洁的歪风邪气，习近平总书记从道德标准上对党的人格力量与作风建设提出了明确要求：一是要筑牢拒腐防变的思想道德防线。大量事实表明，不正之风和腐败行为的发生，首先是思想道德防线出了问题。2021 年 6 月，习近平总书记在“七一勋章”颁授仪式上特别指出：“廉洁奉公，就是保持共产党人艰苦朴素、公而忘私的光荣传统，从不以功臣自居，不计较个人得失，不贪图享受，守纪律、讲规矩，生动体现了共产党人应有的道德风范。共产党人拥有人格力量，才能赢得民心。全党同志都要明大德、守公德、严私德，清清白白做人、干干净净做事，做到克己奉公、以俭修身，永葆清正廉洁的政

① 《习近平在青海考察时强调　坚持以人民为中心深化改革开放　深入推进青藏高原生态保护和高质量发展》，《人民日报》2021 年 6 月 10 日。

②　习近平：《推进党的建设新的伟大工程要一以贯之》，《求是》2019 年第 19 期。

治本色。”[1]二是要加强反腐倡廉教育和廉政文化教育。习近平总书记要求广大党员、干部“树立良好道德风尚，争做社会主义道德的示范者、诚信风尚的引领者、公平正义的维护者，始终保持共产党人的高尚品格和廉洁操守”[2]，“在全社会培育清正廉洁的价值理念，使清风正气得到弘扬”[3]。

党的作风与共产党人的人格力量息息相通，展现的是中国共产党自我革命、永不松懈的精神品格。自我净化、自我完善、自我革新、自我提高是共产党人的终身课题，以每个共产党人道德素养和党性修养的锤炼，不断展现党的先进性与纯洁性，以每个共产党人的先锋模范作用的发挥，宣传群众、服务群众、凝聚群众，为实现中华民族伟大复兴凝聚人心、汇聚力量。

二、对作风问题任何时候都不能掉以轻心

党风关系党的形象，关系人心向背，形成优良党风不容易，保持和弘扬优良党风更不容易。作风建设是党的建设的重要组成部分，是一项艰巨的任务；作风出了问题，党的形象就会受损，党的纯洁性和先进性就无从谈起。对此，习近平总书记鲜明指出：“执政党如果不注重作风建设，听任不正之风侵蚀党的肌体，就有失去民心、丧失政权的危险。我

---

① 习近平：《在“七一勋章”颁授仪式上的讲话》，《人民日报》2021年6月30日。

② 《习近平关于党风廉政建设和反腐败斗争论述摘编》，中央文献出版社、中国方正出版社2015年版，第141页。

③ 《十八大以来重要文献选编》上，中央文献出版社2014年版，第135页。

们党作为一个在中国长期执政的马克思主义政党，对作风问题任何时候都不能掉以轻心。”[①]2020 年 1 月，他在“不忘初心、牢记使命”主题教育总结大会上再次深刻指出：“在党长期执政条件下，各种弱化党的先进性、损害党的纯洁性的因素无时不有，各种违背初心和使命、动摇党的根基的危险无处不在，党内存在的思想不纯、政治不纯、组织不纯、作风不纯等突出问题尚未得到根本解决。”[②]因此，中国共产党要时刻保持对作风建设的警惕性，任何时候都不能掉以轻心。

（一）重视作风建设是党的重要政治优势

作风建设是党的建设的永恒主题，高度重视党的作风建设是马克思主义政党的政治自觉。早在马克思恩格斯创建无产阶级政党领导欧洲工人运动时，就已经关注到党的作风建设问题，恩格斯严肃批评了巴枯宁等一些社会主义者身上存在的“阿谀奉承”的习气；十月革命后，列宁多次谈到“作风”问题，特别要求克服“官僚主义”，强调“要大胆地同官僚主义作斗争”[③]。在马克思主义指导下，中国共产党在长期革命、建设、改革的实践中，形成了许多光荣传统与优良作风，展现出独特的政治优势，这一政治优势是党的先进性与执政能力的重要体现，在广大人民群众中树立起了鲜明旗帜。

新民主主义革命时期，中国共产党总结革命斗争成功与失败的经验

① 《习近平关于党风廉政建设和反腐败斗争论述摘编》，中央文献出版社、中国方正出版社 2015 年版，第 8 页。

② 习近平：《在“不忘初心、牢记使命”主题教育总结大会上的讲话》，人民出版社 2020 年版，第 11 页。

③ 《列宁选集》第 4 卷，人民出版社 2012 年版，第 56 页。

教训，逐步认识到作风建设的重要性，明确提出党的作风问题，并有意识地推进作风建设，作风建设成为革命时期党的建设总布局的重要组成部分。1929 年 6 月，毛泽东在给林彪的信中分析了红四军党内“形式主义”的问题，认为这是“历史上一种错误的思想路线上的最后挣扎”[①]；同年 12 月，毛泽东在《古田会议决议》中谈到党内个人主义时，就党内问题使用了“风气”[②]一词，有了党风的意蕴；1930 年 5 月，毛泽东在《反对本本主义》一文中，批评教条主义思想路线，提出“没有调查，没有发言权”[③]。这些都展现了中国共产党对作风建设的认识过程，经历了两次胜利、两次失败的考验，中国共产党以马克思主义的态度和行为，坚决抵制和纠正了党内存在的各种错误思想倾向，在探索中国的革命道路中开创了党的优良作风，逐步积累了反对本本主义、密切党群关系、进行调查研究、开展正确党内斗争等作风建设的重要经验。抗日战争时期，时局的变化给党风建设带来严峻考验。如何充分调动人民群众的积极性巩固抗日民族统一战线、如何清算党内存在的教条主义等思想错误、如何妥善处理好党内矛盾增强党的团结统一，都是党的作风建设面临的突出问题，“作风”一词也高频出现在党的领导人的讲话中。1936 年 7 月，刘少奇在《肃清空谈的领导作风》一文中首次提到“领导作风”和“工作作风”[④]的概念，要求克服“空谈”的作风；1937 年 5 月，毛泽东在党的苏区代表会议上要求领导干部，“不要自私自利，不要个人英雄主义和

① 《毛泽东文集》第 1 卷，人民出版社 1993 年版，第 74 页。

② 《建党以来重要文献选编（1921—1949）》第 6 册，中央文献出版社 2011 年版，第 733 页。

③ 《毛泽东选集》第 1 卷，人民出版社 1991 年版，第 109 页。

④ 《刘少奇选集》上卷，人民出版社 1981 年版，第 41—45 页。

风头主义，不要懒惰和消极性，不要自高自大的宗派主义”，提出这是“共产党员、党的干部、党的领袖应该有的性格和作风”。[①]1941 年 5 月，毛泽东在延安干部会议上作了《改造我们的学习》的报告，成为整顿党风的开端。在延安整风中，“党风”一词首次明确提出。这一时期，中国共产党有计划有步骤地推进党的作风建设，开创了全党整风的自我革命形式和作风建设途径，逐步形成了理论联系实际、密切联系群众、批评和自我批评的三大作风，三大作风成为区别于其他政党的显著特征，它的提出标志着党的作风建设由实践上升到理论高度。党的作风在艰苦卓绝的抗日战争的复杂土壤上不断得到弘扬，大大促进了党的发展壮大和党在政治上、理论上的坚定成熟。新民主主义革命胜利前夕，中国共产党高度关注执政全国后的党风问题，科学预判掌握政权后的挑战，毛泽东在党的七届二中全会上强调要以发扬党的优良传统应对挑战，防止糖衣炮弹的进攻，告诫全党“务必使同志们继续地保持谦虚、谨慎、不骄、不躁的作风，务必使同志们继续地保持艰苦奋斗的作风”[②]，为新中国成立后党经受住执政风险的考验敲响了警钟。

社会主义革命和建设时期，中国共产党不断推进执政党的作风建设，结合不同阶段的历史任务开展整党整风运动，通过批评和自我批评，不断纠正部分党员干部居功自傲、骄傲自满、贪图享乐等错误思想认识，同官僚主义、命令主义、脱离群众、消极腐败现象做坚决斗争，严厉查处腐化堕落的贪污犯罪分子，有效克服与遏制了党在作风建设上的不良倾向，维护了党的纯洁性，继承和弘扬了党的优良革命传统。1950 年

---

① 《毛泽东选集》第 1 卷，人民出版社 1991 年版，第 277 页。

② 《毛泽东选集》第 4 卷，人民出版社 1991 年版，第 1438—1439 页。

5月，《中共中央关于在全党全军开展整风运动的指示》明确指出：新中国成立后，新增的很多党员思想作风极为不纯，还没来得及进行有计划的教育培训，老党员老干部中也有很多人骄傲自满，发展了严重的命令主义作风，引起人民不满，甚至出现贪污腐化、政治堕落、违法乱纪等现象[①]。对此，中央在全党范围内进行了一次大规模的整风，1951年2月起又决定对党的基层组织进行有计划、有准备、有领导的普遍整风，同时在全国开展“三反”“五反”运动，以此清洗了党内的投机分子、贪污腐化分子等，整顿了党的组织，保持了党的优良作风。1956年9月，党的八大明确提出执政条件下加强党的建设的重要方针，号召全党更加重视发扬党的优良传统，警惕各种脱离群众、脱离实际、不利于党内外团结的思想。面对“大跃进”过程中的错误，毛泽东反复要求恢复实事求是的优良传统，全党大兴调查研究之风，了解群众疾苦，努力克服经济发展中的各种问题，逐步认识到违反党的实事求是思想路线和群众路线作风的严重后果，在七千人大会上总结经验教训，制定了一系列克服经济困难的政策措施，为推进党的作风建设创造了重要条件。“文化大革命”期间，中国共产党的作风建设偏离实事求是的轨道，遭遇严重挫折，但在此过程中党为维护优良传统作出的努力和对教训的深刻总结都为纠正“文化大革命”的错误、开启改革开放新征程奠定了重要基础。

改革开放和社会主义现代化建设新时期，面对党风在“文化大革命”中的严重破坏，以邓小平同志为核心的党的第二代中央领导集体根据社会发展的需求和人民群众的需要，着力恢复党的优良传统和作风，以期实现党风的根本好转。邓小平提出要把“党的艰苦朴素、密切联系

① 《建国以来重要文献选编》第1册，中央文献出版社1991年版，第217页。

群众的传统作风很好地恢复起来，坚持下去”[①]，并鲜明指出官僚主义的危害；同时坚决狠刹经济犯罪领域的不正之风，要求干部不能抱着“当官做老爷”的心态，丢了艰苦朴素、密切联系群众的优良传统，要健全制度坚决解决思想作风问题。改革开放后，邓小平充分意识到党风廉政建设的艰巨性和复杂性，多次强调党风廉政建设是一项长期的工作，必须常抓不懈，指出“开放、搞活政策延续多久，端正党风的工作就得干多久，纠正不正之风、打击犯罪活动就得干多久，这是一项长期的工作，要贯穿在整个改革过程之中，这样才能保证我们开放、搞活政策的正确执行”[②]。为统一思想，整顿作风，加强纪律，纯洁组织，按照党的十二大和十二届二中全会的部署，从 1983 年冬季开始，全党分批开展了为期 4 年多的整党工作，对党的作风和党的组织进行了一次全面整顿。党的十三届四中全会以后，中国共产党把廉政建设作为大事来抓，进一步推进作风建设，先后通过《中共中央、国务院关于近期做几件群众关心的事的决定》《中共中央关于加强党同人民群众联系的决定》《中共中央关于加强和改进党的作风建设的决定》《中共中央关于加强和改进新形势下党的建设若干重大问题的决定》等，并通过开展“三讲”教育、全国农村“三个代表”重要思想学习教育、保持共产党员先进性教育活动、深入学习实践科学发展观活动等，反复强调结合新的实际情况，发扬党的优良作风，克服消极腐败，下大力气集中解决党的思想作风、工作作风、领导作风和生活作风等突出问题，不断建立健全权力运行的制约和监督机制，开创了党风建设的新局面。实际上，在这期间，习近平同志在地

---

① 《邓小平文选》第 2 卷，人民出版社 1994 年版，第 229 页。
② 《邓小平文选》第 3 卷，人民出版社 1993 年版，第 164 页。

方工作时就非常注重作风建设，尤其是密切联系群众的作风，他指出，“走群众路线，是我们党的一大政治优势”①，在精神文明建设上要求充分调动人民群众的自觉性、主动性和积极性；在社会矛盾化解上，要求“充分发挥党的政治优势，通过依靠和组织人民群众，化解消极因素”②，在新形势下继承和发扬党的优良传统和群众工作路线。

可以说，自中国共产党创建以来，党的作风建设始终在路上。党的力量正是在于能实事求是、与时俱进地制定正确的路线、方针、政策，正是在于根植人民、保持同人民群众的密切联系，正是在于形成一整套党的优良传统，并把作风建设融入党的建设的各项任务中。这些思想与实践都为十八大以后党的作风建设提供了坚实的思想基础和宝贵的历史经验。2021 年 2 月，全党开展党史学习教育，习近平总书记在动员讲话中特别强调，要“注重用党的奋斗历程和伟大成就鼓舞斗志、明确方向，用党的光荣传统和优良作风坚定信念、凝聚力量，用党的实践创造和历史经验启迪智慧、砥砺品格”③。

（二）抓作风是推进党的建设新的伟大工程的重要切入点和着力点

党的作风是党的性质、宗旨、纲领、路线的重要体现，党的建设的其他方面也会以不同方式通过党的作风体现出来。一旦党风出现严重

---

① 习近平：《摆脱贫困》，福建人民出版社 1992 年版，第 117 页。

② 习近平：《干在实处　走在前列——推进浙江新发展的思考与实践》，中共中央党校出版社 2006 年版，第 278 页。

③ 《习近平在党史学习教育动员大会上强调　学党史悟思想办实事开新局　以优异成绩迎接建党一百周年》，《人民日报》2021 年 2 月 21 日。

问题，我们都能够在党的政治建设、思想建设、组织建设、纪律建设和制度建设等方面找到产生党风问题的深层次原因。早在跨越新世纪时，江泽民在2001年8月考察山西时专门谈到“党的作风是党的形象”问题，他在讲话中明确指出：“抓住作风建设，就抓住了新形势下全面推进党的建设的一个十分重要的环节，抓住了提高党的领导水平和执政水平、提高拒腐防变和抵御风险能力的一个十分重要的切入点。”①党风也是显性的，是广大人民群众能够在实际工作和生活中切实观察到、体会到的，群众对党的认同主要是建立在其对党风状况的判断上，失去了人民群众的信任、支持和拥护，党的一切事业和工作也就无从谈起。一段时期内，党内存在的不正之风和消极腐败现象确实大大损害了党在人民心中的形象，破坏了良好的民风、政风、社风；因此，把抓党风作为推进党的建设伟大工程的重要切入点是切中时弊的。2012年11月，党的十八大报告对党的作风建设作了新规定，要求“坚持以人为本、执政为民，始终保持党同人民群众的血肉联系”，“坚持艰苦奋斗、勤俭节约，下决心改进文风会风，着力整治庸懒散奢等不良风气，坚决克服形式主义、官僚主义，以优良党风凝聚党心民心、带动政风民风”②，这些新规定都具有鲜明的问题导向，都聚焦人民最不满意的问题，为十八大以后党的作风建设指明了方向。

党的十八大以后，习近平总书记深知作风建设的艰巨性与复杂性，深知党的作风与其他建设和群众认同的关系，特别指出“功成名就时做到居安思危、保持创业初期那种励精图治的精神状态不容易，执掌政

① 《江泽民文选》第3卷，人民出版社2006年版，第324页。

② 《十八大以来重要文献选编》上，中央文献出版社2014年版，第39—40页。

权后做到节俭内敛、敬终如始不容易，承平时期严以治吏、防腐戒奢不容易，重大变革关头顺乎潮流、顺应民心不容易”[①]；“一个时期以来，作风问题在党内确实相当严重，已经到了非抓不可的时候，不抓不行了。抓和不抓大不一样，小抓大抓也大不一样，只有动真格打硬仗，才能扫除顽瘴痼疾，取得人民满意的实效”[②]。他在不同场合反复强调在继承党的优良传统作风的基础上，把作风建设摆在更加突出的位置上，总结新经验，解决新问题，指出要“抓住作风建设这条主线，一以贯之，步步深入”[③]。

2012 年 12 月，中央政治局召开会议，审议通过了关于改进工作作风、密切联系群众的“中央八项规定”，习近平总书记要求以“中央八项规定”为突破口，切实解决人民群众反映强烈的突出问题。2013 年 4 月，党中央决定围绕保持党的先进性和纯洁性问题，在全党开展以为民务实清廉为主要内容的党的群众路线教育实践活动。对此，习近平总书记指出要把“这次教育实践活动的主要任务聚焦到作风建设上，集中解决形式主义、官僚主义、享乐主义和奢靡之风这‘四风’问题”，因为这是“当前群众深恶痛绝、反映最强烈的问题，也是损害党群干群关系的重要根源”[④]。2014 年 10 月，在党的群众路线教育实践活动总结大会

① 习近平：《推进党的建设新的伟大工程要一以贯之》，《求是》2019 年第 19 期。

② 《习近平关于党风廉政建设和反腐败斗争论述摘编》，中央文献出版社、中国方正出版社 2015 年版，第 21 页。

③ 习近平：《在第十八届中央纪律检查委员会第六次全体会议上的讲话》，人民出版社 2016 年版，第 3 页。

④ 《十八大以来重要文献选编》上，中央文献出版社 2014 年版，第 313—314 页。

上，习近平总书记鲜明指出："要从解决'四风'问题延伸开去，努力改进思想作风、工作作风、领导作风、干部生活作风，努力改进学风、文风、会风，加强治本工作，使党员、干部不仅不敢沾染歪风邪气，而且不能、不想沾染歪风邪气，使党的作风全面纯洁起来。"①这些重要论述都从党风与群众认同的关系上展示了习近平总书记把作风建设作为党的建设切入点的理性思考。

在坚持问题导向的同时，习近平总书记也明确认识到党的作风建设与党的建设各个方面的关系，始终重视把党的作风建设与政治建设、理论武装、反腐倡廉、制度监督等问题联系起来，把党的作风建设作为其他方面建设的切入点和着眼点加以思考和部署。面对党的十八大以来查处中管干部的违纪违法案件，习近平总书记多次分析指出，"腐败分子往往集政治蜕变、经济贪婪、生活腐化、作风专横于一身"②，作风中结党营私、拉帮结派、团团伙伙、阳奉阴违等突出的政治问题都会严重损害党心民心；在选人用人上，习近平总书记指出，"选人用人是党内政治生活的风向标，用人上的不正之风和腐败现象对政治生活危害最烈，端正用人导向是严肃党内政治生活的治本之策"③，要求严把领导干部的政治关、品行关、作风关、廉洁关。这些认识和做法都展现了党的作风建设对于全面从严治党的切入点和着眼点的重要地位。在深入推进党的作风

① 《习近平关于党风廉政建设和反腐败斗争论述摘编》，中央文献出版社、中国方正出版社 2015 年版，第 89—90 页。

② 习近平：《在第十八届中央纪律检查委员会第六次全体会议上的讲话》，人民出版社 2016 年版，第 7 页。

③ 《习近平关于全面从严治党论述摘编》，中央文献出版社 2016 年版，第 142 页。

建设的实践中，以习近平同志为核心的党中央从思想教育、组织建设、制度保障等多方面深入推进作风建设，推动全面从严治党，开启了党的作风建设的新篇章。

（三）作风建设是防微杜渐的现实要求

古人有云，“小善渐而大德生，小恶滋而大怼作”，“勿以恶小而为之，勿以善小而不为”。这就要求人们对自身的思想与行为要时刻保持警惕，当出现不好征兆时，必须及时加以制止与纠正，不能任由其继续发展。党的作风建设同样如此，作风看似无形，实则无处不在；“不虑于微，始贻于大；不防于小，终亏大德”。“一个人腐败堕落，往往是从贪占‘小便宜’开始的”①，如果对于党内不正之风习以为常、听之任之，就会严重腐蚀党的纯洁肌体和执政根基。

改革开放以来，中国共产党一方面继承弘扬党的优良作风，倡导立足国情、紧随时代、与时俱进、求真务实、根植人民、改革创新等作风，另一方面受社会环境和市场经济的各种影响，党内也充斥着各种功利主义、金钱主义、享乐主义、极端个人主义等消极价值观，贪污腐化、形式主义、官僚主义、铺张浪费、豪华奢侈等问题愈演愈烈。对于党内的不正之风，早在 1989 年 8 月，江泽民在全国组织部长会议上的讲话中就明确指出：“一些不健康的思想，通过批评和自我批评，可以防微杜渐。”②党的十八大以后，习近平总书记清醒地认识到作风建设不力的问题，要求广大党员干部必须具备拒腐防变的能力，经常对照党的理论和

① 习近平：《做焦裕禄式的县委书记》，中央文献出版社 2015 年版，第 48 页。
② 《十三大以来重要文献选编》中，中央文献出版社 2011 年版，第 39 页。

路线方针政策、对照党章党规党纪、对照初心使命，清除思想中的灰尘，守住拒腐防变的底线，随时保持防微杜渐的自觉意识。

2012年12月，习近平总书记在中央政治局会议上关于改进工作作风、密切联系群众的讲话中强调，党的作风问题不能司空见惯、见怪不怪，“党风廉政建设，要从领导干部做起，领导干部首先要从中央领导做起。正所谓己不正，焉能正人。最重要的就是要防微杜渐，不要‘温水煮青蛙’”[①]。2014年3月，习近平总书记在兰考县调研时，特别指出了腐败从量变到质变的问题和种种表现，如有的干部“认为自己掌点小权，干不了大事，平时行个职务之便，吃点收点或捞点，既上不了纲，又触不了法，最多算生活小节”；“有的自认为‘贪小便宜’手段高明，无影无踪，或者是自己人、哥们儿，保险可靠，不会出问题”；“有的看到身边的人常搞点‘小腐败’，生活滋润，逍遥自在，便心理失衡、按捺不住，于是揣摩效仿，甚至暗中较劲、试比高低”[②]；等等。对此，他再次强调“对一切腐蚀诱惑保持高度警惕，慎独慎初慎微，做到防微杜渐”[③]。同年6月，习近平总书记提出了“照镜子、正衣冠、洗洗澡、治治病”这一党的群众路线教育实践活动的总要求，特别指出：“正衣冠往往一天一次不够，需要‘吾日三省吾身’。正视和解决自身存在的问题需要勇气，但这样做最主动。‘祸患常积于忽微，而智勇多困于所溺。’养成勤

① 《习近平关于“不忘初心、牢记使命”论述摘编》，党建读物出版社、中央文献出版社2019年版，第150页。

② 《习近平关于党风廉政建设和反腐败斗争论述摘编》，中央文献出版社、中国方正出版社2015年版，第83页。

③ 《习近平关于党的群众路线教育实践活动论述摘编》，党建读物出版社、中央文献出版社2014年版，第44页。

正衣冠的习惯，能收到防微杜渐之效，能有效避免‘积羽沉舟，群轻折轴’。”[①]2014 年 1 月，习近平总书记在十八届中央纪委三次全会上提出：“要抓早抓小，有病就马上治，发现问题就及时处理，不能养痈遗患。”[②]

作风问题要防微杜渐的深刻警醒就是对腐败问题的深入剖析。分析党的十八大以来查处的典型腐败案件，习近平总书记深刻指出，腐败问题“都有一个量变到质变、小节到大错的过程。如果在刚发现问题时组织就及时拉一把，一些干部也不至于在错误的道路上越滑越远。党组织要多了解党员、干部日常的思想、工作、作风、生活状况，多注意干部群众的反映，抓早抓小，防微杜渐”[③]。因此，守住拒腐防变的底线关键还是要靠广大党员、干部的自觉自省。加强自律关键是在私底下、无人时、细微处能否做到慎独慎微。要懂得小事小节中有政治、有方向、有形象、有人格的道理，从小事小节上加强约束、规范自己，常掸心灵灰尘，常清思想垃圾，常掏灵魂旮旯。2018 年 3 月，在参加十三届全国人大一次会议重庆代表团审议时，习近平总书记阐释了防微杜渐的重要性，“要多积尺寸之功。小事小节是一面镜子，小事小节中有党性、有原则、有人格”，“坚持从小事小节上加强修养，从一点一滴中完善自己，严以修身，正心明道，防微杜渐，时刻保持人民公仆本色。要慎独慎初慎微慎欲，培养和强化自我约束、自我控制的意识和能力”[④]。2019 年 12 月，

① 《十八大以来重要文献选编》上，中央文献出版社 2014 年版，第 315 页。

② 《习近平谈治国理政》第 1 卷，外文出版社 2018 年版，第 394—395 页。

③ 《习近平关于全面从严治党论述摘编》，中央文献出版社 2016 年版，第 215 页。

④ 《习近平关于“不忘初心、牢记使命”论述摘编》，党建读物出版社、中央文献出版社 2019 年版，第 173 页。

习近平总书记在会见澳门特别行政区新任行政、立法、司法机关负责人时，特别提出“强化清廉作风，做到慎独慎初慎微”[①]的要求。2022年3月，习近平总书记专门对青年干部提出了自重自省的严格要求，强调：“守住拒腐防变防线，最紧要的是守住内心，从小事小节上守起，正心明道、怀德自重，勤掸‘思想尘’、多思‘贪欲害’、常破‘心中贼’，以内无妄思保证外无妄动。”[②]

这些思想认识都充分展现了党的作风建设要防微杜渐的极其重要性，抓作风建设不能停留在口头上，不能停留在事后的遏制与扭转上，而要从源头抓起，落实在平常与细微处，对于党风在“温水煮青蛙”下的质变，决不能掉以轻心。

三、腐败问题对党的危害最大

习近平总书记鲜明指出，“腐败是危害党的生命力和战斗力的最大毒瘤”[③]，“党面临的最大风险和挑战是来自党内的腐败和不正之风”[④]，“坚定不移惩治腐败，是我们党有力量的表现，也是全党同志和广大群众的

① 《习近平会见澳门特别行政区新任行政、立法、司法机关负责人》，《人民日报》2019年12月21日。

② 《习近平在中央党校（国家行政学院）中青年干部培训班开班式上发表重要讲话强调　筑牢理想信念根基树立践行正确政绩观　在新时代新征程上留下无悔的奋斗足迹》，《人民日报》2022年3月2日。

③ 习近平：《高举中国特色社会主义伟大旗帜　为全面建设社会主义现代化国家而团结奋斗》，人民出版社2022年版，第64页。

④ 《习近平关于党风廉政建设和反腐败斗争论述摘编》，中央文献出版社、中国方正出版社2015年版，第101页。

共同愿望”①。以自我革命的精神品格，坚决惩治各种腐败犯罪行为，同一切影响党的纯洁性与先进性的现象作斗争，建设廉洁政治，是中国共产党的鲜明立场，是人民关注的重大政治问题。

（一）腐败是社会毒瘤

“物必先腐，而后虫生。”纵观古今中外，“中国历史上因为统治集团严重腐败导致人亡政息的例子比比皆是，当今世界上由于执政党腐化堕落、严重脱离群众导致失去政权的例子也不胜枚举”，“如果任凭腐败问题愈演愈烈，最终必然亡党亡国”②。腐败是世界各国面临的共同难题，其严重的社会危害性已不言而喻。正因如此，习近平总书记深刻总结历史教训，把反腐倡廉提到关系党和国家生死存亡的高度来认识。

在中国古代的封建王朝中，每个朝代开国之初都能够积极吸取前朝衰亡的经验教训，注重励精图治，保持政治清明，但在逐渐发展中，尤其到中后期也都毫不例外地出现严重的奢靡腐败问题，官商勾结、聚敛财富、奢侈腐化之风盛行，各级官员甚至御史大夫等监察官员都存在严重的贪腐问题。历史上这样的例子比比皆是。2017 年 10 月，习近平总书记带领中共中央政治局常委瞻仰上海中共一大会址和浙江嘉兴南湖红船时，特别列举了中国历史上封建王朝无法摆脱历史周期率的例子，无论是秦始皇统一六国后的灭亡，汉朝经历“文景之治”、汉武帝称雄后的由盛转衰，还是“开元盛世”时期唐明皇的昏庸统治、清朝末年的

① 《习近平关于党风廉政建设和反腐败斗争论述摘编》，中央文献出版社、中国方正出版社 2015 年版，第 94 页。

② 《习近平关于党风廉政建设和反腐败斗争论述摘编》，中央文献出版社、中国方正出版社 2015 年版，第 5 页。

“三年清知府，十万雪花银”的骄奢淫逸，都未能破除从建立、发展、繁荣到衰落、灭亡的循环周期，其中一个共同的也是极其重要的原因就是，“统治集团贪图享乐、穷奢极欲，昏庸无道、荒淫无耻，吏治腐败、权以贿成，又自己解决不了自己的问题，搞得民不聊生、祸乱并生，终致改朝换代”[①]。1944年春天，毛泽东曾向全党推荐了郭沫若写的《甲申三百年祭》一文，让全党警惕李自成在胜利以后由于骄傲腐败走上灭亡的历史教训。这一系列历史典故深刻揭示了腐败给国家带来的严重危害，给中国共产党的长期执政带来深刻借鉴。

当今世界，一些国家因长期积累的矛盾导致民怨载道、社会动荡、政权垮台，其中贪腐同样是一个重要原因，一些长期执政的大党、老党由于腐化堕落导致失去政权的例子不胜枚举。从苏共的历史教训看，自身腐化变质、党内形成的官僚特权阶层严重影响党同人民群众的关系，损害党在人民心目中的形象和威望，削弱了人民群众对苏共的信任和对社会主义的信仰，脱离了群众。苏联解体前夕，当时的苏联科学院曾进行过一次民意调查，在被调查者中，认为苏共仍然能够代表工人的占4%，代表全体人民的占7%，代表全体党员的占11%，而认为代表党的官僚、干部和机关工作人员的比例竟高达85%[②]。这表明，苏共执政后期党风的持续败坏与民心的不断丧失，无疑是导致苏共大厦垮塌和苏共政权颠覆的一个重要原因。曾经连续执政71年的墨西哥革命制度党，在2000年大选中失去执政地位，重要根源也是长期忽视自身建设，

① 习近平：《推进党的建设新的伟大工程要一以贯之》，《求是》2019年第19期。

② 张树华、赵卫涛：《苏共后期脱离群众党风不正的历史教训》，《党建》2013年第7期。

党内特权现象盛行，高官腐败严重，贪污之风甚至遍布中下级官员。墨西哥革命制度党党内一位参议员分析指出："腐败成为革命制度党司空见惯、习以为常的现象，革命制度党几乎成为惯偷和窃贼，是腐败导致党的失败。"[①]

面对中国古代和国外大党老党失败的深刻教训，中国共产党始终保持忧患意识，高度重视党内腐败问题，自觉防范化解脱离群众的危险。20 世纪 80 年代末 90 年代初，邓小平尖锐地提出，"要整好我们的党，实现我们的战略目标，不惩治腐败，特别是党内的高层的腐败现象，确实有失败的危险"，要求"做几件使人民满意的事情。主要是两个方面，一个是更大胆地改革开放，另一个是抓紧惩治腐败"[②]；后来多次强调"在整个改革开放过程中都要反对腐败"[③]。1989 年 7 月后，中央先后通过了《关于近期做几件群众关心的事的决定》《关于加强党的建设的通知》《关于加强党同人民群众联系的决定》《关于加强党风和廉政建设的意见》等，在惩治腐败和带头廉洁奉公、艰苦奋斗方面作了专门部署。这些决定通知突出了坚持群众路线、加强党性锻炼和党风廉政建设的重要性。党的十四大以后，以江泽民同志为核心的党的第三代中央领导集体不断推进新形势下的反腐败斗争，强调"党内不允许有腐败分子的藏身之地。我们一定要以党风廉政建设的实际成果取信于人民"[④]。进入新世纪新阶段，针对腐败问题对党内的严重侵蚀，胡锦涛特别从执政党的

① 《坚定不移反对腐败的思想指南和行动纲领》，人民出版社 2018 年版，第 71 页。

② 《邓小平文选》第 3 卷，人民出版社 1993 年版，第 313 页。

③ 《十三大以来重要文献选编》下，人民出版社 1993 年版，第 1861 页。

④ 《江泽民文选》第 3 卷，人民出版社 2006 年版，第 292 页。

角度分析了腐败对党和人民的危害，要求增强拒腐防变的能力。此时，习近平同志在地方工作，他已经深刻认识到，“马克思主义政党夺取政权不容易，执掌好政权尤其是长期执掌好政权更不容易”[①]，“20 世纪 80 年代末 90 年代初，世界上一些长期执政的大党老党纷纷失去执政地位，有的甚至完全瓦解，尽管原因十分复杂，各个党的情况也很不相同，但究其根源，无一不是脱离人民群众，失去民心，没有真正执政为民，没有得到人民群众的信任和拥护所致。”[②]对于执政党而言，执政基础最容易因腐败而削弱，执政能力最容易因腐败而降低，执政地位最容易因腐败而动摇。因此，反腐倡廉、拒腐防变，在任何时候任何情况下都轻视不得、放松不得。

党的十八大以来，习近平总书记多次提到历史的经验教训，鲜明指出，“我们共产党人决不能搞封建社会那种‘封妻荫子’‘一人得道，鸡犬升天’的腐败之道！否则，群众是要戳脊梁骨的”；“近年来，一些国家因长期积累的矛盾导致民怨载道、社会动荡、政权垮台，其中贪污腐败就是一个很重要的原因。大量事实告诉我们，腐败问题越演越烈，最终必然会亡党亡国！”[③]在纵深推进全面从严治党的过程中，习近平总书记始终警惕党内的腐败问题，指出反对腐败是党心民心所向，要求全党牢记“腐败是党长期执政的最大威胁”[④]，提出“任何国家和地区都

---

① 《十七大以来重要文献选编》上，中央文献出版社 2009 年版，第 248 页。

② 习近平：《以执政能力建设为重点全面推进党的建设》，《政策瞭望》2004 年第 8 期。

③ 《习近平关于党风廉政建设和反腐败斗争论述摘编》，中央文献出版社、中国方正出版社 2015 年版，第 3 页。

④ 习近平：《在第十八届中央纪律检查委员会第六次全体会议上的讲话》，人民出版社 2016 年版，第 12 页。

不应成为腐败分子和腐败资金的‘避风港’，不应成为他们的‘避罪天堂’”[①]。

（二）反腐败斗争形势依然严峻复杂

腐败是一个长期的历史现象，会涣散党心、民心；“反腐败斗争关系民心这个最大的政治，是一场输不起也决不能输的重大政治斗争”[②]。恩格斯早就清醒认识到：“无产阶级运动的规律显然是，到处都有一部分工人领袖必然要蜕化”[③]；“当各种腐朽分子和好虚荣的分子可以毫无阻碍地大出风头的时候，就该抛弃掩饰和调和的政策，只要有必要，即使发生争论和吵闹也不怕。一个政党宁愿容忍任何一个蠢货在党内肆意地作威作福，而不敢公开拒绝承认他，这样的党是没有前途的”[④]。中国共产党历来重视党的腐败问题，早在中央苏区时期，就开展廉政运动，严厉惩治腐败行为，打响了中共历史上的反腐第一枪；延安时期，为了铲除产生腐败的思想根源，中国共产党注重党员干部的教育培训，重视建立和完善惩治腐败的制度规范和法治建设，为党员干部保持清正廉洁筑牢了思想防线，走出了反腐败斗争制度化、规范化的道路。新中国成立后，面对国外敌对势力的封锁打压以及国内百废待兴的复杂局面，加强党的自身建设，提高党员干部的素质、能力，积极防止和克服党内的消极腐

① 《习近平接受路透社采访时强调　共同开启中英全面战略伙伴关系的“黄金时代”　为中欧关系全面推进注入新动力》，《光明日报》2015 年 10 月 19 日。

② 《习近平在中共中央政治局第四十次集体学习时强调　提高一体推进“三不腐”能力和水平　全面打赢反腐败斗争攻坚战持久战》，《人民日报》2022 年 6 月 19 日。

③ 《马克思恩格斯全集》第 32 卷，人民出版社 1974 年版，第 334 页。

④ 《马克思恩格斯全集》第 34 卷，人民出版社 1972 年版，第 90 页。

化现象和不良倾向，成为党执政后的一项紧迫任务。中国共产党坚持教育、制度并重，加强纪律建设，开展整党整风和“三反”“五反”运动，严厉惩治贪污腐败分子。改革开放以来，中国共产党紧扣中心任务，重视和大力加强党风廉政建设和反腐败斗争，不断开辟市场经济条件下党风廉政建设和反腐败斗争的新路子，确立了标本兼治、综合治理、惩防并举、注重预防的反腐倡廉方针，作出了建立健全教育、制度、监督并重的惩治和预防腐败体系的战略决策，提出了从源头上防治腐败的要求。可以说，经过中国共产党的长期努力，党内腐败问题得到有效遏制，党员干部队伍的主流是好的，但是由于受到各种因素的影响，加之腐败本身的顽固性和复杂性，中国共产党内消极腐败现象仍然多发易发，“反腐败斗争形势依然严峻，人民群众还有许多不满意的地方”[①]。

2012 年 11 月，习近平总书记在十八届中央政治局常委同中外记者见面会上的讲话中明确指出：“新形势下，我们党面临着许多严峻挑战，党内存在着许多亟待解决的问题。尤其是一些党员干部中发生的贪污腐败、脱离群众、形式主义、官僚主义等问题，必须下大气力解决。”[②]此后，他又在多次讲话中强调，党内发生的严重违纪违法案件，性质非常恶劣，政治影响极坏，令人触目惊心，“在实现不敢腐、不能腐、不想腐上还没有取得压倒性胜利，腐败活动减少了但并没有绝迹，腐败分子被震慑住了但还在窥测方向甚至困兽犹斗”[③]；要求全党同志要深刻认识到

① 《习近平关于党风廉政建设和反腐败斗争论述摘编》，中央文献出版社、中国方正出版社 2015 年版，第 13 页。

② 《习近平谈治国理政》第 1 卷，外交出版社 2018 年版，第 4 页。

③ 《习近平关于全面从严治党论述摘编》，中央文献出版社 2016 年版，第 186 页。

反腐败斗争的长期性、复杂性、艰巨性。

党的十八大以来，以习近平同志为核心的党中央以猛药去疴、重典治乱的决心，以刮骨疗毒、壮士断腕的勇气，立体化、全方位地全面从严治党，通过开展党的群众路线教育实践活动，贯彻落实中央八项规定精神，驰而不息地严惩“四风”，反腐败斗争的成效赢得了广大人民群众和国际社会的普遍认可和一致好评。据国家统计局开展的民意调查数据显示，党的十八大召开前，人民群众对党风廉政建设和反腐败工作的满意度是75%，2013年是81%，2014年是88.4%，2015年是91.5%，2016年是92.9%，逐年走高①。2021年6月，在庆祝中国共产党成立100周年活动举办的第二场新闻发布会上，中央纪委副书记、国家监委副主任肖培向社会公布了党的十八大以来反腐相关数据。他指出，党的十八大以来，截至2021年5月，全国纪检监察机关立案审查案件385万件，查处408.9万人。我们党给予党纪和政务处分374.2万人。2022年6月30日，在“中国这十年”系列主题新闻发布会上，中央纪委、国家监委有关同志指出，党的十八大以来，截至2022年4月底，全国纪检监察机关共立案审查调查438.8万件、470.9万人；查处违反中央八项规定精神问题72.3万起，给予党纪政务处分64.4万人。

可见，党的十八大以来，党的反腐败力度相当大，但是，“党内存在的一些深层次问题并没有得到根本解决，一些老问题反弹回潮的因素依然存在，还出现了一些新情况新问题”②。党内形形色色的关系网、方方

① 《中纪委：2016年群众对党风廉政建设和反腐败工作满意度达92.9%》，http://politics.people.com.cn/GB/n1/2017/0109/c1001—29009583.html。

② 《十八大以来重要文献选编》下，中央文献出版社2018年版，第454页。

面面的潜规则依然盛行，影响党的先进性、弱化党的纯洁性的因素也很复杂；“在党员、干部队伍中，有的不守政治纪律和政治规矩，妄议中央大政方针，当面一套、背后一套，当两面派、做两面人；有的理想信念‘总开关’常年失修，对共产主义心存怀疑，不信马列信鬼神，世界观、人生观、价值观全面蜕变；有的干事创业精气神不够，不担当、不作为，奉行‘既不落后头，也不出风头’，怕决策失误，不敢拍板定事，干工作推诿拖延；有的热衷于搞‘小圈子’、‘拜码头’、‘搭天线’；有的反对形式主义、官僚主义、享乐主义和奢靡之风不坚决、不彻底，要花样，搞变通；有的不顾党中央三令五申，依然不收敛、不收手，以权谋私、腐败堕落”[①]；等等。这些问题，严重破坏党的团结和集中统一，严重影响党和人民事业发展。这些沉疴毒瘤严重腐蚀党员干部、败坏党的风气，严重违反党的政治纪律和组织原则，给党的事业和自身建设带来严重损害。

因此，习近平总书记要求要“始终保持反腐败永远在路上的清醒和坚定”，“坚决割除毒瘤、清除毒源、肃清流毒”[②]。2016 年 1 月，习近平总书记在十八届中央纪委六次全会上着重阐明了党风廉政建设和反腐败斗争的严峻复杂形势和依然存在的腐败问题，指出：“有的仍心存侥幸，搞迂回战术，卖官帽、批土地、抢项目、收红包，变着花样收钱敛财，动辄几百万、几千万甚至数以亿计；有的欺瞒组织、对抗组织，藏匿赃款赃物，与相关人员订立攻守同盟，企图逃避党纪国法惩处。他们

① 习近平：《在全国组织工作会议上的讲话》，人民出版社 2018 年版，第 8—9 页。

② 《习近平在参加内蒙古代表团审议时强调　不断巩固中华民族共同体思想基础　共同建设伟大祖国　共同创造美好生活》，《人民日报》2022 年 3 月 6 日。

故意制造一些噪音杂音，企图混淆视听，自己好从中脱身。'四风'在面上有所收敛，但并没有绝迹。党的十八大之后查处的领导干部，很多在享乐主义和奢靡之风上没有收手，贪图享乐，大吃大喝，花天酒地，骄奢淫逸，依然我行我素。有的'四风'问题改头换面、花样翻新，出现了各种变异。种种现实表明，全面从严治党任务依然艰巨，必须持续保持高压态势。"①2018 年 6 月，他在谈到当时新查处的腐败案件时，说道："最近查处的腐败案件，有相当一部分发生在党的十八大以来甚至延续到党的十九大之后。尽管党中央三令五申，一些干部仍然不收手、不收敛，心存侥幸、顶风作案。这表明，反腐败斗争形势依然严峻复杂，巩固压倒性态势、夺取压倒性胜利的决心必须坚如磐石。"②2021 年 1 月，习近平总书记在十九届中央纪委五次全会上，充分肯定了党风廉政建设和反腐败斗争取得的明显成绩，但依然严肃指出了党风廉政建设和反腐败斗争的严峻形势，强调"腐败这个党执政的最大风险仍然存在，存量还未清底，增量仍有发生。政治问题和经济问题交织，威胁党和国家政治安全。传统腐败和新型腐败交织，贪腐行为更加隐蔽复杂。腐败问题和不正之风交织，'四风'成为腐败滋长的温床。腐蚀和反腐蚀斗争长期存在，稍有松懈就可能前功尽弃，反腐败没有选择，必须知难而进"③。这些问题成为近年来全党反对腐败问题的重点难点领域。

---

① 习近平：《在第十八届中央纪律检查委员会第六次全体会议上的讲话》，人民出版社 2016 年版，第 8 页。

② 习近平：《增强推进党的政治建设的自觉性和坚定性》，《求是》2019 年第 14 期。

③《习近平在十九届中央纪委五次全会上发表重要讲话强调　充分发挥全面从严治党引领保障作用　确保"十四五"时期目标任务落到实处》，《人民日报》2021 年 1 月 23 日。

2022 年 1 月，习近平总书记在十九届中央纪委六次全会上总结了自我革命的百年经验，在作风建设上特别要求“必须坚持以雷霆之势反腐惩恶，打好自我革命攻坚战、持久战”，提出“必须清醒认识到，腐败和反腐败较量还在激烈进行，并呈现出一些新的阶段性特征，防范形形色色的利益集团成伙作势、‘围猎’腐蚀还任重道远，有效应对腐败手段隐形变异、翻新升级还任重道远，彻底铲除腐败滋生土壤、实现海晏河清还任重道远，清理系统性腐败、化解风险隐患还任重道远。我们要保持清醒头脑，永远吹冲锋号，牢记反腐败永远在路上。只要存在腐败问题产生的土壤和条件，腐败现象就不会根除，我们的反腐败斗争也就不可能停歇”①。10 月，习近平总书记在党的二十大报告中更是鲜明指出：“只要存在腐败问题产生的土壤和条件，反腐败斗争就一刻不能停，必须永远吹冲锋号。”②可见，反对腐败、加强作风建设没有完成时，只有进行时。

总之，党风问题尤其是腐败问题关系党的生死存亡，“人民群众最痛恨各种消极腐败现象，最痛恨各种特权现象，这些现象对党同人民群众的血肉联系最具杀伤力”③；坚决反对腐败，防止党在长期执政条件下腐化变质，是中国共产党必须抓好的重大政治任务。对此，习近平总书记要求，“凡是影响党的创造力、凝聚力、战斗力的问题都要全力克服，凡

① 《习近平在十九届中央纪委六次全会上发表重要讲话强调　坚持严的主基调不动摇　坚持不懈把全面从严治党向纵深推进》，《人民日报》2022 年 1 月 19 日。

② 习近平：《高举中国特色社会主义伟大旗帜　为全面建设社会主义现代化国家而团结奋斗》，人民出版社 2022 年版，第 63 页。

③ 《习近平关于党风廉政建设和反腐败斗争论述摘编》，中央文献出版社、中国方正出版社 2015 年版，第 6 页。

是损害党的先进性和纯洁性的病症都要彻底医治，凡是滋生在党的健康肌体上的毒瘤都要坚决祛除，使中国共产党始终同人民心连心、同呼吸、共命运”[①]；要“以零容忍态度反腐惩恶，更加有力遏制增量，更加有效清除存量，坚决查处政治问题和经济问题交织的腐败，坚决防止领导干部成为利益集团和权势集团的代言人、代理人”[②]；要加强反腐倡廉法规制度建设，把法规制度建设贯穿到反腐倡廉各个领域，发挥法规制度的激励约束作用，“坚持不敢腐、不能腐、不想腐一体推进，同时发力、同向发力、综合发力”[③]，“把不敢腐的震慑力、不能腐的约束力、不想腐的感召力结合起来”[④]。

---

① 习近平：《在庆祝中华人民共和国成立六十五周年招待会上的讲话》，《人民日报》2014年10月1日。

② 习近平：《高举中国特色社会主义伟大旗帜　为全面建设社会主义现代化国家而团结奋斗》，人民出版社2022年版，第64页。

③ 习近平：《高举中国特色社会主义伟大旗帜　为全面建设社会主义现代化国家而团结奋斗》，人民出版社2022年版，第64页。

④《习近平在二十届中央纪委二次全会上发表重要讲话强调　一刻不停推进全面从严治党　保障党的二十大决策部署贯彻落实》，《人民日报》2023年1月10日。

第二章 弘扬党的光荣传统和优良作风

党的光荣传统和优良作风是中国共产党的政治优势，是激发共产党人奋勇前行的精神力量。弘扬党的光荣传统和优良作风是中国共产党人的一贯坚持，“不论过去、现在还是将来，党的光荣传统和优良作风都是激励我们不畏艰难、勇往直前的宝贵精神财富”[①]。坚持和弘扬党的光荣传统和优良作风，是持之以恒推进党的作风建设、开创党的作风建设新局面的基础与前提，是党和人民的各项事业从胜利不断走向新的胜利的重要保证。哪些是党的光荣传统和优良作风？习近平总书记早在党的群众路线教育实践活动开始之时，就给出了明确答案，指出“优良作风就是我们党历来坚持的理论联系实际、密切联系群众、批评和自我批评以及艰苦奋斗、求真

① 《习近平在中央党校（国家行政学院）中青年干部培训班开班式上发表重要讲话强调　立志做党光荣传统和优良作风的忠实传人　在新时代新征程中奋勇争先建功立业》，《人民日报》2021 年 3 月 2 日。

务实等作风”[1]。2021年3月，习近平总书记在中央党校（国家行政学院）中青年干部培训班开班式上明确指出：“我们党团结带领人民取得了革命、建设、改革的伟大成就，很重要的一条就是我们党在长期实践中培育并坚持了一整套光荣传统和优良作风。这些光荣传统和优良作风是我们党性质和宗旨的集中体现，是我们党区别于其他政党的显著标志。党要得到人民群众支持和拥护，就必须持之以恒发扬党的光荣传统和优良作风。”[2]2022年10月，习近平总书记在党的二十大报告中再次强调要“弘扬党的光荣传统和优良作风”[3]，并在二十大结束后瞻仰延安革命纪念地时指出：“在延安时期形成和发扬的光荣传统和优良作风，培育形成的以坚定正确的政治方向、解放思想实事求是的思想路线、全心

---

① 《十八大以来重要文献选编》上，中央文献出版社2014年版，第308页。

② 《习近平在中央党校（国家行政学院）中青年干部培训班开班式上发表重要讲话强调　立志做党光荣传统和优良作风的忠实传人　在新时代新征程中奋勇争先建功立业》，《人民日报》2021年3月2日。

③ 习近平：《高举中国特色社会主义伟大旗帜　为全面建设社会主义现代化国家而团结奋斗》，人民出版社2022年版，第63页。

全意为人民服务的根本宗旨、自力更生艰苦奋斗的创业精神为主要内容的延安精神，是党的宝贵精神财富，要代代传承下去。”[①]这些都生动诠释了党在作风建设上坚持弘扬光荣传统与优良作风的历史自觉与高度重视。

① 《习近平在瞻仰延安革命纪念地时强调　弘扬伟大建党精神和延安精神　为实现党的二十大提出的目标任务而团结奋斗》，《人民日报》2022 年 10 月 28 日。

一、坚持实事求是的马克思主义根本观点

一切从实际出发，理论联系实际，实事求是，在实践中检验和发展真理，这是中国共产党的思想路线，也是党的最根本作风。这条思想路线和根本作风的核心就在于实事求是。习近平总书记在纪念毛泽东同志诞辰120周年座谈会上的讲话中指出："实事求是，是马克思主义的根本观点，是中国共产党人认识世界、改造世界的根本要求，是我们党的基本思想方法、工作方法、领导方法。不论过去、现在和将来，我们都要坚持一切从实际出发，理论联系实际，在实践中检验真理和发展真理。"①这是马克思主义政党最重要的理论品格。

（一）实事求是是马克思主义的精髓

什么是实事求是？毛泽东对此有着科学阐释，认为："'实事'就是客观存在着的一切事物，'是'就是客观事物的内部联系，即规律性；'求'就是我们去研究。我们要从国内外、省内外、县内外、区内外的实际情况出发，从其中引出其固有的而不是臆造的规律性，即找出周围事物的内部联系，作为我们行动的向导。而要这样做，就须不凭主观想象，不凭一时的热情，不凭死的书本，而凭客观存在的事实，详细地占有材料，在马克思列宁主义一般原理的指导下，从这些材料中引出正确的结

① 《习近平谈治国理政》第1卷，外文出版社2018年版，第25页。

论。”[①]这就要求我们在一切工作中，必须从实际出发，尊重客观规律；人们的正确认识不是从天上掉下来的，也不是从头脑中自发随意产生的，而是客观事物在人们意识中的反映，是从实践中得来的规律性认识。在认识世界和改造世界的过程中，我们必须在尊重客观规律的前提下，充分发挥人的主观能动性，进而形成真理性认识，再通过实践检验真理和发展真理，改造主观世界和客观世界。可见，这种马克思主义的认识论和辩证法是无产阶级世界观的根本观点，是党制定政治路线和各项方针政策的思想基础。在党的历史上，中国共产党有两种对待马克思主义的态度：一种是实事求是的态度，把马克思主义与中国实际相结合，解决中国革命和建设的实际问题；一种是主观主义、教条主义的态度，从概念出发，从本本出发，认识与实际相脱节，理论与实际相分离，这种态度给中国革命带来了巨大损失。总结革命胜利与失败的经验教训，经过延安整风，实事求是的思想路线在全党正式确立，成为马克思主义思想路线的精辟概括。1945 年，党的七大把“理论联系实际”列为党的三大作风的第一条，“实事求是”正式写入党章，指引中国革命从胜利不断走向胜利。对于这一态度，习近平总书记强调：“坚持实事求是，就要深入实际了解事物的本来面貌。要透过现象看本质，从零乱的现象中发现事物内部存在的必然联系，从客观事物存在和发展的规律出发，在实践中按照客观规律办事。坚持实事求是不是一劳永逸的，在一个时间一个地点做到了实事求是，并不等于在另外的时间另外的地点也能做到实事求是，在一个时间一个地点坚持实事求是得出的结论、取得的经验，并不

① 《毛泽东选集》第 3 卷，人民出版社 1991 年版，第 801 页。

等于在变化了的另外的时间另外的地点也能够适用。”[①]

中国共产党坚持实事求是的思想路线和根本作风，在领导中国人民进行新中国建设和社会主义探索的道路上，树立了许多实事求是的典范。2021 年 9 月，习近平总书记在秋季学期中央党校（国家行政学院）中青年干部培训班开班式上，引用了谷文昌的故事生动讲述了实事求是的道理。他在讲话中说道：“县委书记的好榜样谷文昌也是实事求是的典范。东山县是 1950 年 5 月解放的，国民党在败退台湾前从东山疯狂抓壮丁、充兵源，仅有 1 万多户人家的东山就被抓走了 4700 多名青壮年，解放时这些壮丁家属被定为‘敌伪家属’。时任东山县第一区工委书记的谷文昌则认为，壮丁们是被国民党绑走的，他们的家属是受害人，建议把‘敌伪家属’改成‘兵灾家属’，后来上级采纳了这个建议，并决定对这些家属政治上不歧视、经济上平等对待、生活困难给予救济，孤寡老人由乡村照顾。1953 年 7 月，国民党部队 1 万多人突袭东山，而我们守岛部队不过千人，兵力悬殊，但东山军民众志成城，最终取得了保卫战胜利。兵灾家属说：‘国民党抓走我们的亲人，共产党把我们当成亲人养。哪怕做鬼，我也愿为共产党守岛！’得民心者，靠实事求是。”[②]可见，坚持一切从实际出发，实事求是，不仅是党的思想方法问题，也是党性强弱的表现，谷文昌用“兵灾家属”一词既反映了抓壮丁的事实，让老百姓从心里能够接受，也彰显了中国共产党区别于国民党的鲜明党性和坚持马克思主义世界观和方法论的根本作风。但是由于在实践中违背实事

① 《习近平谈治国理政》第 1 卷，外文出版社 2018 年版，第 26 页。

② 习近平：《努力成为可堪大用能担重任的栋梁之才》，《求是》2022 年第 3 期。

求是的思想路线和工作方法，中国共产党也曾遭遇社会主义建设时期的曲折，极大危害了党的各项事业。

“文化大革命”结束后，面对“两个凡是”的严重阻挠，邓小平敏锐抓住“实事求是”的思想路线和工作作风，旗帜鲜明地提出毛泽东思想的精髓是实事求是，领导和支持关于实践是检验真理的唯一标准的大讨论，着手解决党的思想路线问题。在恢复实事求是思想路线的基础上，邓小平在全党提出“解放思想、实事求是”，为冲破改革中的各种思想束缚、开辟中国特色社会主义道路奠定了思想基础，成为党永葆生机的重要法宝。改革开放以后，中国共产党坚持并发展实事求是的思想路线，准确把握中国的基本国情，在改革开放广泛而深刻的实践中不断发现新问题、解决新问题、形成新认识，逐步创立了社会主义初级阶段理论、改革开放理论、社会主义市场经济理论、社会主义本质理论、祖国统一理论等，这些理论在新的实践基础上继承前人又突破陈规，构成了中国特色社会主义理论体系，用以指导中国特色社会主义的建设与发展，开拓了马克思主义发展的新境界。历史和实践证明：能不能做到实事求是，是党和国家各项工作成败的关键。什么时候理论联系实际坚持得好，党和人民事业就能够不断取得胜利；反之，党和人民事业就会受到损失，甚至出现严重曲折。对此，习近平总书记明确指出：“实事求是是马克思主义的精髓，是我们共产党人的重要思想方法。我们过去取得的一切成就都是靠实事求是。今天，我们要把中国特色社会主义事业继续推向前进，还是要靠实事求是。”①

① 习近平：《在纪念朱德同志诞辰130周年座谈会上的讲话》，人民出版社2016年版，第9页。

进入21世纪，面对世情国情党情的新变化和新形势，党的领导人不断丰富实事求是思想路线的内涵，逐步提出“解放思想、实事求是、与时俱进、求真务实”，这成为中国共产党人坚持和发展中国特色社会主义的重要法宝。党的十八大以来，以习近平同志为核心的党中央顺应世界发展大势，深刻把握共产党执政规律、社会主义建设规律和人类社会发展规律，充分运用这种思想方法、发扬这种精神状态，团结和带领全国各族人民攻克了许多长期没有解决的难题，办成了许多事关长远的大事要事，党的面貌、国家的面貌、人民的面貌、军队的面貌、中华民族的面貌发生了前所未有的变化，中华民族正以崭新姿态屹立于世界东方。总结40多年改革开放的经验，习近平总书记深刻指出：“我们始终坚持解放思想、实事求是、与时俱进、求真务实，坚持马克思主义指导地位不动摇，坚持科学社会主义基本原则不动摇，勇敢推进理论创新、实践创新、制度创新、文化创新以及各方面创新，不断赋予中国特色社会主义以鲜明的实践特色、理论特色、民族特色、时代特色，形成了中国特色社会主义道路、理论、制度、文化，以不可辩驳的事实彰显了科学社会主义的鲜活生命力，社会主义的伟大旗帜始终在中国大地上高高飘扬！”①可见，这些巨大成就的取得靠的依然是实事求是。

习近平总书记反复强调实事求是是马克思主义活的灵魂，是马克思主义的根本观点，是适应新形势、认识新事物、完成新任务的根本思想武器。他认为：“不论过去、现在和将来，我们都要坚持一切从实际出

---

① 习近平：《在庆祝改革开放40周年大会上的讲话》，《人民日报》2018年12月19日。

发，理论联系实际，在实践中检验真理和发展真理。”[①]这些论述阐明了弘扬和坚持实事求是思想路线与根本方法的必要性和必然性。未来路上，中国共产党依然要“自觉坚定实事求是的信念、增强实事求是的本领，时时处处把实事求是牢记于心、付诸于行”[②]。

（二）坚持实事求是要坚持真理、修正错误

列宁曾经说过，“公开承认错误，揭露犯错误的原因，分析产生错误的环境，仔细讨论改正错误的方法——这才是一个郑重的党的标志”[③]。一个马克思主义政党对自己的错误所持的态度，是衡量这个党是否真正坚守马克思主义的世界观和方法论、是否正确坚持实事求是、是否真正履行对人民群众所负责任的最重要最可靠的尺度。坚持真理、修正错误是坚持实事求是的直接表现。对此，习近平总书记要求，“全党同志一定要坚持解放思想、实事求是、与时俱进，随时准备坚持真理、修正错误。凡是有利于党和人民事业的，就坚决干、加油干、一刻不停歇地干；凡是不利于党和人民事业的，就坚决改、彻底改、一刻不耽误地改”[④]。这一判断凸显中国共产党坚持实事求是和坚持真理、修正错误的坚定方向。

坚持真理、修正错误是中国共产党一以贯之的精神品格。中国共产党的伟大不在于不犯错误，而在于从不讳疾忌医，敢于直面问题。

① 《习近平谈治国理政》第 1 卷，外文出版社 2018 年版，第 25 页。

② 《习近平谈治国理政》第 1 卷，外文出版社 2018 年版，第 26 页。

③ 《列宁选集》第 4 卷，人民出版社 2012 年版，第 167 页。

④ 习近平：《在纪念朱德同志诞辰 130 周年座谈会上的讲话》，人民出版社 2016 年版，第 9—10 页。

毛泽东早在《论联合政府》一文中就明确指出："共产党人必须随时准备坚持真理，因为任何真理都是符合于人民利益的；共产党人必须随时准备修正错误，因为任何错误都是不符合于人民利益的。"[①]这是对党的经验教训的深刻认识，党的六届七中全会通过的《关于若干历史问题的决议》正是中国共产党"坚持真理、修正错误"的光辉典范。此后党的十一届六中全会通过的《关于建国以来党的若干历史问题的决议》、党的十九届六中全会通过的《中共中央关于党的百年奋斗重大成就和历史经验的决议》，都坚持辩证唯物主义和历史唯物主义的世界观方法论，贯穿着坚持真理、修正错误的精神品格。纵观党的百年历程，坚持唯物史观、坚持实事求是，把握坚持真理、修正错误的历史主动，正是百年来中国共产党能够始终走在时代前列、永葆活力的青春密码。正如 2020 年 1 月习近平总书记在"不忘初心、牢记使命"主题教育总结大会上所指出的："强大的政党是在自我革命中锻造出来的。回顾党的历史，我们党总是在推动社会革命的同时，勇于推动自我革命，始终坚持真理、修正错误，敢于正视问题、克服缺点，勇于刮骨疗毒、去腐生肌。正因为我们党始终坚持这样做，才能够在危难之际绝处逢生、失误之后拨乱反正，成为永远打不倒、压不垮的马克思主义政党。"[②]在建党百年之际，习近平总书记提醒全党："要居安思危，时刻警惕我们这个百年大党会不会变得老态龙钟、疾病缠身。对党的历史上走过的弯路、经历的曲折不能健忘失忆，对中外政治史上那些安于现状、死于安乐的深刻教训不能

① 《毛泽东选集》第 3 卷，人民出版社 1991 年版，第 1095 页。

② 习近平：《在"不忘初心、牢记使命"主题教育总结大会上的讲话》，人民出版社 2020 年版，第 15—16 页。

健忘失忆；对自身存在的问题不能反应迟钝，处理动作慢腾腾、软绵绵，最终人亡政息！”[①]2021年11月，“中国共产党历经百年沧桑更加充满活力，其奥秘就在于坚持真理、修正错误”[②]这一判断已被郑重写入《中共中央关于党的百年奋斗重大成就和历史经验的决议》。

坚持真理、修正错误要坚持正确的态度和方法。对待毛泽东的评价问题，习近平总书记指出：“我们党对自己包括领袖人物的失误和错误历来采取郑重的态度，一是敢于承认，二是正确分析，三是坚决纠正，从而使失误和错误连同党的成功经验一起成为宝贵的历史教材。”[③]这一对待错误的态度和方法正是实事求是的鲜明体现，也是全党坚持真理、修正错误的正确态度和基本方法。

一方面，坚持真理、修正错误要敢于直面问题、推进理论创新。任何政党在特定的历史环境中活动，总是会受到自身认识能力与历史条件的影响与制约，没有哪一个政党敢说自己永不犯错。中国共产党在团结带领人民取得革命、建设、改革伟大成就的过程中，也经历过一些失误和挫折；其伟大不在于不犯错误，而在于从不讳疾忌医，从不回避、掩饰失误和挫折，勇于直面问题。对此，习近平总书记指出：“要有光明磊落、无私无畏、以事实为依据、敢于说出事实真相的勇气和正气，及时发现和纠正思想认识上的偏差、决策中的失误、工作中的缺点，及时发

① 习近平：《以史为鉴、开创未来 埋头苦干、勇毅前行》，《求是》2022年第1期。

② 《中国共产党第十九届中央委员会第六次全体会议文件汇编》，人民出版社2021年版，第101页。

③ 习近平：《在纪念毛泽东同志诞辰120周年座谈会上的讲话》，人民出版社2013年版，第12页。

现和解决存在的各种矛盾和问题，使我们的思想和行动更加符合客观规律、符合时代要求、符合人民愿望。”[①]面对错误，中国共产党始终能保持历史主动性，总结历史经验教训，汲取历史智慧，不断推进实践基础上的理论创新，以发展了的马克思主义指导中国革命、建设、改革实践，不断为寻求真理和发展真理开辟道路。

另一方面，坚持真理、修正错误必须立足我国的基本国情和以人民为中心的根本立场。总结我国社会主义建设的经验教训，改革开放以来，中国共产党的领导人深刻认识到脱离中国实际建设社会主义的极大危害性，明确提出中国最大的实际就是正处于并将长期处于社会主义初级阶段。中国特色社会主义进入新时代，虽然我国社会主要矛盾已经发生了深刻转化，但人民对美好生活向往的需求与发展不平衡不充分的矛盾并没有改变我国的基本国情。因此，习近平总书记要求清醒认识和正确把握中国仍处于并将长期处于社会主义初级阶段这个基本国情，提出：“我们推进改革发展、制定方针政策，都要牢牢立足社会主义初级阶段这个最大实际，都要充分体现这个基本国情的必然要求，坚持一切从这个基本国情出发。任何超越现实、超越阶段而急于求成的倾向都要努力避免，任何落后于实际、无视深刻变化着的客观事实而因循守旧、固步自封的观念和做法都要坚决纠正。”[②]在立足基本国情的基础上，坚持真理、修正错误必须坚持以人民为中心，对人民负责。唯有把人民的意愿和利益作为坚持真理、修正错误的镜子，才能把握修正错误、勇往直前的正确方向。

① 习近平：《在纪念毛泽东同志诞辰 120 周年座谈会上的讲话》，人民出版社 2013 年版，第 16 页。

② 习近平：《在纪念毛泽东同志诞辰 120 周年座谈会上的讲话》，人民出版社 2013 年版，第 20 页。

（三）坚持实事求是要把调查研究作为基本功

实践反复证明，能不能做到实事求是，是党和国家各项工作成败的关键。调查研究是坚持实事求是的实现路径，是党长期以来的传家宝，是做好各项工作的基本功。习近平总书记非常重视传承中国共产党调查研究的优良作风，指出，“调查研究是一个了解情况的过程”，“是一个推动工作的过程”，“也是一个自我学习提高的过程”[①]，“全党同志一定要把实事求是贯穿到各项工作中去，经常、广泛、深入开展调查研究，努力把真实情况掌握得更多一些、把客观规律认识得更透一些”[②]。2003年，习近平同志在浙江工作时，要求大兴调查研究之风，各级领导干部在调研工作中，一定要保持求真务实的作风，努力在求深、求实、求细、求准、求效上下功夫。“深、实、细、准、效”[③]5个字实际上概括了习近平总书记长期坚持调查研究的基本特征。

调查研究要“深”。所谓“深”，就是要深入群众，深入基层，善于与工人、农民、知识分子和社会各界人士交朋友，到田间、厂矿、群众和社会各层面中去解决问题。毛泽东曾经说过，调查研究“第一是眼睛向下，不要只是昂首望天”，要想正确认识世界、作出准确判断，必须跑遍田间地头，访遍基层百姓，才能详细地占有各方面的资料，提出符合实际的解决办法。习近平总书记强调：“坚持调研开局、调研开路，凡

---

① 习近平：《干在实处 走在前列——推进浙江新发展的思考与实践》，中共中央党校出版社2006年版，第533—534页。

② 习近平：《在纪念陈云同志诞辰110周年座谈会上的讲话》，人民出版社2015年版，第10页。

③ 习近平：《之江新语》，浙江人民出版社2007年版，第1页。

事眼睛向下，先当学生，不耻下问，问计于基层、问计于群众，每年至少用三分之一以上时间深入基层和部门调查研究。”[①]在担任梁家河村党支部书记期间，为了分配好救济粮，习近平同志在村民们讨论如何分配救济粮的会后，决定当场到各家各户去看，存粮当众记录在册，从夜里10点多一直到凌晨5点把各家存粮弄清楚，再以存粮的多少分配救济粮。从散会到考察各户存粮实现无缝对接，百姓们心服口服。从正定、厦门、宁德、福建、浙江到上海，每到一处任职，习近平同志都要跑遍所辖区域。党的十八大以来，习近平总书记以自己的亲力亲为展现了调查研究“深”的意蕴，提出“当县委书记一定要跑遍所有的村，当市委书记一定要跑遍所有的乡镇，当省委书记一定要跑遍所有的县市区”[②]，要求“有关部门深入基层调查研究，了解和掌握第一手材料”[③]，要尽可能多听基层和一线的声音，多接触第一手材料，做到对重要情况心中有数。

调查研究要“实”。所谓“实”，就是作风要实，做到轻车简从，简化公务接待，真正做到听实话、摸实情、办实事。习近平总书记清醒地看到调查研究中存在的问题，多次谈到调查研究中的形式主义和官僚主义，强调不能搞花架子，不能搞作秀式调研、盆景式调研、蜻蜓点水式调研，要防止为调研而调研，防止搞“出发一车子、开会一屋子、发言念稿子”式的调研，坚决反对“在调查研究中走马观花、浅尝辄止、一得自矜、以偏概全，草率地下结论、做判断”[④]；同时也特别提到信息化

① 习近平：《干在实处　走在前列——推进浙江新发展的思考与实践》，中共中央党校出版社2006年版，第3页。

② 《习近平谈治国理政》第1卷，外文出版社2018年版，第440页。

③ 习近平：《在基层代表座谈会上的讲话》，《人民日报》2020年9月20日。

④ 《习近平谈治国理政》第3卷，外文出版社2020年版，第500页。

时代的调研问题，指出“现在通信很发达，通过打打电话、发发微信、看看材料也能了解很多情况，但毕竟隔了一层，没有现场看、当面听、直接问和‘七嘴八舌式’的讨论来得真实鲜活”[①]。为解决调查研究中的形式主义和官僚主义问题，习近平总书记指出“过去常用的‘蹲点调研’、‘解剖麻雀’的调研方式依然是管用的”，“要眼睛向下、脚步向下，经常扑下身子、沉到一线，近的远的都要去，好的差的都要看，干部群众表扬和批评都要听，真正把情况摸实摸透”[②]。

调查研究要“细”。所谓“细”，就是要认真听取各方面的意见，深入分析问题，掌握全面情况。调查研究不能大而化之，必须查明情况、找准症结。对此，习近平总书记在谈到哲学社会科学工作时曾用“开药方”的形象比喻，指明调查研究要“细”的重要意义。2019 年 3 月，他在参加全国政协十三届二次会议文化艺术界、社会科学界委员联组会时指出：“要解释现实的社会问题，开什么处方治什么病，首先要把是什么病搞清楚。要把好脉，中国身体怎么样，如果有病是什么病，用什么药来治，对这心里要透亮透亮的。号脉都号不清楚，那治什么病？”[③]可见，只有把脉号好，全面把握病症，才能对症下药。调查研究正是如此，只有真正聚焦问题、解决问题，调查研究才能够发挥其号脉诊断的作用。为细致准确把握调查中的问题，习近平总书记强调“鼓励广大人民群众

① 习近平：《努力成为可堪大用能担重任的栋梁之才》，《求是》2022 年第 3 期。

② 习近平：《努力成为可堪大用能担重任的栋梁之才》，《求是》2022 年第 3 期。

③ 习近平：《一个国家、一个民族不能没有灵魂》，《求是》2019 年第 8 期。

和社会各界以各种方式建言献策”[①]，要求领导干部要发挥表率作用。在制定“十四五”规划的意见征求期间，习近平总书记广泛召开各界人士座谈会，希望各界坚持问题导向，深入调查研究，“察实情、出实招，充分反映实际情况，使理论和政策创新有根有据、合情合理”[②]，为制定好“十四五”规划贡献出宝贵智慧。

调查研究要“准”。所谓“准”，就是不仅要全面深入细致地了解实际情况，更要善于分析矛盾、发现问题，能够去伪存真、由表及里地分析，透过现象看本质，把握规律性的东西，提高调查研究的能力。在调查研究的能力上，习近平总书记强调“兼听则明、偏听则暗，能听到不同声音不是坏事，经过多次‘否定之否定’的过程，进行的思考、作出的决策才能符合实际”[③]；要求坚持发展地而不是静止地、全面地而不是片面地、系统地而不是零散地、普遍联系地而不是单一孤立地观察事物，准确把握客观实际，真正掌握规律，妥善处理各种重大关系。面对当前大数据发展的重要机遇，习近平总书记还特别提出善于收获数据、分析数据、运用数据，是领导干部做好工作的基本功，要求各级领导干部“不断提高对大数据发展规律的把握能力，使大数据在各项工作中发挥更大作用”[④]。

---

① 习近平：《在基层代表座谈会上的讲话》，《人民日报》2020 年 9 月 20 日。

② 习近平：《在经济社会领域专家座谈会上的讲话》，《人民日报》2020 年 8 月 25 日。

③ 习近平：《努力成为可堪大用能担重任的栋梁之才》，《求是》2022 年第 3 期。

④《习近平在中共中央政治局第二次集体学习时强调　审时度势精心谋划超前布局力争主动　实施国家大数据战略加快建设数字中国》，《人民日报》2017 年 12 月 10 日。

调查研究要“效”。所谓“效”，就是提出解决问题的办法要切实可行，制定的政策措施要有较强的操作性，做到出实招、见实效。调查研究不能停留在形式上，最终要通过调查研究制定切实可行的实施方案，按照分工坚决落实。对此，习近平总书记反复要求，在调查研究的基础上明确思路、补齐短板，提出可行的政策举措和工作方案，努力使对策建议有的放矢、切中要害；调查基础上出台的政策实施要“跟踪反馈，发现问题及时调整完善”①，真正为改革发展出实招、谋良策。2020 年 10 月，他在中央党校（国家行政学院）中青年干部培训班上对于调查研究的“效”进行了系统总结，指出：“对调研得来的大量材料和情况，要认真研究分析，由此及彼、由表及里。对经过充分研究、比较成熟的调研成果，要及时上升为决策部署，转化为具体措施；对尚未研究透彻的调研成果，要更深入地听取意见，完善后再付诸实施；对已经形成举措、落实落地的，要及时跟踪评估，视情况调整优化。”②

共产党人是实事求是的模范，坚持调查研究是共产党人坚持实事求是的内在要求。调查研究不仅是一门科学，也是一门讲究方法的艺术。从“深、实、细、准、效”着手，练好调查研究的基本功，是习近平总书记对全党的期盼，也是进行调查研究的基本遵循。

---

① 《习近平在黑龙江考察调研时强调　深化改革开放优化发展环境　闯出老工业基地振兴发展新路》，《人民日报》2016 年 5 月 26 日。

② 《习近平在中央党校（国家行政学院）中青年干部培训班开班式上发表重要讲话强调　年轻干部要提高解决实际问题能力　想干事能干事干成事》，《人民日报》2020 年 10 月 11 日。

二、保持党同人民群众的血肉联系

保持党同人民的血肉联系是由马克思主义政党的本质属性所决定的，脱离群众对于马克思主义政党而言，是最严重最可怕的危险之一。列宁在领导布尔什维克党建立和发展的过程中，尤其在转向执政党的过程中，就明确认识到，“劳动群众拥护我们。我们的力量就在这里”①；“先锋队只有当它不脱离自己领导的群众并真正引导全体群众前进时，才能完成其先锋队的任务”②。回顾中国共产党的百年历史，“党与人民风雨同舟、生死与共，始终保持血肉联系，是党战胜一切困难和风险的根本保证”③。新时代新征程，密切党同人民群众的血肉联系，解决好为了谁、依靠谁的问题，依然是党的作风建设重中之重的问题。2014 年 6 月，习近平总书记在中共中央政治局第十六次集体学习时指出，“作风问题核心是党同人民群众的关系问题”，要求“加强作风建设，必须坚持马克思主义群众观点、贯彻党的群众路线，把出发点和落脚点归结到实现好、维护好、发展好最广大人民根本利益上来，归结到为民务实清廉上来，使改进作风的过程成为贯彻执行党的理论和路线方针政策的过程，成为推动改革开放和社会主义现代化建设顺利进行的过程”④。这一论述实际上指明了

---

① 《列宁选集》第 4 卷，人民出版社 2012 年版，第 53 页。

② 《列宁选集》第 4 卷，人民出版社 2012 年版，第 646 页。

③ 习近平：《在庆祝中国共产党成立 95 周年大会上的讲话》，人民出版社 2016 年版，第 18 页。

④ 《习近平在中共中央政治局第十六次集体学习时强调　坚持从严治党落实管党治党责任　把作风建设要求融入党的制度建设》，《人民日报》2014 年 7 月 1 日。

党的作风建设的价值归宿。

（一）人民是党执政的最大底气

密切联系群众，保持党同群众的血肉联系，是党的事业不断走向成功的优良传统和宝贵经验。1921 年 7 月，中国共产党成立之时，就明确规定了深入工农群众、发展壮大自己的中心任务。1927 年年底，毛泽东规定部队必须执行打仗、筹款、做群众工作三项任务，以此来广泛发动群众，密切军民关系。1928 年 4 月，毛泽东总结开辟井冈山根据地几个月从事群众工作的经验，规定部队必须执行“三大纪律、六项注意”，后来又发展为“三大纪律、八项注意”，这对于正确处理军民关系起到了重要作用。同年 11 月，李立三根据党的六大精神，同浙江地区负责人的一次谈话中使用了“群众路线”一词，这是已知的党的“群众路线”的最早的口头表述，但用语并不明确①。1929 年 9 月，由陈毅起草经周恩来审定的《中央给红四军前委的指示信》中三次提到“群众路线”，即筹款工作要“经过群众路线”，没收地主豪绅财产要“经过群众路线”，红军给养及军需用品问题也要“渐次做到由群众路线去找出路”，这是已知的党的“群众路线”的最早文字表述②。群众路线概念的提出反映了中国共产党密切联系群众的理论初识。抗日战争时期，中国共产党高度关注人民疾苦，深入发动群众，大打人民战争，并不断创新群众路线理论。毛泽东在《关于领导方法的若干问题》一文中，科学阐释了群众路线的

① 《关于建国以来党的若干历史问题的决议注释本》，人民出版社 1983 年版，第 546 页。

② 《周恩来选集》上卷，人民出版社 1980 年版，第 36、第 39、第 40 页。

基本内涵，提出在党的一切实际工作中，“凡属正确的领导，必须是从群众中来，到群众中去”[①]的工作方法，丰富和发展了党的群众路线。到1945年4月党的七大召开时，“和人民群众紧密地联系在一起”成为党的三大优良作风之一，这一作风使党赢得了人民的信任与支持；毛泽东在党的七大上作政治报告时也指出：“我们共产党人区别于其他任何政党的又一个显著的标志，就是和最广大的人民群众取得最密切的联系。全心全意地为人民服务，一刻也不脱离群众；一切从人民的利益出发，而不是从个人或小集团的利益出发；向人民负责和向党的领导机关负责的一致性；这些就是我们的出发点。”[②]这次大会特别强调群众路线是党的根本的政治路线和组织路线，要求党员必须全心全意地为人民服务，一刻也不脱离群众。

新中国成立后，中国共产党始终注重保持党同人民群众的血肉联系，警惕脱离群众的危险，把人民拥护不拥护、支持不支持、赞成不赞成、答应不答应、满意不满意等作为一切工作的出发点和落脚点，带领全国各族人民艰苦创业、攻坚克难，取得了社会主义革命和建设的一个又一个胜利。1950年5月，中共中央作出在全党全军开展整风运动指示时，强调首先要整顿干部作风，密切党和人民的联系。1956年9月，党的八大召开时，毛泽东特别指出工作中的严重缺点，提出思想上的主观主义、工作上的官僚主义、组织上的宗派主义等思想和作风问题都是脱离群众、脱离实际的；刘少奇在党的八大报告中指出，“我们的全部力量的源泉在于我们能够密切地依靠工人阶级和人民群

① 《毛泽东选集》第3卷，人民出版社1991年版，第899页。

② 《毛泽东选集》第3卷，人民出版社1991年版，第1094—1095页。

众”[①]；邓小平在修改党章的报告中，再次谈到坚持群众路线、反对官僚主义的重要性，指出党之所以能够领导人民群众，“正因为，而且仅仅因为，它是人民群众的全心全意的服务者，它反映人民群众的利益和意志，并且努力帮助人民群众组织起来，为自己的利益和意志而斗争”[②]。改革开放以后，中国经济社会的急剧转型，对中国共产党和一些党员干部产生了一定的影响和冲击，难免出现了一些作风之弊。邓小平在谈到大量干部卷入经济犯罪活动并犯罪严重时，曾痛心疾首地指出：“我们脱离群众，干部特殊化是一个重要的原因。干部搞特殊化必然脱离群众。”[③]这些现象和问题将严重动摇党的执政根基。此后，中国共产党不断要求全党牢记并履行全心全意为人民服务的宗旨，坚决做到“时刻把人民群众的安危冷暖挂在心上，做到权为民所用、情为民所系、利为民所谋”[④]，致力于解决突出的脱离群众问题，努力夯实党领导和执政的群众基础和社会基础。

总结中国共产党保持党同群众密切联系的历史经验，习近平总书记始终强调人民拥护和支持是党执政的最牢固的根基，指出要从人民中汲取党和国家事业发展的不竭动力。2013 年 6 月，在党的群众路线教育实践活动工作会议上，习近平总书记指出，“得民心者得天下，失民心者失天下，人民拥护和支持是党执政的最牢固根基。人心向背关系党的生死存亡。党只有始终与人民心连心、同呼吸、共命运，始终依靠人民推动历史前进，才能做到哪怕‘黑云压城城欲摧’，‘我自岿然不动’，安如

① 《建国以来重要文献选编》第 9 册，中央文献出版社 1994 年版，第 114 页。
② 《建国以来重要文献选编》第 9 册，中央文献出版社 1994 年版，第 124 页。
③ 《邓小平年谱（1975—1997）》上，中央文献出版社 2004 年版，第 575 页。
④ 《十六大以来重要文献选编》上，中央文献出版社 2005 年版，第 84 页。

泰山、坚如磐石”[①]；中国共产党“来自人民、根植人民、服务人民，党的根基在人民、血脉在人民、力量在人民。失去了人民拥护和支持，党的事业和工作就无从谈起”[②]。2016年10月，在纪念红军长征胜利80周年大会上，习近平总书记进一步指出：“老百姓是天，老百姓是地。忘记了人民，脱离了人民，我们就会成为无源之水、无本之木，就会一事无成。”[③]2018年1月，习近平总书记在贯彻党的十九大精神研讨班上再次作出“人民是我们党领导和执政力量源泉”的判断，要求全党“必须坚持以人民为中心，在全心全意为人民服务中提升政治站位、提高工作能力，在真心实意向人民学习中拓展工作视野、丰富工作经验、提高理论联系实际的水平，在倾听人民呼声、虚心接受人民监督中自觉进行自我反省、自我批评、自我教育，在服务人民中不断完善自己”[④]。2019年5月，他在“不忘初心、牢记使命”主题教育工作会议上再次强调了一些党员干部脱离群众的严重问题，鲜明指出“人民是我们党执政的最大底气，是我们共和国的坚实根基，是我们强党兴国的根本所在。我们党来自人民，为人民而生，因人民而兴，必须始终与人民心心相印、与人民同甘共苦、与人民团结奋斗。每个共产党员都要弄明白，党除了人民利益之外没有自己的特殊利益，党的一切工作都是为了实现好、维护好、发展好最广大人民根本利益”，提出“要继续教育引导广大党员干部自

---

① 《十八大以来重要文献选编》上，中央文献出版社2014年版，第310页。

② 《十八大以来重要文献选编》上，中央文献出版社2014年版，第309页。

③ 习近平：《在纪念红军长征胜利80周年大会上的讲话》，人民出版社2016年版，第15页。

④ 习近平：《推进党的建设新的伟大工程要一以贯之》，《求是》2019年第19期。

党践行党的根本宗旨，把群众观点、群众路线深深植根于思想中、具体落实到行动上，着力解决群众最关心最现实的利益问题，不断增强人民群众对党的信任和信心，筑牢党长期执政最可靠的阶级基础和群众根基”①。2021 年 2 月，习近平总书记在党史学习教育动员大会上深刻总结道，“历史充分证明，江山就是人民，人民就是江山”，“赢得人民信任，得到人民支持，党就能够克服任何困难，就能够无往而不胜”②。

这些论述既是对党的历史经验的深刻总结，也是对人民立场的自觉认识。在实现中华民族伟大复兴的征程上，中国共产党需要继续把密切联系群众的作风放在作风建设的核心位置，不断巩固党的执政基础，带领广大人民不断走向新的辉煌。

（二）坚持马克思主义群众观点

保持党同群众的血肉联系首先要坚持马克思主义群众观点，群众观点是马克思主义唯物史观的基本观点。习近平总书记指出：“如何认识人民群众在历史上的作用，是社会历史观的重大问题。同历史唯心主义英雄史观相对立，历史唯物主义群众史观第一次彻底解决了这个重大问题，提出人民是历史的创造者。”③加强作风建设，保持党同人民的血肉联系，首先要坚持群众观点。

---

① 《习近平关于“不忘初心、牢记使命”论述摘编》，党建读物出版社、中央文献出版社 2019 年版，第 144—145 页。

② 习近平：《在党史学习教育动员大会上的讲话》，人民出版社 2021 年版，第 15 页。

③ 习近平：《坚持历史唯物主义不断开辟当代中国马克思主义发展新境界》，《求是》2020 年第 2 期。

马克思主义认为，人民群众是历史发展和社会进步的主体力量，是历史创造的智慧源泉，是社会发展变革的最终决定力量。党的十八大以来，习近平总书记极为重视人民群众的主体地位，始终强调广大人民群众是推动我国经济社会发展的基本力量和基本依靠。2012 年 11 月，习近平总书记在十八届中央政治局常委与中外记者见面时，明确指出："人民是历史的创造者，群众是真正的英雄。人民群众是我们力量的源泉。"2018 年 3 月，习近平总书记在十三届全国人大一次会议闭幕时再次强调："人民是历史的创造者，人民是真正的英雄。波澜壮阔的中华民族发展史是中国人民书写的！博大精深的中华文明是中国人民创造的！历久弥新的中华民族精神是中国人民培育的！中华民族迎来了从站起来、富起来到强起来的伟大飞跃是中国人民奋斗出来的！"[①]在充分认识到人民是历史创造者、不断重申"党的根基在人民、党的力量在人民"[②]的同时，习近平总书记也指明了践行群众观点的基本方向，要求工作重心下移，"扎根在劳动人民之中"[③]，尊重人民主体地位，聚焦人民实践创造，坚持一切为了人民、一切依靠人民，充分发挥广大人民群众的积极性、主动性、创造性，不断把为人民造福事业推向前进。

纵观革命、建设、改革的百年历程，中国共产党紧紧依靠群众，积极宣传群众、动员群众、武装群众、凝聚群众、服务群众、以自己的模

---

① 习近平：《在第十三届全国人民代表大会第一次会议上的讲话》，《求是》2020 年第 10 期。

② 习近平：《在庆祝中国共产党成立 95 周年大会上的讲话》，人民出版社 2016 年版，第 18 页。

③ 习近平：《在庆祝"五一"国际劳动节暨表彰全国劳动模范和先进工作者大会上的讲话》，人民出版社 2015 年版，第 5 页。

范行动，赢得了人民群众的真心拥护和支持。在党的领导下，广大人民群众真正从历史后台走向前台，充分发挥自己的积极性、主动性和创造性，为党和国家的各项事业凝聚起了智慧与力量，“实现了一个又一个‘不可能’，创造了一个又一个难以置信的奇迹”[①]，成为中国特色社会主义事业的根本依靠力量。历史和实践证明，中国共产党带领人民奋斗的历程就是党自觉坚持和践行马克思主义群众观的历史，正如习近平总书记反复强调的，“人民是我们党的力量源泉”[②]，“只要紧紧依靠人民、一切为了人民，充分激发广大人民顽强不屈的意志和坚忍不拔的毅力”，就一定能够“不断创造出中华民族新的历史辉煌”[③]。

当然，面对新的风险考验，坚持马克思主义群众观，保持党同人民群众的血肉联系，依然是党的作风建设的核心问题。习近平总书记清醒认识到，“在改革开放和发展社会主义市场经济的条件下，我们党脱离群众的危险比过去大大增加”[④]，“党要继续经受住执政考验、改革开放考验、市场经济考验、外部环境考验，就必须始终密切联系群众。在任何时候任何情况下，与人民同呼吸共命运的立场不能变，全心全意为人民服务的宗旨不能忘，群众是真正英雄的历史唯物主义观点不能丢，始终

---

① 《习近平出席投运仪式并宣布　北京大兴国际机场正式投入运营》，《人民日报》2019年9月26日。

② 《习近平在中央党校（国家行政学院）中青年干部培训班开班式上发表重要讲话强调　立志做党光荣传统和优良作风的忠实传人　在新时代新征程中奋勇争先建功立业》，《人民日报》2021年3月2日。

③ 习近平：《在全国抗击新冠肺炎疫情表彰大会上的讲话》，《人民日报》2020年9月9日。

④ 习近平：《做焦裕禄式的县委书记》，中央文献出版社2015年版，第36页。

坚持立党为公、执政为民”[①]。只有树立正确的群众观点，坚持人民群众的主体地位，尊重人民群众的首创精神，做到发展为了人民、发展依靠人民、发展成果由人民共享，才能保持党同群众的血肉联系，塑造过硬作风，凝聚起中国特色社会主义事业的磅礴力量。

（三）自觉站稳人民立场

习近平总书记指出，“人民立场是中国共产党的根本政治立场，是马克思主义政党区别于其他政党的显著标志。党与人民风雨同舟、生死与共，始终保持血肉联系，是党战胜一切困难和风险的根本保证”[②]。保持党同人民群众的血肉联系，就是要“始终把人民立场作为根本政治立场，把人民利益摆在至高无上的地位”[③]，“通过各种途径了解群众的意见和要求、批评和建议，真抓实干解民忧、纾民怨、暖民心”[④]。

站稳群众立场要牢记全心全意为人民服务的观点，“想群众之所想，急群众之所急”[⑤]。全心全意为人民服务是中国共产党的根本宗旨，是党一切行动的根本出发点和落脚点，牢记为人民服务的观点，关心群众、热爱人民是践行党的宗旨的首要出发点。习近平总书记深刻指出，“热爱

---

① 《十八大以来重要文献选编》上，中央文献出版社 2014 年版，第 309 页。

② 习近平：《在庆祝中国共产党成立 95 周年大会上的讲话》，人民出版社 2016 年版，第 18 页。

③ 习近平：《在纪念红军长征胜利 80 周年大会上的讲话》，人民出版社 2016 年版，第 15 页。

④ 《中共中央政治局召开专题民主生活会强调　带头把不忘初心牢记使命作为终身课题　始终保持共产党人的政治本色和前进动力》，《人民日报》2019 年 12 月 28 日。

⑤ 习近平：《摆脱贫困》，福建人民出版社 1992 年版，第 29 页。

人民不是一句口号，要有深刻的理性认识和具体的实践行动。对人民，要爱得真挚、爱得彻底、爱得持久，就要深深懂得人民是历史创造者的道理”[①]；要求领导干部练就过硬作风，把人民群众放在心中，要“怀着强烈的爱民、忧民、为民、惠民之心，心里要始终装着父老乡亲，想问题、作决策、办事情都要想一想是不是站在人民的立场上，是不是有助于解决群众的难题，是不是有利于增进人民福祉，不断增强人民群众获得感、幸福感、安全感”[②]；要求党的干部一定要“大力发扬党的优良传统，牢记‘两个务必’，时刻把人民群众的安危冷暖放在心上，关心群众疾苦，尤其是困难群众的生产和生活问题”[③]；还特别指出“对老百姓来说，他们身边每一件琐碎的小事，都是实实在在的大事，有的甚至还是急事、难事”[④]。面对新时代坚持和发展中国特色社会主义中的各种问题与困难，习近平总书记始终要求坚持人民主体地位，坚持立党为公、执政为民，践行全心全意为人民服务的根本宗旨，落实以人民为中心的发展思想，想群众之所想、急群众之所急、解群众之所困，在任何时候都要把人民对美好生活的向往放在一切工作的中心位置，解决好人民群众普遍关心的突出问题，依靠人民创造历史伟业。为此，习近平总书记强调：“为民服务解难题，重点是教育引导广大党员干部坚守人民立场，树立以人民为中心的发展理念，增进同人民群众的感情，自觉同人民想

① 习近平：《在文艺工作座谈会上的讲话》，人民出版社 2015 年版，第 18 页。

② 《习近平在中央党校（国家行政学院）中青年干部培训班开班式上发表重要讲话强调　在常学常新中加强理论修养　在知行合一中主动担当作为》，《人民日报》2019 年 3 月 2 日。

③ 习近平：《抓住根本加强党的建设》，《今日浙江》2003 年第 13 期。

④ 习近平：《干在实处　走在前列——推进浙江新发展的思考与实践》，中共中央党校出版社 2006 年版，第 527 页。

在一起、干在一起，着力解决群众的操心事、烦心事，以为民谋利、为民尽责的实际成效取信于民。”[①]

站稳群众立场要坚持一切工作以最广大人民根本利益为最高标准，不断把为人民造福事业推向前进。马克思恩格斯在《共产党宣言》中早已庄严宣告过：“无产阶级的运动是绝大多数人的，为绝大多数人谋利益的独立的运动。”[②]中国共产党作为马克思主义执政党，自成立伊始，就高举起为人民谋幸福、为民族谋复兴的伟大旗帜。习近平总书记在自身的成长与实践中，始终牢记初心使命，站稳群众立场，把人民利益摆在至高无上的地位，强调“让人民过上好日子，是我们一切工作的出发点和落脚点”[③]。2015 年 1 月，习近平总书记在中央党校县委书记研修班学员座谈会上，生动形象地说明了“当官不为民做主，不如回家卖红薯”的道理，要求“着力解决好人民最关心最直接最现实的利益问题，特别是要下大气力解决好人民不满意的问题，多做雪中送炭的事情”[④]。2017 年 10 月，习近平总书记在党的十九届一中全会上，重申党的初心使命，明确要求全党要做好保障和改善民生的全面部署，“始终以实现好、维护好、发展好最广大人民根本利益为最高标准，带领人民创造美好生活，让改革发展成果更多更公平惠及全体人民，使人民获得感、幸福感、安

---

① 《习近平在“不忘初心、牢记使命”主题教育工作会议上强调　守初心担使命找差距抓落实　确保主题教育取得扎扎实实的成效》，《人民日报》2019 年 6 月 1 日。

② 《马克思恩格斯选集》第 1 卷，人民出版社 2012 年版，第 411 页。

③ 习近平：《抓住世界经济转型机遇谋求亚太更大发展——在亚太经合组织工商领导人峰会上的主旨演讲》，《人民日报》2017 年 11 月 11 日。

④ 《习近平关于全面从严治党论述摘编》，中央文献出版社 2016 年版，第 164 页。

全感更加充实、更有保障、更可持续性，朝着实现全体人民共同富裕不断迈进”[①]。党的十九大以来，习近平总书记不断要求党员干部“实现好、维护好、发展好最广大人民根本利益，把人民拥护不拥护、赞成不赞成、高兴不高兴、答应不答应作为衡量一切工作得失的根本标准”[②]，努力做好民生工作，增进民生福祉，实现公平正义，将人民的获得感、幸福感、安全感作为工作的出发点和落脚点，不断促进人的全面发展、全体人民共同富裕。

站稳群众立场要自觉接受群众监督，把“让人民满意”作为“党做好一切工作的价值取向和根本标准”[③]。作风是否好转，要以人民满意为标准。2013 年 1 月，习近平总书记在十八届中央纪律检查委员会第二次全体会议上，明确要求“广泛听取群众意见和建议，自觉接受群众评议和社会监督。群众不满意的地方就要及时整改”[④]，要“让人民群众不断看到实实在在的成效和变化”[⑤]。2014 年 10 月，习近平总书记在党的群众路线教育实践活动总结大会上指出，“群众意见是一把最好的尺子”，要求党在自我教育的同时，要“注重强化外力推动，坚持真开门、开大门，让群众参与，让群众监督，诚恳请群众评判”[⑥]。2018 年 1 月，习近平总

① 习近平：《在党的十九届一中全会上的讲话》，《求是》2018 年第 1 期。

② 习近平：《在庆祝中国共产党成立 95 周年大会上的讲话》，人民出版社 2016 年版，第 18 页。

③ 习近平：《在党的群众路线教育实践活动总结大会上的讲话》，人民出版社 2014 年版，第 10 页。

④《习近平谈治国理政》第 1 卷，外文出版社 2018 年版，第 387 页。

⑤《习近平关于全面从严治党论述摘编》，中央文献出版社 2016 年版，第 149 页。

⑥ 习近平：《在党的群众路线教育实践活动总结大会上的讲话》，人民出版社 2014 年版，第 11 页。

书记在学习贯彻党的十九大精神研讨班开班式上的讲话中，明确要求党员干部要“在倾听人民呼声、虚心接受人民监督中自觉进行自我反省、自我批评、自我教育，在服务人民中不断完善自己”①。2019年6月，在十九届中央政治局第十五次集体学习时，习近平总书记再次强调：“党员、干部初心变没变、使命记得牢不牢，要由群众来评价、由实践来检验。我们不能关起门来搞自我革命，而要多听听人民群众意见，自觉接受人民群众监督。”②同时，习近平总书记以身作则，向全党全国庄严宣誓，“做人民的勤务员，接受人民监督”③，要求一切国家机关工作人员，无论身居多高的职位，“都始终要把人民放在心中最高的位置，始终全心全意为人民服务，始终为人民利益和幸福而努力工作”④。

（四）贯彻执行党的群众路线

群众路线是中国共产党永葆青春活力和战斗力的传家宝，是党的生命线和根本工作路线。坚持群众路线就是要求党员干部“一切为了群众、一切依靠群众，从群众中来，到群众中去，把党的正确主张变为群众的自觉行动”⑤。习近平总书记鲜明指出：“贯彻党的群众路线，‘知’是基

---

① 习近平：《推进党的建设新的伟大工程要一以贯之》，《求是》2019年第19期。

② 《习近平在中央政治局第十五次集体学习时强调　全党必须始终不忘初心牢记使命　在新时代把党的自我革命推向深入》，《人民日报》2019年6月26日。

③ 习近平：《在第十三届全国人民代表大会第一次会议上的讲话》，《求是》2020年第10期。

④ 习近平：《在第十三届全国人民代表大会第一次会议上的讲话》，《求是》2020年第10期。

⑤ 《中国共产党章程》，人民出版社2022年版，第11页。

础、是前提，‘行’是重点、是关键，必须以‘知’促‘行’，以‘行’促‘知’，做到知行合一，既解决认识提高问题，又解决行动自觉问题，使群众观点、群众路线落地稳、扎根深。①”可见，密切党同群众的血肉联系、改进党的作风不仅要坚持群众观点，站稳群众立场，还要依靠群众路线，把党的群众路线贯彻到党的建设和治国理政的全部活动中去。

贯彻执行党的群众路线，一方面是要坚持到群众中调查研究，这是从群众中来、到群众中去的基本方法，是加强党的作风建设、坚决贯彻执行党的群众路线的基本要求。深入群众调查研究，是加强党员干部与群众密切联系、进行思想与信息沟通的重要方式，是一个联系群众、为民办事的过程；能不能做实调查研究，直接决定着党群关系、干群关系处理得好不好，群众路线坚持得好不好，干部作风建设得好不好，正如习近平总书记所说：“要大力弘扬密切联系群众的优良作风，深入基层一线，增强同人民群众的感情，学会做群众工作的方法，从基层实践找到解决问题的金钥匙。”②

党的十八大以来，习近平总书记持续重视和传承调查研究这一传家宝，在不同场合多次强调调查研究的意义价值，要求“紧扣人民群众生产生活，紧扣经济社会发展实际”③，深入基层，“了解和掌握第一手材

---

① 《习近平关于党的群众路线教育实践活动论述摘编》，党建读物出版社、中央文献出版社 2014 年版，第 39—40 页。

② 《习近平在中央和国家机关党的建设工作会议上强调　全面提高中央和国家机关党的建设质量　建设让党中央放心让人民群众满意的模范机关》,《人民日报》2019 年 7 月 10 日。

③ 《习近平关于“不忘初心、牢记使命”论述摘编》，党建读物出版社、中央文献出版社 2019 年版，第 218 页。

料”[①]，在全党大兴调查研究之风，指出到群众中寻找答案的调查研究方法。2014 年 10 月，习近平总书记在党的群众路线教育实践活动总结大会上要求领导干部要同群众“身挨身坐、心贴心聊”，要“多沉下身子、走近群众，就从严治党问题多向群众请教”[②]。党的十九大以来，习近平总书记多次明确指出调查研究的突出问题，提出“调查研究要拜人民为师、向人民学习，放下架子、扑下身子，接地气、通下情，既到工作局面好和先进的地方去总结经验，又到群众意见多的地方去，到工作做得差的地方去，到困难较多、情况复杂、矛盾尖锐的地方去调查研究，真正把功夫下到察实情、出实招、办实事、求实效上”[③]；要求党员干部“深入开展调查研究，解剖麻雀，发现典型，真正把群众面临的问题发现出来，把群众的意见反映上来，把群众创造的经验总结出来”[④]。2020 年 10 月，他再次对中青年干部提出做好调查研究基本功、提高调查研究能力的要求，专门强调调查研究“要坚持到群众中去、到实践中去，倾听基层干部群众所想所急所盼，了解和掌握真实情况”。可见，习近平总书记高度重视调查研究，把坚持群众路线作为调查研究的根本方法，以及时准确地掌握第一手资料、听取第一线声音，是保持党同群众血肉联系、做到作风过硬的直接表现。

---

① 习近平：《在基层代表座谈会上的讲话》，人民出版社 2020 年版，第 3 页。

② 习近平：《在党的群众路线教育实践活动总结大会上的讲话》，人民出版社 2014 年版，第 28 页。

③ 《习近平关于“不忘初心、牢记使命”论述摘编》，党建读物出版社、中央文献出版社 2019 年版，第 222 页。

④ 《习近平在中央党校（国家行政学院）中青年干部培训班开班式上发表重要讲话强调　在常学常新中加强理论修养　在知行合一中主动担当作为》，《人民日报》2019 年 3 月 2 日。

另一方面，贯彻执行党的群众路线，要聚焦群众反映强烈的突出问题，提高群众工作能力，把党的正确主张变为群众的自觉行动。保持党同人民的血肉联系、贯彻执行群众路线必须坚持问题导向，积极主动解民难、排民忧、顺民意，解决好联系服务群众"最后一公里"问题。

早在浙江工作时，习近平同志就态度鲜明地要求广大党员干部要"牢固树立正确的政绩观和群众观，切实增强宗旨意识，忠实地贯彻执行党的群众路线，努力解决好群众关心的热点和难点问题，进一步密切党同人民群众的血肉联系"①。党的十八大以来，习近平总书记清醒认识到党内存在许多亟待解决的问题，反复强调"加强和改进作风建设是保持党同人民群众血肉联系的有效途径，必须聚焦解决群众反映强烈的突出问题"②，要求"凡是群众反映强烈的问题都要严肃认真对待，凡是侵害群众利益的行为都要坚决纠正，永远赢得人民群众信任和拥护"③。2022年3月，习近平总书记在中央党校（国家行政学院）中青年干部培训班开班式上，还特别强调贯彻群众路线，"首先要对群众有感情，真正把自己当作群众的一员、把群众的事当作自己的事"④。

在坚持问题导向、要求解决群众反映强烈的问题的同时，习近平总

① 习近平：《省级领导干部必须带头保持共产党员的先进性》，《求是》2005年第5期。

② 《习近平在党的群众路线教育实践活动第一批总结暨第二批部署会议上强调 扎实开展第二批教育实践活动 努力取得人民群众满意的实效》，《人民日报》2014年1月21日。

③ 《习近平谈治国理政》第3卷，外文出版社2020年版，第508页。

④ 《习近平在中央党校（国家行政学院）中青年干部培训班开班式上发表重要讲话强调 筑牢理想信念根基树立践行正确政绩观 在新时代新征程上留下无悔的奋斗足迹》，《人民日报》2022年3月2日。

书记提倡面对面做好群众工作，重视提升群众工作的能力，把做好群众工作作为全党重大而紧迫的政治任务。在浙江工作时，他就要求党员干部要“自觉把党的群众工作体现在为群众多办事、办好事、办实事的具体行动中，经常深入基层，深入群众，到群众需要的地方去问寒问暖，到群众困难的地方去排忧解难，到群众意见多的地方去理顺情绪，到出现新情况新变化的地方去总结经验，到工作推不开的地方去打开局面，让群众感受到实实在在看得见的利益”[①]。担任总书记以来，他不断要求增强群众工作本领，创新群众工作体制机制和方式方法，提出要“善于把党的优良传统和新技术新手段结合起来”[②]。2015 年 4 月，习近平总书记谈到工会时，要求坚持群众路线，把“工作重心放在最广大普通职工身上，着力强化服务意识、提高维权能力，改进工作作风，破除衙门作风，坚决克服机关化、脱离职工群众现象，让职工群众真正感受到工会是‘职工之家’”[③]；同年 7 月，在谈到对群团干部的要求时，提出“群团干部要由知群众、懂群众、爱群众的人来当，要有做群众工作的本领和经验，懂得群众的语言和习惯，熟悉群众的愿望和心声，善于运用新形势下群众工作方式方法”[④]。2016 年 4 月，在谈到网上走群众路线方法时，习近平总书记明确指出：“各级党政机关和领导干部要学会通过网络走群众路线，经常上网看看，潜潜水、聊聊天、发发声，了解群众所思所愿，

---

① 习近平：《做好新形势下的群众工作》，《求是》2005 年第 17 期。

② 《习近平在中央政法工作会议上强调　全面深入做好新时代政法各项工作　促进社会公平正义保障人民安居乐业》，《人民日报》2019 年 1 月 17 日。

③ 习近平：《在庆祝“五一”国际劳动节暨表彰全国劳动模范和先进工作者大会上的讲话》，人民出版社 2015 年版，第 13 页。

④ 《习近平关于青少年和共青团工作论述摘编》，中央文献出版社 2017 年版，第 85 页。

收集好想法好建议，积极回应网民关切、解疑释惑。善于运用网络了解民意、开展工作，是新形势下领导干部做好工作的基本功。各级干部特别是领导干部一定要不断提高这项本领。”①在谈到提高青年干部能力上，习近平总书记要求干部尤其是年轻干部要提高群众工作能力。他指出干部“要坚持从群众中来、到群众中去，真正成为群众的贴心人。要心中有群众，时刻把群众安危冷暖放在心上，认真落实党中央各项惠民政策，把小事当作大事来办，切实解决群众‘急难愁盼’的问题”，“要注意宣传群众、教育群众，用群众喜闻乐见、易于接受的方法开展工作，提高群众思想觉悟，让他们心热起来、行动起来”②；“要深入研究和准确把握新形势下群众工作的特点和规律，改进群众工作方法，提高群众工作水平”③。

保持党同人民群众的血肉联系，是全党的政治任务，是党的作风建设的核心。“同人民风雨同舟、血脉相通、生死与共，是我们党战胜一切困难和风险的根本保证。离开了人民，我们就会一事无成。要牢记群众是真正的英雄，任何时候都不能忘记为了谁、依靠谁、我是谁，真正同人民结合起来。”④习近平总书记深刻指出：“解决好保持党同人民群众的

---

① 习近平：《在网络安全和信息化工作座谈会上的讲话》，人民出版社2016年版，第7—8页。

② 《习近平在中央党校（国家行政学院）中青年干部培训班开班式上发表重要讲话强调 年轻干部要提高解决实际问题能力想干事能干事干成事》，《人民日报》2020年10月11日。

③ 《习近平在中央党校（国家行政学院）中青年干部培训班开班式上发表重要讲话强调 筑牢理想信念根基树立践行正确政绩观 在新时代新征程上留下无悔的奋斗足迹》，《人民日报》2022年3月2日。

④ 《习近平在中央党校（国家行政学院）中青年干部培训班开班式上发表重要讲话强调 在常学常新中加强理论修养 在知行合一中主动担当作为》，《人民日报》2019年3月2日。

血肉联系问题，不可能一劳永逸，不可能一蹴而就，要常抓不懈。”[①]因此，加强党的作风建设，必须着力于解决为民服务不实在、不上心、不尽力、脱离群众的严峻问题，“把群众观点、群众路线深深根植于思想中、具体落实到行动上，着力解决群众最关心最现实的利益问题，不断增强人民群众对党的信任和信心，筑牢党长期执政最可靠的阶级基础和群众根基”[②]。

三、把批评和自我批评摆在重要位置

无产阶级政党走上政治舞台后，马克思恩格斯在带领工人阶级进行革命运动的过程中，始终把批评和自我批评作为开展正常的党内思想斗争、不断加强自身建设、保持肌体健康的锐利武器；正如马克思恩格斯曾经说过的，“批判无疑会使许多人感到不愉快”，“但这对于党来说，一定要比任何无批判的恭维更有益处”[③]；“无情的自我批评引起了敌人极大的惊愕，并使他们产生这样一种感觉：一个能够这样做的党该具有多么大的内在力量啊！”[④]可见，勇于用批评和自我批评的方法解决党内矛盾、纠正思想错误是马克思主义政党保持内在力量的重要表现。对此，习近平总书记特别要求批评和自我批评要动真格，要用好批评和自我批

---

① 《习近平谈治国理政》第1卷，外文出版社2018年版，第394页。

② 《习近平在“不忘初心、牢记使命”主题教育工作会议上强调　守初心担使命找差距抓落实　确保主题教育取得扎扎实实的成效》，《人民日报》2019年6月1日。

③ 《马克思恩格斯全集》第34卷，人民出版社1972年版，第389—399页。

④ 《马克思恩格斯文集》第10卷，人民出版社2009年版，第602页。

评这个武器，让批评和自我批评成为每个党员、干部的必修课。

（一）批评和自我批评是共产党人防身治病的有力武器

中国共产党作为一个马克思主义政党，是严格按照马克思主义的党建原则建立的，并继承了马克思主义政党的优良传统与精神品质。可以说，中国共产党自诞生之日起就具有批评和自我批评的传统基因，并在总结长期革命斗争正反两方面经验教训的基础上，明确地把批评和自我批评确定为党的三大作风之一。毛泽东曾经说过，“党内批评是坚强党的组织、增加党的战斗力的武器”①，“有无认真的自我批评，也是我们和其他政党互相区别的显著的标志之一”②；“对我们工作中的缺点和错误，还是要作公开的批评和自我批评。不实行马克思主义的这一条是不行的”，“定期召开会议，进行批评和自我批评，这是一种同志间互相监督，促使党和国家事业迅速进步的好办法”③。邓小平也强调，“批评与自我批评是一切工作的动力，没有它就无法改进工作，所以一定要开展批评与自我批评”④，“真正造成一个好的批评和自我批评的空气”⑤。可见，批评和自我批评始终是中国共产党改正错误、改进工作、统一思想、加强团结的宝贵经验。党的十八大以来，习近平总书记多次指出，“无论批评还是自我批评都是一剂良药，是对同志、对自己的真正爱护”⑥；并在

---

① 《毛泽东选集》第 1 卷，人民出版社 1991 年版，第 90 页。

② 《毛泽东选集》第 3 卷，人民出版社 1991 年版，第 1096 页。

③ 《毛泽东文集》第 6 卷，人民出版社 1999 年版，第 406 页。

④ 《邓小平文集（1949—1974 年）》中卷，人民出版社 2014 年版，第 168 页。

⑤ 《邓小平文选》第 1 卷，人民出版社 1994 年版，第 310 页。

⑥ 《习近平关于党的群众路线教育实践活动论述摘编》，党建读物出版社、中央文献出版社 2014 年版，第 49 页。

不同场合深刻阐明了开展批评和自我批评的必要性和重要性，指明了批评和自我批评存在的突出问题。

批评和自我批评是党长期坚持的优良传统，是党不断取得胜利的重要法宝。2013 年 6 月，习近平总书记在党的群众路线教育实践活动工作会议上，首先明确要求以整风精神开展批评和自我批评，指出：“批评和自我批评是我们党的优良传统，是增强党组织战斗力、维护党的团结统一的有效武器。”[①]同年 9 月，在参加河北省委常委班子专题民主生活会时，针对“党有什么法宝可以保证党的创造力、凝聚力、战斗力，保证党的团结统一”的问题，习近平总书记再次强调，开展批评和自我批评是“很重要的法宝”，“是我们党长期坚持的优良传统，也是我们党区别于其他政党的鲜明标志”[②]。中国共产党是马克思主义政党，为人民谋幸福、为民族谋复兴的初心使命和全心全意为人民服务的宗旨都决定了党能够不怕批评，并能正确运用批评和自我批评的武器，不断开展自我检查、分析党性，真正体现无产阶级政党的内在本质与精神品格。

批评和自我批评是自我教育和帮助同志的重要方法，是加强和规范党内政治生活的重要手段。习近平总书记指出，一些地方和部门管党、治党失之于宽、失之于松的重要原因之一就是“党内生活中批评和自我批评不够”[③]，“批评和自我批评开展好了，说闲话、背后嘀咕的现象就会

① 《习近平关于党的群众路线教育实践活动论述摘编》，党建读物出版社、中央文献出版社 2014 年版，第 45 页。

② 《习近平关于党的群众路线教育实践活动论述摘编》，党建读物出版社、中央文献出版社 2014 年版，第 48 页。

③ 《习近平关于党的群众路线教育实践活动论述摘编》，党建读物出版社、中央文献出版社 2014 年版，第 47 页。

少得多”[①]，以开展批评和自我批评“来发现和解决自身存在的矛盾和问题，是最主动、最有效的。如果我们党不能自己解决自身的矛盾和问题，长期积累下去，那就要发生我说过的霸王别姬的问题了，那就不是一般的被动，而是为时已晚了”[②]。这些论述实际鲜明地呈现了批评和自我批评的优良作风对于清除党内政治灰尘和政治微生物的重要性。在谈到规范党内政治生活时，习近平总书记多次阐释了批评和自我批评是防身治病有力武器的思想，要求“通过积极健康的思想斗争，不断洗涤每个党员、干部的思想和灵魂”，“以整风精神严格党内生活，着力提高领导班子发现和解决自身问题的能力”[③]；对于领导干部而言，特别提出“遇到重要问题或普遍性问题，需要集体批评和自我批评的，就要召开民主生活会，把事情说清楚、谈透彻。有了群众反映，接到揭发检举，经过查核确有轻微违规违纪行为，就要让犯错误的同志在民主生活会上自我检讨，大家批评帮助，共同敲响警钟。对巡视反馈的领导干部‘四风’问题和违反廉洁纪律问题，要在民主生活会上进行剖析批评，提出整改措施”[④]。

总之，批评和自我批评是马克思主义执政党的强大武器，其根本动力来自党性，来自对党和人民事业高度负责的精神。只有马克思主义政党

---

① 《习近平关于党的群众路线教育实践活动论述摘编》，党建读物出版社、中央文献出版社2014年版，第49页。

② 习近平：《做焦裕禄式的县委书记》，中央文献出版社2015年版，第63页。

③ 《习近平在党的群众路线教育实践活动第一批总结暨第二批部署会议上强调 扎实开展第二批教育实践活动 努力取得人民群众满意的实效》，《人民日报》2014年1月21日。

④ 习近平：《在第十八届中央纪律检查委员会第六次全体会议上的讲话》，人民出版社2016年版，第27页。

才不怕批评和自我批评，因为马克思主义政党是人民利益的忠实代表，这一本质属性决定了马克思主义政党必须在与错误的斗争中不断修正错误、解决党内矛盾、加强党的团结。2019年6月，习近平总书记在十九届中央政治局第十五次集体学习时，特别重温了毛泽东对运用“批评和自我批评”武器的指示，指出有批评和自我批评这个马克思列宁主义的武器，就“能够去掉不良作风，保持优良作风。我们能够学会我们原来不懂的东西。我们不但善于破坏一个旧世界，我们还将善于建设一个新世界”[①]。

（二）批评和自我批评变成了“钝器”

习近平总书记在“坚持和弘扬批评与自我批评优良作风”“强调批评与自我批评是强身治病、保持肌体健康的有力武器”的同时，实际上也深刻分析了当前批评和自我批评存在的尖锐问题与深层原因。

“自我批评难、互相批评更难”是批评和自我批评问题的基本表现。在开展党的群众路线教育实践活动的过程中，习近平总书记生动形象地描述了批评和自我批评存在的严重问题，指出了近年来党内生活中批评和自我批评氛围不够浓的现状，提出了“批评和自我批评这个‘利器’在很多地方变成了‘钝器’，锈迹斑斑，对问题触及不到、触及不深，就像鸡毛掸子打屁股不痛不痒，有的甚至把自我批评变成了自我表扬，相互批评变成了相互吹捧”[②]；民主生活会上“往往是对上级放‘礼炮’，对同级放‘哑炮’，对自己放‘空炮’，最后是你好、我好、大家都好。

---

① 《毛泽东选集》第4卷，人民出版社1991年版，第1439页。

② 《习近平关于党的群众路线教育实践活动论述摘编》，党建读物出版社、中央文献出版社2014年版，第45页。

这样无助于解决问题”[①]。在2013年6月召开的全国组织工作会议上，他回顾了老一辈革命家“开展批评和自我批评，指名道姓讲问题、提意见、论危害”[②]的宝贵经验，又再次指出了“党内积极的思想斗争讲得少了，批评和自我批评难以开展起来，民主生活会很多成了评功摆好会”[③]的突出问题。2016年1月，习近平总书记在十八届中央纪委六次全会上进一步明确指出，“各级领导班子民主生活会的质量有了一定提高，但走过场的问题仍很突出”，“一些党组织和党员缺乏运用批评和自我批评武器的勇气，这既害自己又耽误同志，最终伤害的是党的事业”[④]，“批评和自我批评存在的普遍性问题是，自我批评难，相互批评更难”[⑤]。

针对上述批评和自我批评中存在的严重问题，习近平总书记在不同场合分析了产生问题的原因。2013年9月，习近平总书记在参加河北省委常委班子专题民主生活会时强调：“在不少党组织和党员干部中，开展自我批评难，开展相互批评更难。之所以如此，原因固然很多，但党性原则不强，为私心所扰、为人情所困、为关系所累、为利益所惑是主要原因。”2016年1月，他在十八届中央纪委六次全会上再次指出：“难就难在为人情所困、为利益所惑，怕结怨树敌、怕引火烧身，说到底还是

① 《习近平关于党的群众路线教育实践活动论述摘编》，党建读物出版社、中央文献出版社2014年版，第47页。

② 《习近平关于党的群众路线教育实践活动论述摘编》，党建读物出版社、中央文献出版社2014年版，第46页。

③ 《习近平关于党的群众路线教育实践活动论述摘编》，党建读物出版社、中央文献出版社2014年版，第46页。

④ 习近平：《在第十八届中央纪律检查委员会第六次全体会议上的讲话》，人民出版社2016年版，第26页。

⑤ 习近平：《在第十八届中央纪律检查委员会第六次全体会议上的讲话》，人民出版社2016年版，第26页。

私心杂念作怪，缺乏党性和担当。”[①]这实际上阐明了批评和自我批评出现问题的深刻根源，自我批评难、互相批评更难，归根结底是党员干部党性不强，缺乏批评的勇气，党内缺少开展批评和自我批评的良好政治生态。因此，如何用好批评和自我批评这个武器对于加强党的作风建设显得尤为重要，又尤为迫切。

（三）用好批评和自我批评这个武器

如何用好批评和自我批评这个武器，习近平总书记深入阐述了开展批评和自我批评的方法，真诚指出：“开展批评和自我批评需要勇气和党性，不能把我们防身治病的武器给丢掉了。忠言逆耳，良药苦口。作为共产党人，有话要放到桌面上来讲。批评要出以公心、态度诚恳、讲究方法，要实事求是、分清是非、辨别真假，切忌从个人恩怨、得失、利害、亲疏出发看事待人。”[②]这些论述为用好批评和自我批评这个武器指出了具体的要求与方式。

用好批评和自我批评这个武器，必须坚持实事求是，讲党性不讲私情，讲真理不讲面子。由于人际关系与利益关系的复杂现实，党内确实存在“有的党员、干部讲利益不讲党性、讲关系不讲原则、讲面子不讲规矩，甚至把党内同志关系异化为人身依附关系，搞小山头、小圈子、

---

①　习近平：《在第十八届中央纪律检查委员会第六次全体会议上的讲话》，人民出版社2016年版，第26—27页。

②《习近平在指导河北省委常委班子专题民主生活会时强调　坚持用好批评和自我批评的武器　提高领导班子解决自身问题能力》，《人民日报》2013年9月26日。

小团伙那一套"[1]，因此"开展批评和自我批评需要勇气和党性。我们不能因为社会环境发生了变化就把我们防身治病的武器给丢掉了，把党的优良作风给丢掉了"[2]。对此，习近平总书记要求，"无论批评还是自我批评，都要实事求是、出于公心、与人为善，不搞'鸵鸟'政策，不马虎敷衍，不文过饰非，不发泄私愤"[3]；"批评要实事求是、分清是非、辨别真假，切忌从个人恩怨、得失、利害、亲疏出发看事待人"[4]；强调批评和自我批评"不能持有偏见，也不能心有余悸，而要本着对自己、对同志、对班子、对党高度负责的精神，大胆使用，经常使用，使之越用越灵、越用越有效"[5]。

用好批评和自我批评这个武器，要自我剖析、查摆问题、整改问题，让批评和自我批评成为党内生活的常态。广大党员、干部要充分利用好组织生活会、民主生活会、征求群众意见等平台形式，依据党章党规党纪与党性要求对自己进行自省自查，进行党性分析，"要把忠诚老实、光明坦荡、公道正派、实事求是、艰苦奋斗、清正廉洁等作为对照检查的重要内容"[6]，

---

① 《习近平关于全面从严治党论述摘编》，中央文献出版社 2016 年版，第 39 页。

② 《习近平关于党的群众路线教育实践活动论述摘编》，党建读物出版社、中央文献出版社 2014 年版，第 48 页。

③ 《习近平关于党的群众路线教育实践活动论述摘编》，党建读物出版社、中央文献出版社 2014 年版，第 46 页。

④ 《习近平关于党的群众路线教育实践活动论述摘编》，党建读物出版社、中央文献出版社 2014 年版，第 49 页。

⑤ 《习近平关于党的群众路线教育实践活动论述摘编》，党建读物出版社、中央文献出版社 2014 年版，第 49 页。

⑥ 《中共中央政治局召开会议　审议规范党和国家领导人有关待遇等文件和〈中国共产党工作机关条例（试行）〉〈关于县以上党和国家机关党员领导干部民主生活会的若干规定〉》，《人民日报》2016 年 12 月 1 日。

“要有‘检身若不及’的自觉，经常对照党的理论、对照党章党规党纪、对照初心使命、对照党中央部署要求，主动查找、勇于改正自身的缺点和不足”[①]。在批评和自我批评的过程中，习近平总书记提出正确对待批评和自我批评的态度，要求本着对党、对事业、对同志高度负责的精神大胆开展批评。他提出“对自己的缺点错误，要敢于正视、主动改正。对别人的缺点错误，要敢于指出、帮助改进。对同志的提醒批评，要闻过则喜、虚心接受。自我批评要一日三省，相互批评要随时随地，不要等小毛病发展成大问题再提”[②]；要“深刻剖析问题症结和原因，把整改的方向和具体措施明确亮出来，切忌查摆问题见事不见人、对人不对己、避重而就轻。有了这样的底气和决心，批评和自我批评就能开展起来，解决突出问题就会有好效果”[③]；同时，他还特别强调“批评和自我批评的武器，不仅对下级要敢用，对同级特别是对上级也要敢用。不能职务越高就越说不得、碰不得。批评和自我批评的武器要多用、常用、用够用好，使之成为一种习惯、一种自觉、一种责任”[④]，要“让犯错误的同志在民主生活会上自我检讨，大家批评帮助，共同敲响警钟”，要营造勇于批评、欢迎批评、接受批评的良好氛围，“让批评和自我批评成为党

---

① 《习近平在中央党校（国家行政学院）中青年干部培训班开班式上发表重要讲话强调　立志做党光荣传统和优良作风的忠实传人　在新时代新征程中奋勇争先建功立业》，《人民日报》2021年3月2日。

② 习近平：《在第十八届中央纪律检查委员会第六次全体会议上的讲话》，人民出版社2016年版，第27页。

③ 《十八大以来重要文献选编》上，中央文献出版社2014年版，第318页。

④ 《中共中央政治局召开民主生活会　对照贯彻落实党的十八届六中全会精神研究　加强党内政治生活和党内监督措施》，《人民日报》2016年12月28日。

内生活的常态，成为每个党员、干部的必修课”[①]。

用好批评和自我批评这个武器，要敢于批评，善于批评，让触及灵魂与促进团结相统一。习近平总书记要求“要开展积极健康的思想斗争，敢于亮短揭丑，做到知无不言、言无不尽，有则改之、无则加勉。要让每个党员、干部都在思想和灵魂上受到触动”；指出“开展批评和自我批评，不绕弯子，直奔主题，真刀真枪提意见，满腔热情帮同志，起到红红脸、出出汗，触及思想、触及灵魂的效果”[②]。但是批评和自我批评“不是拍桌子、吹胡子瞪眼，而是可以通过多种形式进行”[③]，开展批评和自我批评“强调的是惩前毖后、治病救人，而不搞无限上纲、人人自危”[④]，全体党员、干部对批评意见，要本着有则改之、无则加勉的态度，决不能用“批评”抵制批评，搞无原则的纷争。总之，以不同方法用好批评和自我批评这个有力武器，关键还是要清扫头脑中的政治灰尘，荡涤一切附着在党肌体上的肮脏东西，维护党的团结统一，把党建设得更加坚强有力。

四、坚持与发扬艰苦奋斗的精神

艰苦奋斗、勤俭节约是中华民族的传统美德，也是共产党人的政治

① 习近平：《在第十八届中央纪律检查委员会第六次全体会议上的讲话》，人民出版社 2016 年版，第 27 页。

② 《习近平关于党风廉政建设和反腐败斗争论述摘编》，中央文献出版社、中国方正出版社 2015 年版，第 79 页。

③ 《习近平关于党的群众路线教育实践活动论述摘编》，党建读物出版社、中央文献出版社 2014 年版，第 48 页。

④ 《习近平关于党的群众路线教育实践活动论述摘编》，党建读物出版社、中央文献出版社 2014 年版，第 47 页。

本色，是中国共产党带领中国人民在历经艰难困苦、创造光辉伟业的历史进程中铸就的代代相传的优良传统。对此，习近平总书记专门引用了唐代诗人李商隐在《咏史》一诗中的名句，即“历览前贤国与家，成由勤俭破由奢”，说明了“能不能坚守艰苦奋斗精神，是关系党和人民事业兴衰成败的大事”[①]的深刻道理，同时特别强调：“抓改进工作作风，各项工作都很重要，但最根本的是要坚持和发扬艰苦奋斗精神。”[②]把发扬艰苦奋斗精神作为改进党的工作作风的根本动因，是基于对党和国家历史经验的认真总结，也是基于对中国特色社会主义发展中各种艰难险阻的主动应对。

（一）艰苦奋斗是党和国家开辟前进道路中的宝贵经验

中国共产党在忧患中诞生、在忧患中成长、在忧患中壮大，一路走来逢山开路、遇水搭桥，在百年前行道路上取得的巨大成就、克服的各种艰难险阻，重要的一条，靠的就是党和人民的齐心协力、艰苦奋斗。中国共产党也在一次次磨难中锤炼出不怕苦、能吃苦，敢于并善于在艰苦环境中奋斗、开拓、创新的精神品格。艰苦奋斗是每个共产党员，每个革命家的作风。抗战时期，美国作家埃德加·斯诺在延安从中国共产党极其简朴的生活中发现了艰苦奋斗、勤俭立业的伟大力量，将其称之为“兴国之光”。新中国成立前夕，毛泽东敏锐预判党执政后可能遇到的新情况，在党的七届二中全会上提醒全党，“中国的革命是伟大的，但

① 《习近平关于党风廉政建设和反腐败斗争论述摘编》，中央文献出版社、中国方正出版社 2015 年版，第 70 页。

② 《习近平关于党风廉政建设和反腐败斗争论述摘编》，中央文献出版社、中国方正出版社 2015 年版，第 69—70 页。

革命以后的路程更长，工作更伟大，更艰苦。这一点现在就必须向党内讲明白，务必使同志们继续地保持谦虚、谨慎、不骄、不躁的作风，务必使同志们继续地保持艰苦奋斗的作风”①，再次呈现了中国共产党人自觉克服骄奢淫逸、坚持艰苦奋斗的道德品质。新中国成立以后，面对一穷二白的中国，艰苦奋斗、勤俭建国成为共产党人的必然选择，并在这一精神的指引下，中国共产党带领中国人民不畏惧、不退缩、不消沉，艰苦奋斗，披荆斩棘，勇往直前，逐步告别了短缺经济的时代，走上了建设社会主义现代化国家的新道路。所以说，艰苦奋斗是中国共产党克敌制胜、一往无前的精神动力。

实际上，中国共产党靠艰苦奋斗不断成就伟业，未来也依然要用艰苦奋斗再创新辉煌，正如习近平总书记在党的二十大上提出的“三个务必”，依然强调在新的赶考路上，要“务必谦虚谨慎、艰苦奋斗”②。早在2003年1月，习近平同志在浙江省“四明山革命老区”调研时就深刻提出：“时代在发展，艰苦奋斗精神也必然具有新的时代内涵。艰苦奋斗，一方面是指崇尚节约的生活作风，另一方面是指不畏艰难、锐意进取的思想品格。”③党的十八大以来，习近平总书记多次强调中国共产党要永葆艰苦奋斗的本色，“艰苦奋斗、勤俭节约，不仅是我们一路走来、发展壮大的重要保证，也是我们继往开来、再创辉煌的重要保证”④。这

① 《毛泽东选集》第4卷，人民出版社1991年版，第1438—1439页。

② 习近平：《高举中国特色社会主义伟大旗帜　为全面建设社会主义现代化国家而团结奋斗》，人民出版社2022年版，第1页。

③ 习近平：《干在实处　走在前列——推进浙江新发展的思考与实践》，中共中央党校出版社2006年版，第441页。

④ 《习近平在参加内蒙古代表团审议时强调　保持加强生态文明建设的战略定力　守护好祖国北疆这道亮丽风景线》，《人民日报》2019年3月6日。

些论述赋予了艰苦奋斗新的时代内涵，蕴含着对共产党执政规律的深刻思考。改革开放之初，邓小平曾指出："我们的国家越发展，越要抓艰苦创业。"[①]当前，面对中华民族伟大复兴战略全局和世界百年未有之大变局，习近平总书记更加清楚地认识到未来道路中的荆棘坎坷，提醒全党"实现伟大的理想，没有平坦的大道可走。夺取坚持和发展中国特色社会主义伟大事业新进展，夺取推进党的建设新的伟大工程新成效，夺取具有许多新的历史特点的伟大斗争新胜利，我们还有许多'雪山'、'草地'需要跨越，还有许多'娄山关'、'腊子口'需要征服，一切贪图安逸、不愿继续艰苦奋斗的想法都是要不得的，一切骄傲自满、不愿继续开拓前进的想法都是要不得的"[②]；"国家强盛、民族复兴需要物质文明的积累，更需要精神文明的升华，决不能丢掉革命加拼命的精神，决不能丢掉谦虚谨慎、戒骄戒躁、艰苦奋斗、勤俭节约的传统，决不能丢掉不畏强敌、不惧风险、敢于斗争、敢于胜利的勇气"[③]。

可见，坚持和发扬艰苦奋斗的精神既是对优良传统的传承，也是对宝贵经验的借鉴，更是对新时代长征路上艰难险阻的防范。新中国成立70多年来，虽然中国共产党带领中国人民创造了世所罕见的经济快速发展奇迹和社会长期稳定奇迹，但是"路漫漫其修远兮"，"历史只会眷顾坚定者、奋进者、搏击者，而不会等待犹豫者、懈怠者、畏难者"[④]。习近平

① 《邓小平文选》第3卷，人民出版社1993年版，第306页。

② 习近平：《在纪念红军长征胜利80周年大会上的讲话》，人民出版社2016年版，第11页。

③ 《习近平在中共中央政治局第三十一次集体学习时强调　用好红色资源赓续红色血脉　努力创造无愧于历史和人民的新业绩》，《人民日报》2021年6月27日。

④ 《习近平谈治国理政》第3卷，外文出版社2020年版，第54页。

总书记要求“全党一定要保持艰苦奋斗、戒骄戒躁的作风，以时不我待、只争朝夕的精神，奋力走好新时代的长征路”①，“继续在这场历史性考试中经受考验，努力向历史、向人民交出新的更加优异的答卷！”②可以说，面对新时代新任务，中国共产党人更要深刻认识到越是发展越要奋斗，要主动接过艰苦奋斗的接力棒，以一往无前的奋斗姿态和永不懈怠的精神状态，勇挑重担、苦干实干、勤俭节约、淡泊名利、甘于奉献，赓续好共产党人的精神血脉。保持和弘扬艰苦奋斗的优良作风，使艰苦奋斗精神落到实处，还需要加强对党员干部名利、担当、责任等意识的教育，从根本上让艰苦奋斗成为一种制度化、规范化、常态化的要求。

（二）厉行节约，反对浪费

古人云，“强本而节用，则天不能贫”。艰苦奋斗、勤俭节约自古以来就是中华民族的优良传统，是为人、治家、兴国的成功之道，倡导适度、节用、合理的发展方式和生活方式。新时代，习近平总书记反复强调领导干部要带头厉行勤俭节约、反对铺张浪费，特别强调：“节俭朴素，力戒奢靡，是我们党的传家宝。现在，我们生活条件好了，但艰苦奋斗的精神一点都不能少，必须坚持以俭修身、以俭兴业，坚持厉行节约、勤俭办一切事情。”③

---

① 《习近平谈治国理政》第3卷，外文出版社2020年版，第54页。

② 习近平：《在庆祝中国共产党成立95周年大会上的讲话》，人民出版社2016年版，第28页。

③ 《习近平在中央党校（国家行政学院）中青年干部培训班开班式上发表重要讲话强调 立志做党光荣传统和优良作风的忠实传人 在新时代新征程中奋勇争先建功立业》，《人民日报》2021年3月2日。

艰苦奋斗、厉行节约首先要弘扬勤俭节约的精神，形成节约光荣、浪费可耻的思想观念。早在浙江省工作时，习近平同志就多次提出勤俭节约的要求，要求“旗帜鲜明地反对铺张浪费和大手大脚，坚决反对奢靡享乐之风，大力弘扬勤俭节约之风，让勤俭精神广为弘扬，勤俭意识深入人心，勤俭行为化为自觉，真正使崇尚勤俭成为社会风尚”，强调“杜绝铺张浪费之风，重申勤俭节约之风，确是一记当予敲响的警钟”[①]。党的十八大以来，以习近平同志为核心的党中央以身作则、率先垂范，弘扬勤俭节约的优良传统，营造了风清气正、崇尚节俭的党风民风政风。习近平总书记先后在《网民呼吁遏制餐饮环节“舌尖上的浪费”》《专家学者对遏制公款吃喝的分析和建议》等材料的批示上，在十八届中纪委二次全会、2020年教育文化卫生体育领域专家代表座谈会等会议上，强调要厉行勤俭节约、反对铺张浪费，形成勤俭节约的社会风尚和浓厚氛围；明确提出“勤俭是我们的传家宝，什么时候都不能丢掉。要大力弘扬中华民族勤俭节约的优秀传统，大力宣传节约光荣、浪费可耻的思想观念，努力使厉行节约、反对浪费在全社会蔚然成风”[②]。

在要求培养社会大众勤俭节约美德、形成勤俭节约风气的同时，党中央深刻认识到铺张浪费的突出问题，指出“近年来一些党政机关讲排场、比阔气、大手大脚、奢侈浪费现象时有发生，特别是公款吃喝、违规配车、公款旅游、修建豪华楼堂馆所、大搞节庆论坛活动等问题十分突出，严重败坏了党风政风，严重损害了党和政府的形象和威信”[③]，对

① 习近平：《之江新语》，浙江人民出版社2007年版，第250页。

② 《习近平关于党的群众路线教育实践活动论述摘编》，党建读物出版社、中央文献出版社2014年版，第51页。

③ 《十八大以来重要文献选编》上，中央文献出版社2014年版，第555页。

于这些严重问题，习近平总书记深刻指出："餐饮环节上的浪费现象触目惊心。广大干部群众对餐饮浪费等各种浪费行为特别是公款浪费行为反映强烈。联想到我国还有一亿多农村扶贫对象、几千万城市低保人口以及其他为数众多的困难群众，各种浪费现象的严重存在令人十分痛心。"[①]对此，习近平总书记要求坚决刹住铺张浪费之风，在各项事业上都要勤俭节约，如环境保护、举办冬奥会等，提出"各级党政军机关、事业单位，各人民团体、国有企业，各级领导干部，都要率先垂范，严格执行公务接待制度，严格落实各项节约措施，坚决杜绝公款浪费现象。要采取针对性、操作性、指导性强的举措，加强监督检查，鼓励节约，整治浪费"[②]。同时，他特别要求党政机关、党员干部大兴艰苦奋斗之风，带头厉行勤俭节约、反对铺张浪费，强调要"努力建立健全立体式、全方位的制度体系，以刚性的制度约束、严格的制度执行、强有力的监督检查、严厉的惩戒机制，切实遏制公款消费中的各种违规违纪违法现象"[③]；要"持续为基层减负，反对形式主义、官僚主义，把资源真正用到发展经济和改善民生上来"[④]；同时要求后续工作必须跟上，不能走过场、一阵风。为此，2013年10月，中共中央政治局审议并同意印发《党政机关厉行节约反对浪费条例》，对反对铺张浪费作出制度化的部署，为全社会形成艰苦奋斗、勤俭节约的蔚然之风提供制度保障。2020年8月，习近平总书记特别对制止餐饮浪费行为作出重要指示，要求加强立

---

① 《十八大以来重要文献选编》上，中央文献出版社2014年版，第119页。

② 《十八大以来重要文献选编》上，中央文献出版社2014年版，第119页。

③ 《十八大以来重要文献选编》上，中央文献出版社2014年版，第120页。

④ 《征求对经济工作的意见和建议 中共中央召开党外人士座谈会》，《人民日报》2019年12月7日。

法，强化监管，建立长效机制，坚决制止餐饮浪费行为；同时进一步加强宣传教育，切实培养节约习惯；在全社会营造浪费可耻、节约为荣的氛围[①]。这一指示为全党全社会厉行节约提供了有力遵循，为扭转铺张浪费问题指明了方向。

在艰苦奋斗、勤俭节约的品格养成上，习近平总书记特别关注党员干部的道德和操守。2016 年 2 月，习近平总书记赴江西看望慰问广大干部群众时，提出："每一名党员、干部特别是各级领导干部，都要把理想信念作为照亮前路的灯、把准航向的舵，转化为对奋斗目标的执着追求、对本职工作的不懈进取、对高尚情操的笃定坚持、对艰难险阻的勇于担当；都要一切从实际出发，解放思想、开拓进取，善于用改革的思路和办法解决前进中的各种问题；都要保持艰苦奋斗本色"[②]。2021 年 3 月，习近平总书记在对年轻干部提出要求时，也强调"年轻干部要时刻警醒自己，培育积极健康的生活情趣，坚决抵制享乐主义、奢靡之风，永葆共产党人清正廉洁的政治本色"[③]。

古往今来，勤俭节约既体现了中华民族的价值取向和道德风尚，也是中国共产党弘扬强本节用的优良作风、营造崇尚勤俭社会风气的现实要求，正如习近平总书记所说："过去我们党靠艰苦奋斗、勤俭节约不断成就伟业，现在我们仍然要用这样的思想来指导工作。吃不穷、穿不

---

①《习近平作出重要指示强调　坚决制止餐饮浪费行为切实培养节约习惯　在全社会营造浪费可耻节约为荣的氛围》，《人民日报》2020 年 8 月 12 日。

②《习近平春节前夕赴江西看望慰问广大干部群众　祝全国各族人民健康快乐吉祥　祝改革发展人民生活蒸蒸日上》，《人民日报》2016 年 2 月 4 日。

③《习近平在中央党校（国家行政学院）中青年干部培训班开班式上发表重要讲话强调　立志做党光荣传统和优良作风的忠实传人　在新时代新征程中奋勇争先建功立业》，《人民日报》2021 年 3 月 2 日。

穷，计划不到一世穷。党和政府带头过紧日子，目的是为老百姓过好日子，这是我们党的宗旨和性质所决定的。不论我们国家发展到什么水平，不论人民生活改善到什么地步，艰苦奋斗、勤俭节约的思想永远不能丢。艰苦奋斗、勤俭节约，不仅是我们一路走来、发展壮大的重要保证，也是我们继往开来、再创辉煌的重要保证。”①

（三）甘于奉献，勇于担当

2018年春节团拜会上，习近平总书记特别突出了“奋斗”这一中心词，指出了坚持和发展中国特色社会主义的艰巨性、长期性和复杂性，提出“艰难困苦、玉汝于成，没有艰辛就不是真正的奋斗，我们要勇于在艰苦奋斗中净化灵魂、磨砺意志、坚定信念。奋斗是长期的，前人栽树、后人乘凉，伟大事业需要几代人、十几代人、几十代人持续奋斗。奋斗是曲折的，‘为有牺牲多壮志，敢教日月换新天’，要奋斗就会有牺牲，我们要始终发扬大无畏精神和无私奉献精神”②。可见，要奋斗就要有奉献，要奋斗就要大无畏、敢担当；在实现中华民族伟大复兴的征程上，中国共产党带领中国人民必须坚持和发扬艰苦奋斗的精神，在埋头苦干中干出实绩、做出实效，在奉献担当中直面矛盾、勇担使命。

甘于奉献、勇于担当是中国共产党人践行宗旨的必然要求和历史传统。习近平总书记在党的各类会议、干部培训班、学习先进事迹的指示等情况下，都要求全党要直面问题、埋头苦干、乐于奉献，“自觉把使命

① 《习近平在参加内蒙古代表团审议时强调　保持加强生态文明建设的战略定力　守护好祖国北疆这道亮丽风景线》，《人民日报》2019年3月6日。

② 《习近平关于“不忘初心、牢记使命”论述摘编》，党建读物出版社、中央文献出版社2019年版，第241页。

放在心上、把责任扛在肩上"[①]。2014 年 6 月，习近平总书记在中共中央政治局第十六次集体学习时强调："要教育引导全党同志特别是各级领导干部坚持'两个务必'，自觉为党和人民不懈奋斗，不能安于现状、盲目乐观，不能囿于眼前、轻视长远，不能掩盖矛盾、回避问题，不能贪图享受、攀比阔气。"[②]2015 年 1 月，在中央党校县委书记研修班学员座谈会上，他明确指出一些领导干部不思进取、为官不为、不愿担当、只做四平八稳"太平官"的错误，要求领导干部"面对工作难题，要有明知山有虎、偏向虎山行的劲头，积极寻找克服困难的具体对策，豁得出来、顶得上去，真正成为带领人民群众战风险、渡难关的主心骨"[③]。2016 年 2 月，在江西看望慰问广大干部群众时，他指出党员干部要有对本职工作的不懈进取、对高尚情操的笃定坚持、对艰难险阻的勇于担当，要求党员干部"不丢勤俭节约的传统美德，不丢廉洁奉公的高尚操守，逢事想在前面、干在实处，关键时刻坚决顶起自己该顶的那片天"[④]。2019 年 9 月，在国家勋章和国家荣誉称号颁授仪式上，习近平总书记要求弘扬榜样们身上展现的忠诚、执着、朴实的鲜明品格，号召全党全社会学习他们埋头苦干、为民奉献、"功成不必在我、功成必定有我"的崇高精神，坚信"一切伟大成就都是接续奋斗的结果，一切伟大事业都需要在继往开

① 习近平：《在纪念胡耀邦同志诞辰 100 周年座谈会上的讲话》，人民出版社 2015 年版，第 12 页。

② 《习近平在中共中央政治局第十六次集体学习时强调　坚持从严治党落实管党治党责任　把作风建设要求融入党的制度建设》，《人民日报》2014 年 7 月 1 日。

③ 《十八大以来重要文献选编》中，中央文献出版社 2016 年版，第 325 页。

④ 《习近平春节前夕赴江西看望慰问广大干部群众　祝全国各族人民健康快乐吉祥　祝改革发展人民生活蒸蒸日上》，《人民日报》2016 年 2 月 4 日。

来中推进”[①]。这些论述充分展示了习近平总书记对党员干部敢于担当、甘于奉献的殷切期待，也表达了对领导干部担当作为、提高工作能力和水平的基本要求。实际上，在脱贫攻坚实践中，党中央始终坚持人民至上、以人为本，把贫困群众和全国各族人民一起迈向小康社会、一起过上好日子作为脱贫攻坚的出发点和落脚点。各级党委和政府以及社会各方协同发力、合力攻坚，东部西部守望相助、协作攻坚，广大党员干部吃苦耐劳、不怕牺牲，充分彰显了共产党人的使命担当和牺牲奉献精神。在与突如其来的新冠疫情的斗争中，从中央到基层、从党员干部到普通百姓，中国向世人展示了甘于奉献、勇于担当的精神力量。可以说，中国共产党百年历程中的每个历史事件、每位革命英雄、每种革命精神，“都代表着我们党走过的光辉历程、取得的重大成就，展现了我们党的梦想和追求、情怀和担当、牺牲和奉献，汇聚成我们党的红色血脉”[②]。

干实事、敢作为、勇担当是切实转变工作作风的重要体现，敬业奉献、担当有为也是检验党员干部的先进性与纯洁性的试金石。习近平总书记曾经说过：“能否敢于负责、勇于担当，最能看出一个干部的党性和作风”[③]；“是否具有担当精神，是否能够忠诚履责、尽心尽责、勇于担责，这是检验每一个领导干部身上是否真正体现了共产党人先进性和

① 习近平：《在国家勋章和国家荣誉称号颁授仪式上的讲话》，《人民日报》2019 年 9 月 30 日。

② 《习近平在中共中央政治局第三十一次集体学习时强调　用好红色资源赓续红色血脉　努力创造无愧于历史和人民的新业绩》，《人民日报》2021 年 6 月 27 日。

③ 《习近平在中央党校（国家行政学院）中青年干部培训班开班式上发表重要讲话强调　在常学常新中加强理论修养　在知行合一中主动担当作为》，《人民日报》2019 年 3 月 2 日。

纯洁性的重要方面”[①]。为此，他专门提出了党员干部是否具有担当特质的具体表现，指出“党的干部必须坚持原则、认真负责，面对大是大非敢于亮剑，面对矛盾敢于迎难而上，面对危机敢于挺身而出，面对失误敢于承担责任，面对歪风邪气敢于坚决斗争”[②]。能否真正践行“五个敢于”，衡量的是党员干部的党性修养，体现的是共产党人的政治本色与胸怀勇气；“五个敢于”是领导干部胸襟、品行、能力、素质的综合考量，是新时代改进党的工作作风的重要着力点。2019 年，全党上下开展“不忘初心、牢记使命”主题教育，习近平总书记提出了“守初心、担使命，找差距、抓落实”的总要求，特别指出：“担使命，就是要牢记我们党肩负的实现中华民族伟大复兴的历史使命，勇于担当负责，积极主动作为，用科学的理念、长远的眼光、务实的作风谋划事业；保持斗争精神，敢于直面风险挑战，知重负重、攻坚克难，以坚忍不拔的意志和无私无畏的勇气战胜前进道路上的一切艰难险阻；在实践历练中增长经验智慧，在经风雨、见世面中壮筋骨、长才干。”[③]从誓言“水过不去、拿命来铺”的黄大发，敢啃硬骨头、甘当“燃灯者”的邹碧华到回乡奉献、谱写新时代青春之歌的黄文秀，身患渐冻症仍在战“疫”一线奔忙的张定宇……一个个优秀共产党员用实际行动昭示了敢作为、敢担当、敢奉献的政治品格。因此，习近平总书记对广大青年干部特别提出“敢于担当、善于作为”的严格要求，指出：干事担事，是干部的职责所在，也是价值所在。党把干部放在各个岗位上是要大家担当干事，而不是

---

① 《十七大以来重要文献选编》下，中央文献出版社 2013 年版，第 828 页。

② 《十八大以来重要文献选编》上，中央文献出版社 2014 年版，第 338 页。

③ 习近平：《在“不忘初心、牢记使命”主题教育工作会议上的讲话》，人民出版社 2019 年版，第 7 页。

做官享福。担当作为就要真抓实干、埋头苦干，决不能坐而论道、光说不练。担当和作为是一体的，不作为就是不担当，有作为就要有担当。凡是有利于党和人民的事，我们就要事不避难、义不逃责，大胆地干、坚决地干[①]。

当然，甘于奉献、勇于担当，要防止个人风头主义，同时也要纠正不愿担当、不敢担当、不会担当的问题。习近平总书记指出，“敢于担当，是为了党和人民事业，而不是个人风头主义，飞扬跋扈、唯我独尊并不是敢于担当”[②]；但是“在一些党员、干部中，不愿担当、不敢担当、不会担当的问题不同程度存在。有的做‘老好人’、‘太平官’、‘墙头草’，顾虑‘洗碗越多，摔碗越多’，信奉‘多栽花少种刺，遇到困难不伸手’，‘为了不出事，宁可不干事’，‘只想争功不想揽过，只想出彩不想出力’；有的是‘庙里的泥菩萨，经不起风雨’，遇到矛盾惊慌失措，遇见斗争直打摆子。这哪还有共产党人的样子？！不担当不作为，不仅成不了事，而且注定坏事、贻误大事”[③]。长此以往，党就无法成为中国特色社会主义事业的主心骨，党员干部也无法成为人民群众心中的信任者和依靠者，党的先进性与政治本色也无从谈起。

纵观中国共产党的百年奋斗历史，党团结带领广大人民群众取得伟大成就的重要原因之一，就是在长期实践中培育并坚持了一整套光荣传统和优良作风。保持党同人民群众的血肉联系、坚持批评和自我批评、理论联系实际、发扬艰苦奋斗的精神等优良传统都是中国共产党加

---

① 习近平:《努力成为可堪大用能担重任的栋梁之才》,《求是》2022年第3期。

② 《习近平谈治国理政》第1卷，外文出版社2018年版，第416页。

③ 习近平:《在“不忘初心、牢记使命”主题教育总结大会上的讲话》，人民出版社2020年版，第18页。

强作风建设的重要法宝，并在百年党建历程中始终发挥着重要作用，是党巩固执政根基、保持肌体健康、永葆青春活力的强有力武器。因此，习近平总书记强调“不论过去、现在还是将来，党的光荣传统和优良作风都是激励我们不畏艰难、勇往直前的宝贵精神财富”[①]，这为全党明确了新时代发扬党的光荣传统和优良作风的政治自觉、思想自觉、行动自觉的基本要求。

① 《习近平在中央党校（国家行政学院）中青年干部培训班开班式上发表重要讲话强调　立志做党光荣传统和优良作风的忠实传人　在新时代新征程中奋勇争先建功立业》,《人民日报》2021 年 3 月 2 日。

第三章 纠正『四风』不能止步

党的作风具有直观性和可视性，党的作风好不好直接反映在政风、民风和社风上，反映在人民群众对党员干部和政党的评判评价上；而党内存在的不正之风正是群众反映最强烈的问题，是群众对党最不满意的地方，也是产生不良社会风气的重要导火索。因此，党的十八大以来，以习近平同志为核心的党中央反复研究，决定将党的群众路线教育实践活动的主要任务聚焦到作风建设，集中解决形式主义、官僚主义、享乐主义和奢靡之风这“四风”问题，并反复要求毫不松懈纠治“四风”、驰而不息整顿“四风”，以党风带政风、促民风。

一、“四风”问题是广大人民群众反映最强烈、最突出的问题

“四风”是指党内存在的形式主义、官僚主义、享乐主义和奢靡之风。长期以来，“四风”问题成为党内一个较为普遍的问题，在思想不纯、党性不强、作风不良的党员干部的言行举止和工作方式上都能找到“四风”的影子。党的作风是观察党群干群关系和人心向背的晴雨表，而“四风”正是党的不正之风中广大人民群众反映最强烈、最突出的问题。

（一）“四风”问题的基本表现

回顾建党百余年的历史，中国共产党高度警惕“四风”问题给党和国家带来的危害，注重防范这些不正之风的影响。新民主主义革命时期，毛泽东就曾经剖析过官僚主义的表现，明确提出“要把官僚主义方式这个极坏的家伙抛到粪缸里去”①，并用“墙上芦苇，头重脚轻根底浅；山间竹笋，嘴尖皮厚腹中空”②这首诗非常形象生动地讽刺了形式主义。1932 年 9 月，周恩来在关于前线上的地方工作问题给中央苏区中央局的报告中，明确要求“以新的工作方法，来转变领导机关的官僚主义、形式主义的工作作风”③。面对局部执政中出现的享乐主义和奢靡之风，毛泽东等党的领导人以身

① 《毛泽东选集》第 1 卷，人民出版社 1991 年版，第 124 页。

② 《毛泽东选集》第 3 卷，人民出版社 1991 年版，第 800 页。

③ 《建党以来重要文献选编（1921—1949）》第 9 册，中央文献出版社 2011 年版，第 470 页。

作则，倡导艰苦奋斗，坚决克服消极怠工和贪污腐化等问题。新中国成立后，面对新的执政环境，中国共产党在工作中积极采取措施解决“官老爷”等不良作风，清醒认识到党内“正在滋长着形形色色的官僚主义的倾向”[①]的问题。改革开放后，邓小平在《党和国家领导制度的改革》一文中鲜明指出官僚主义的表现和危害，即“高高在上，滥用权力，脱离实际，脱离群众，好摆门面，好说空话，思想僵化，墨守成规，机构臃肿，人浮于事，办事拖拉，不讲效率，不负责任，不守信用，公文旅行，互相推诿，以至官气十足，动辄训人，打击报复，压制民主，欺上瞒下，专横跋扈，徇私行贿，贪赃枉法，等等”[②]；同时一针见血地指出“形式主义也是官僚主义”[③]的问题。进入新世纪，江泽民针对党风中存在的突出问题，要求把群众路线坚持好、发扬好，并深刻指出：“影响党的群众路线贯彻落实最突出的问题，就是形式主义、官僚主义。”[④]2001年9月，党的十五届六中全会通过了《中共中央关于加强和改进党的作风建设的决定》，明确规定了党的作风建设的主要任务，提出：“坚持解放思想、实事求是，反对因循守旧、不思进取；坚持理论联系实际，反对照抄照搬、本本主义；坚持密切联系群众，反对形式主义、官僚主义；坚持民主集中制原则，反对独断专行、软弱涣散；坚持党的纪律，反对自由主义；坚持清正廉洁，反对以权谋私；坚持艰苦奋斗，反对享乐主义；坚持任人唯贤，反对用人上的不正之风。”[⑤]可见，不正之风在党的

① 《建国以来重要文献选编》第9册，中央文献出版社1994年版，第128页。
② 《邓小平文选》第2卷，人民出版社1994年版，第327页。
③ 《邓小平文选》第3卷，人民出版社1993年版，第381页。
④ 《江泽民文选》第3卷，人民出版社2006年版，第328页。
⑤ 《十五大以来重要文献选编》下，人民出版社2003年版，第1998页。

不同时期有着不同的表现，反映了特定时期党的作风建设的突出问题。

总结中国共产党反对“四风”的经验、结合新时代党建面临的风险考验，党中央坚持把党的群众路线教育实践活动的主要任务聚焦到作风建设上，集中解决形式主义、官僚主义、享乐主义和奢靡之风这“四风”问题。2013 年 6 月，习近平总书记在党的群众路线教育实践活动工作会议的讲话中对“四风”问题的基本表现进行了详细阐述。

形式主义是片面追求形式而忽略内容的一种形而上学的观点、方法和作风。它过分关注事物的表面形式，不讲究实际内容和实际效果，是唯心主义世界观、方法论的集中反映。从哲学角度说，内容与形式是辩证统一的，内容由形式反映，形式不能脱离内容而孤立存在，也对内容有一定的制约作用。马克思曾经说过：“如果形式不是内容的形式，那么它就没有任何价值了。”从这个意义上说，人们认识世界、改造世界的过程中，形式本身是需要的，但脱离了实际和内容的形式就会陷入形式主义的形而上学。针对形式主义在党内普遍存在的现象，习近平总书记详细列举了形式主义的内容，指出：“在形式主义方面，主要是知行不一、不求实效，文山会海、花拳绣腿，贪图虚名、弄虚作假。有的不认真学习党的理论和做好工作所需要的知识，学了也是为应付场面，蜻蜓点水，浅尝辄止，不求甚解，无心也无力在实践中认真运用。有的习惯于以会议落实会议、以文件落实文件，热衷于造声势、出风头，把安排领导出场讲话、组织发新闻、上电视作为头等大事，最后工作却不了了之。有的抓工作不讲实效，不下功夫解决存在的矛盾和问题，难以给领导留下印象的事不做，形不成多大影响的事不做，工作汇报或年终总结看上去不漂亮的事不做，仪式一场接着一场，总结一份接着一份，评奖一个接着一个，最后都是‘客里空’。有的下基层调研走马观花，下去就是为了出出镜、露露脸，坐在车上转，隔着玻璃看，只看‘门面’和‘窗口’，不看‘后院’和‘角落’，群众说是‘调查研究隔层纸，政策执行隔座山’。有的明知报上来的是假情况、假数字、假典型，也听之任之，甚至通过挖空心思造假来粉饰太平。”①

官僚主义是人类社会普遍存在的政治现象，其实质是封建残余思想和旧社会衙门作风在党的作风上的表现，主要表现为官本位思想严重、权力观扭曲，做官当老爷，高高在上，脱离群众，脱离实际，遇事推诿等。在马克思主义党建实践的发展中，官僚主义作风问题始终是马克思主义经典作家关注的重点，尤其是当马克思主义政党成为执政党后，更容易染上官僚主义习气。列宁曾经多次指出官僚主义的严重问题，认为苏维埃政权建立后，“有一种使苏维埃成员变为‘议会议员’或变为官僚的小资产阶级趋势”②，“所有经济机关的一切工作中最大的毛病就是官僚主义”③；强调要同各种官僚主义现象作斗争。针对改革开放以来党内长期存在的官僚主义问题，习近平总书记梳理了官僚主义的表现，指出：“在官僚主义方面，主要是脱离实际、脱离群众、高高在上、漠视现实，唯我独尊、自我膨胀。有的对实际情况不了解不关注，不愿深入困难艰苦地区，不愿帮助基层和群众解决实际问题，甚至不愿同基层和普通群众打交道，怕给自己添麻烦，工作上敷衍塞责、推诿扯皮、得过且过。有的不顾地方实际和群众意愿，喜欢拍脑袋决策、拍胸脯表态，盲目铺摊子、上项目，最后拍屁股走人，留下一堆后遗症。有的对上吹吹拍拍、

① 《十八大以来重要文献选编》上，中央文献出版社2014年版，第310—311页。

② 《列宁全集》第34卷，人民出版社2017年版，第184页。

③ 《列宁全集》第42卷，人民出版社2017年版，第777页。

曲意逢迎，对下吆五喝六、横眉竖目，门难进、脸难看、事难办，甚至不给钱不办事，收了钱乱办事。有的对待上级部署囫囵吞枣、断章取义，执行上级决定照本宣科、等因奉此，或者照猫画虎、生搬硬套，以前怎么做就怎么做，别人怎么做就怎么做，完全不顾本地本部门实际情况。有的官气十足、独断专行，老子天下第一，一切都要自己说了算，拒绝批评帮助，容不下他人，听不得不同意见。”①

享乐主义单纯地从人的自然属性出发，依靠消费完成自己物质占有、物质享受的欲望，沉迷于物质带来的感官快乐。享乐主义的产生与蔓延，容易影响人们的价值取向与行为抉择，在享乐的过程中逐渐丧失自身的精神信仰。早在革命时期，毛泽东就发现享乐主义对党和军队的危害，认识到享乐主义者“总是希望队伍开到大城市去。他们要到大城市不是为了去工作，而是为了去享乐。他们最不乐意的是在生活艰难的红色区域里工作”②。改革开放以来，由于长期的和平建设环境和生活条件的改善，享乐主义有了滋生的土壤，给一些党员干部带来了价值观和道德观的严重扭曲。总结享乐主义的问题，习近平总书记指出：“在享乐主义方面，主要是精神懈怠、不思进取，追名逐利、贪图享受，讲究排场、玩风盛行。有的意志消沉、信念动摇，奉行及时行乐的人生哲学，‘今朝有酒今朝醉’，‘人生得意须尽欢’。有的追求物质享受，情趣低俗，玩物丧志，沉湎花天酒地，热衷灯红酒绿，纵情声色犬马。有的拈轻怕重，安于现状，不愿吃苦出力，满足于现有学识和见解，陶醉于已经取得的成绩，不立新目

---

① 《十八大以来重要文献选编》上，中央文献出版社2014年版，第311—312页。

② 《毛泽东选集》第1卷，人民出版社1991年版，第93页。

标，缺乏新动力，‘清茶报纸二郎腿，闲聊旁观混光阴’。”①

奢靡之风与享乐主义密切相连，是享乐主义作为一种价值观的现实表现。习近平总书记指出：“在奢靡之风方面，主要是铺张浪费、挥霍无度，大兴土木、节庆泛滥，生活奢华、骄奢淫逸，甚至以权谋私、腐化堕落。有的修建豪华气派的办公大楼，甚至占地上百亩、耗资几个亿，搞得富丽堂皇，吃喝玩乐一应俱全。有的热衷于造节办节，节庆泛滥成灾，动辄花费几百万、几千万，劳民伤财啊！有的热衷于个人享受，住房不厌其大其多，车子不厌其豪华，菜肴不厌其精美，穿戴讲究名牌，对超出规定的生活待遇安之若素，还总嫌不够。有的要求超规格接待，住高档酒店，吃山珍海味，喝美酒佳酿，觥筹交错之后还要‘意思意思’。有的兜里揣着价值不菲的会员卡、消费卡，在高档会馆里乐不思蜀，在高级运动场所流连忘返，在名山秀水间朝歌夜弦，在异国风情中醉生梦死，有的甚至到境外赌博场所挥金如土啊！有的作风不检点，甚至道德败坏、生活放荡，不以为耻、反以为荣。”②

实际上，形式主义、官僚主义、享乐主义、奢靡之风都不是完全割裂、孤立的，它们的相互交织更加加剧了不正之风带来的恶劣影响，严重损害党的形象与威信，令广大人民群众深恶痛绝。习近平总书记在阐明“四风”问题集中表现的基础上，深刻指出任由“四风”问题发展蔓延的严重危害，要求全党“牢记‘奢靡之始，危亡之渐’的古训，对作风之弊、行为之垢来一次大排查、大检修、大扫除，切实解决人民群众

① 《十八大以来重要文献选编》上，中央文献出版社2014年版，第312页。
② 《十八大以来重要文献选编》上，中央文献出版社2014年版，第312页。

反映强烈的突出问题”[①]。

（二）“四风”问题违背党的性质和宗旨

“四风”问题由来已久，形式多样，成因复杂，但就其根源而言，还在于“四风”问题同党的性质宗旨和优良作风格格不入，脱离了广大人民群众，“是我们党的大敌、人民的大敌”[②]。对于为什么把党的群众路线教育实践活动聚焦到“四风”上，习近平总书记鲜明指出：“因为这‘四风’是违背我们党的性质和宗旨的，是当前群众深恶痛绝、反映最强烈的问题，也是损害党群干群关系的重要根源。党内存在的其他问题都与这‘四风’有关，或者说是这‘四风’衍生出来的。‘四风’问题解决好了，党内其他一些问题解决起来也就有了更好条件。”[③]

《中国共产党章程》明确规定，中国共产党是中国工人阶级的先锋队，是中国人民和中华民族的先锋队，全心全意为人民服务是党的根本宗旨，党的“最大政治优势是密切联系群众，党执政后的最大危险是脱离群众”[④]。而习近平总书记阐释的“四风”问题的种种表现，如一些地方和部门的工作停留在形式上，粉饰太平，能力不足；有些党员干部喜欢躺在功劳簿上，居功自傲，脱离群众，甚至陶醉于享受奢靡上，精神懈怠，骄奢淫逸，等等，都已经严重背离了党章的基本规定，背离了党的性质与宗旨；严重损害了党的形象，脱离了广大人民群众，辜负了群

① 《十八大以来重要文献选编》上，中央文献出版社 2014 年版，第 313 页。

② 《习近平关于力戒形式主义官僚主义重要论述选编》，中央文献出版社 2020 年版，第 19 页。

③ 《十八大以来重要文献选编》上，中央文献出版社 2014 年版，第 314 页。

④ 《中国共产党章程》，人民出版社 2022 年版，第 11 页。

众对党和政府的信任，败坏了党风、政风和社会风气。党内的突出矛盾相互交织、恶性循环，党群关系、干群关系、党内政治生态日益恶化，进一步引发了党的建设各个方面的问题。2021 年 1 月，习近平总书记在十九届中央纪委五次全会上谈到腐败问题时，再次强调了以“四风”为典型的不正之风与腐败交织问题给党带来的严重危害，指出，“‘四风’成为腐败滋长的温床”，“要毫不松懈纠治‘四风’，坚决防止形式主义、官僚主义滋生蔓延”[①]。

因此，习近平总书记要求把反对“四风”作为“夯实党执政的群众基础的切入点”，不能掉以轻心，要根除产生“四风”问题的“病原体”。2018 年 1 月，习近平总书记在十九届中央纪委二次全会上强调：“‘四风’问题只是表象，根上是背离了党性，丢掉了宗旨。现在基层的种种问题，很多是因为党员、干部心里没有群众，不去做、不想做、不会做群众工作，少数干部或无视群众期盼、或不敢应对诉求，在群众面前处于失语状态。领导干部要破除‘官本位’思想，坚决反对特权思想、特权现象。”[②]

（三）“四风”问题归根到底是理想信念的动摇

“信念是本，作风是形，本正而形聚，本不正则形必散。”[③]中国共产

---

① 《习近平在十九届中央纪委五次全会上发表重要讲话强调　充分发挥全面从严治党引领保障作用　确保“十四五”时期目标任务落到实处》，《人民日报》2021 年 1 月 23 日。

② 《习近平谈治国理政》第 3 卷，外文出版社 2020 年版，第 508 页。

③ 《习近平关于党风廉政建设和反腐败斗争论述摘编》，中央文献出版社、中国方正出版社 2015 年版，第 146 页。

党人的“本”正是坚定的马克思主义信念、远大的共产主义理想与全心全意为人民服务的宗旨，失去了理想信念和宗旨意识之“本”，共产党人就会精神缺“钙”，就会得“软骨病”，就不能在大是大非面前旗帜鲜明，不能在风浪考验面前无所畏惧，不能在各种诱惑面前立场坚定，不能在关键时刻让党和人民放心。实际上，共产党人理想信念的动摇正是“四风”问题的“病原体”，“理想信念动摇是最危险的动摇，理想信念滑坡是最危险的滑坡”[①]。因此，习近平总书记强调，“‘四风’问题归根到底是理想信念出现动摇所致”[②]；理想信念动摇，精神缺“钙”，必然会直接反映在党的作风问题上。有的地方楼堂馆所极为豪华，迎来送往极为热闹，前呼后拥颇为壮观；有的地方越是贫困，越要摆谱摆阔；与此相对应，社会上奢靡之风、奢华之风很甚，节庆泛滥成灾，浪费触目惊心，有的干部成天忙于应酬，公款吃喝、公款消费缺乏监督。2013 年 1 月，习近平总书记在十八届中央纪委二次全会上针砭了这些现象，严肃指出作风问题不是小事，“任其发展下去，就会像一座无形的墙把我们党和人民群众隔开，我们党就会失去根基、失去血脉、失去力量”[③]。

对于“四风”问题的具体根源，2013 年 7 月，习近平总书记在河北调研指导党的群众路线教育实践活动时作出了深刻阐释，严肃指出：“形式主义实质是主观主义、功利主义，根源是政绩观错位、责任心缺失，用轰轰烈烈的形式代替了扎扎实实的落实，用光鲜亮丽的外表掩盖了矛

① 《十八大以来重要文献选编》上，中央文献出版社 2014 年版，第 339 页。

② 《习近平关于党风廉政建设和反腐败斗争论述摘编》，中央文献出版社、中国方正出版社 2015 年版，第 143 页。

③ 《习近平关于党风廉政建设和反腐败斗争论述摘编》，中央文献出版社、中国方正出版社 2015 年版，第 6 页。

盾和问题。官僚主义实质是封建残余思想作祟，根源是官本位思想严重、权力观扭曲，做官当老爷，高高在上，脱离群众，脱离实际。有些领导干部爱忆苦思甜，口头上说是穷苦家庭出身，是党和人民培养了自己，但言行不一，心里想的是自己当上官了，终于可以扬眉吐气了，要好好享受一下当官的尊荣，摆起官架子来比谁都大。享乐主义实质是革命意志衰退、奋斗精神消减，根源是世界观、人生观、价值观不正确，拈轻怕重，贪图安逸，追求感官享受。奢靡之风实质是剥削阶级思想和腐朽生活方式的反映，根源是思想堕落、物欲膨胀，灯红酒绿，纸醉金迷。'四风'的后果，就是浪费了有限资源，延误了各项工作，疏远了人民群众，败坏了党风政风，最终会严重损害党的先进性和纯洁性、严重损害党的执政基础和执政地位。"①这一论述充分揭示了"四风"问题产生的根源与后果，阐明了"四风"问题与党的群众基础、执政根基的紧密联系，让广大党员干部清楚地看到"四风"问题造成的党同人民群众血肉联系的严重损害。

针对"四风"问题产生的理想信念动摇的根源问题，习近平总书记还特别指出，"和平年代，生死考验少了，但考验也无处不在，只有铸牢理想信念之魂，才能经受得住各种考验"②，"不能因为实现共产主义是一个漫长的历史过程就讳言甚至丢掉远大理想"③。同时，他也提出了检验干部理想信念是否动摇的标准，主要看"干部是否能在重大政治考

---

① 《习近平关于党风廉政建设和反腐败斗争论述摘编》，中央文献出版社、中国方正出版社 2015 年版，第 75 页。

② 习近平：《论中国共产党历史》，中央文献出版社 2021 年版，第 285—286 页。

③ 《习近平谈治国理政》第 3 卷，外文出版社 2020 年版，第 506 页。

验面前有政治定力，是否能树立牢固的宗旨意识，是否能对工作极端负责，是否能做到吃苦在前、享受在后，是否能在急难险重任务面前勇挑重担，是否能经得起权力、金钱、美色的诱惑”①；强调“这样的检验需要一个过程，不是一下子、经历一两件事、听几句口号就能解决的，要看长期表现，甚至看一辈子”②。这些检验标准正是和党内“四风”问题产生的原因密切相关，驰而不息纠正“四风”必须“毫不放松抓好思想政治建设，点亮党员、干部心中的明灯，教育引导党员、干部筑牢思想防线，坚持‘革命理想高于天’，保持蓬勃朝气、昂扬锐气、浩然正气”③。

（四）“四风”问题必须下大气力惩治

作风问题关系人心向背和党的执政基础，刹住“四风”是巩固党性民心的重要途径。对于“四风”中的顽瘴痼疾和歪风陋习，习近平总书记论述了新时代党员干部在“四风”方面所呈现的现象与问题，表明“对‘四风’问题，必须下大气力惩治”④、露头就打的坚决态度，指出了解决“四风”问题的方法论。

解决“四风”问题，一是要抓住重点。抓住重点，就是要真刀真枪地解决“四风”中的突出问题，尤其是形式主义和官僚主义。党的十八

① 《十八大以来重要文献选编》上，中央文献出版社 2014 年版，第 340 页。

② 《十八大以来重要文献选编》上，中央文献出版社 2014 年版，第 340 页。

③ 《习近平关于党风廉政建设和反腐败斗争论述摘编》，中央文献出版社、中国方正出版社 2015 年版，第 143 页。

④ 《习近平关于党风廉政建设和反腐败斗争论述摘编》，中央文献出版社、中国方正出版社 2015 年版，第 75 页。

大以来，习近平总书记多次强调，“形式主义、官僚主义是党和国家事业发展的大敌”[①]；“形式主义、官僚主义是目前党内存在的突出矛盾和问题，是阻碍党的路线方针政策和党中央重大决策部署贯彻落实的大敌”；要“把力戒形式主义、官僚主义作为重要任务”[②]。在整顿形式主义和官僚主义的过程中，习近平总书记又进一步指明这些不正之风在现实生活中的突出问题，包括脱贫攻坚、基层减负、教育文风、“不忘初心、牢记使命”主题教育等领域中的形式主义和官僚主义，要求开展专项整治。具体而言，他指出：“有的地方要求事事留痕，把‘痕迹’当‘政绩’，把精准扶贫搞成了精准填表，用纸面数字来展现所谓扶贫成效。有的工作拖沓敷衍，遇事推诿扯皮、回避矛盾和问题，一点点小事都要层层上报请示，看似讲规矩，实则不担当。有的拍脑袋决策，搞家长制、‘一言堂’，把个人凌驾于组织之上，容不下他人，听不得不同意见。有的地方问责泛化滥用，动不动就签‘责任状’、搞‘一票否决’，甚至把问责作为推卸责任的‘挡箭牌’。”[③]针对这些问题，习近平总书记要求切实让基层干部从繁文缛节、文山会海、迎来送往中解脱出来，总结推广一批整治形式主义官僚主义、为基层减负的好经验好做法，通报曝光一批形式主义、官僚主义的典型案例，把基层干部干事创业的手脚从形式主义的束缚中解脱出来，防止重“形”不重“效”，把工作做扎实、做到位，

---

① 《习近平在十九届中央纪委六次全会上发表重要讲话强调　坚持严的主基调不动摇　坚持不懈把全面从严治党向纵深推进》，《人民日报》2022年1月19日。

② 《习近平关于“不忘初心、牢记使命”论述摘编》，党建读物出版社、中央文献出版社2019年版，第198页。

③ 《习近平关于“不忘初心、牢记使命”论述摘编》，党建读物出版社、中央文献出版社2019年版，第197—198页。

以真抓实干加强党的作风建设。

解决“四风”问题，二是要对准焦距。对准焦距就是要求对党员、干部在“四风”方面的问题有清晰的认识，能够获取清晰“图像”，而不是雾里看花，“散光”看不清。从根本上说，对准焦距就是要对准“四风”问题产生的根源，要从理想信念动摇、从监督力度不够等方面，真抓实干地解决问题，要通过党内的学习教育和管理监督，使广大党员干部能够始终保持良好的精神状态，尤其在众多矛盾和困难挫折面前，能够始终保持昂扬向上、奋发有为的精神状态。从具体问题上来说，习近平总书记在2013年6月党的群众路线教育实践活动工作会议上，明确指出了形式主义存在的“知行不一、不求实效，文山会海、花拳绣腿，贪图虚名、弄虚作假”、官僚主义存在的“脱离实际、脱离群众，高高在上、漠视现实，唯我独尊、自我膨胀”、享乐主义存在的“精神懈怠、不思进取，追名逐利、贪图享受，讲究排场、玩风盛行”、奢靡之风存在的“铺张浪费、挥霍无度，大兴土木、节庆泛滥，生活奢华、骄奢淫逸，甚至以权谋私、腐化堕落”等突出问题，这成为当前惩治“四风”必须直接对准的“焦距”。

解决“四风”问题，三是要找准穴位。找准穴位就是要找到“四风”问题的突破点，找到社会关注度高、群众反映强烈的、在实践中感觉到必须要改进的问题，有的放矢、集中整治、靶向治疗。对此，习近平总书记明确指出：“反对形式主义，要着重解决工作不实的问题，教育引导党员、干部改进学风文风会风，改进工作作风，在大是大非面前敢于担当、敢于坚持原则，真正把心思用在干事业上，把功夫下到察实情、出实招、办实事、求实效上。反对官僚主义，要着重解决在人民群众利益上不维护、不作为的问题，教育引导党员、干部深入实际、深入基层、深入群众，坚持民主集中制，虚心向群众学习，真心对群众负责，热心为群众服务，诚心接受群众监督，坚决整治消极应付、推诿扯皮、侵害群众利益的问题。反对享乐主义，要着重克服及时行乐思想和特权现象，教育引导党员、干部牢记‘两个务必’，克己奉公，勤政廉政，保持昂扬向上、奋发有为的精神状态。反对奢靡之风，要着重狠刹挥霍享乐和骄奢淫逸的不良风气，教育引导党员、干部坚守节约光荣、浪费可耻的思想观念，做到艰苦朴素、精打细算，勤俭办一切事情。解决‘四风’问题，要从实际出发，抓住主要矛盾，什么问题突出就着重解决什么问题，什么问题紧迫就抓紧解决什么问题，找准靶子，有的放矢，务求实效。”①这段论述实际上指明了“四风”问题的症穴，找到了解决“四风”问题的直接着力点。对于这些症穴，习近平总书记还要求“从讲政治的高度来审视，从思想和利益根源上来破解”②。

解决“四风”问题，四是要抓住要害。抓住要害就是要抓住党的作风建设的关键，不能泛泛而谈，流于形式。以反对“四风”解决党的作风中的突出问题，关键还在于习近平总书记极为关注的“关键少数”的党性修养和言行表现。“关键少数”尤其是高级领导干部，是全党全社会的风向标。能不能打消一些党员和人民群众对反对“四风”的疑问，关键还是要看领导干部有没有真正从自身做起，有没有以“踏石有印、抓铁有痕”的劲头真抓实干、善作善成。因此，在坚决反对“四风”问题时，领导干部要严格要求自己，把自身作风与崇高使命有机结合起来；

① 《习近平关于党风廉政建设和反腐败斗争论述摘编》，中央文献出版社、中国方正出版社 2015 年版，第 72—73 页。

② 《习近平关于“不忘初心、牢记使命”论述摘编》，党建读物出版社、中央文献出版社 2019 年版，第 198 页。

要不断检视自己，自觉主动发挥模范带头作用，成为全党心目中的标杆。“关键少数”要时刻警醒自己，“做到自重自省自警自励”，要敢于坚持原则，“带头弘扬正气、抵制歪风邪气”[①]。

解决“四风”问题，五是要标本兼治。标本兼治是加强党的作风建设的根本所在，也是反对“四风”的根本要求。在对准焦距、找准穴位、抓住要害的基础上，反对“四风”要始终保持治标与治本统一。“治标，就是要着力针对面上‘四风’问题的各种表现，该纠正的纠正，该禁止的禁止”，尽管“各地区各部门‘四风’问题表现不尽相同，有的形式主义、官僚主义突出一点，有的享乐主义、奢靡之风突出一点，什么问题突出就着力解决什么问题”[②]。治本，就是要在查明“四风”问题、惩治“四风”问题的过程中，着力查找产生问题的深层次原因，“从理想信念、工作程序、体制机制等方面下功夫抑制不正之风”[③]。通过“治标”和“治本”同向发力、同频共振，实现“四风”问题和党风廉政建设的标本兼治。

总之，毫不松懈纠治“四风”，坚决防止形式主义、官僚主义、享乐主义、奢靡之风滋生蔓延，是中国共产党的鲜明立场。在坚决反对“四风”的推进中，习近平总书记要求：“坚持全面从严、一严到底，对群众反映强烈的公款吃喝、餐饮浪费等歪风陋习露头就打、反复敲打。

① 《习近平关于严明党的纪律和规矩论述摘编》，中央文献出版社、中国方正出版社2016年版，第96、第93页。

② 《习近平关于党风廉政建设和反腐败斗争论述摘编》，中央文献出版社、中国方正出版社2015年版，第74页。

③ 《习近平关于党风廉政建设和反腐败斗争论述摘编》，中央文献出版社、中国方正出版社2015年版，第74页。

对形式主义、官僚主义要毫不妥协，全面检视、靶向纠治，持续为基层松绑减负，树立重实干、重实绩的用人导向，督促全党担当尽责、干事创业。”[①]新时代新征程上，习近平总书记进一步指出：“要把纠治形式主义、官僚主义摆在更加突出位置，作为作风建设的重点任务，研究针对性举措，科学精准靶向整治，动真碰硬、务求实效。”[②]这为党的作风建设指明了重点任务和目标要求。

二、抓“四风”首先要把中央八项规定抓好

党的十八大以来，以习近平同志为核心的党中央聚焦整治群众身边的不正之风，从落实中央八项规定入手，打开作风建设的突破口，并在全面从严治党的道路上不断拓展提高落实中央八项规定精神的成果与要求，表达了中国共产党反对“四风”、践行群众路线、改进党的作风的信心与决心。

（一）落实中央八项规定是解决“四风”问题的切入口与动员令

长期以来，由于自身思想松懈动摇和外部环境的影响，中国共产党党内矛盾与问题日益突出，违纪行为和腐败现象呈蔓延之势，在群众中

① 《习近平在十九届中央纪委五次全会上发表重要讲话强调　充分发挥全面从严治党引领保障作用　确保“十四五”时期目标任务落到实处》，《人民日报》2021 年 1 月 23 日。

② 《习近平在二十届中央纪委二次全会上发表重要讲话强调　一刻不停推进全面从严治党　保障党的二十大决策部署贯彻落实》，《人民日报》2023 年 1 月 10 日。

引发的不满越发强烈。改进党的工作作风、密切联系群众、营造良好的社会风气成为全党面临的迫切任务。2012 年 12 月，中共中央政治局召开会议，审议通过了《十八届中央政治局关于改进工作作风、密切联系群众的八项规定》，这一规定引起了全党上下和全社会的高度关注。

中央八项规定要求：一是要改进调查研究，到基层调研要深入了解真实情况，总结经验、研究问题、解决困难、指导工作，向群众学习、向实践学习，多同群众座谈，多同干部谈心，多商量讨论，多解剖典型，多到困难和矛盾集中、群众意见多的地方去，切忌走过场、搞形式主义；要轻车简从、减少陪同、简化接待，不张贴悬挂标语横幅，不安排群众迎送，不铺设迎宾地毯，不摆放花草，不安排宴请。二是要精简会议活动，切实改进会风，严格控制以中央名义召开的各类全国性会议和举行的重大活动，不开泛泛部署工作和提要求的会，未经中央批准一律不出席各类剪彩、奠基活动和庆祝会、纪念会、表彰会、博览会、研讨会及各类论坛；提高会议实效，开短会、讲短话，力戒空话、套话。三是要精简文件简报，切实改进文风，没有实质内容、可发可不发的文件、简报一律不发。四是要规范出访活动，从外交工作大局需要出发合理安排出访活动，严格控制出访随行人员，严格按照规定乘坐交通工具，一般不安排中资机构、华侨华人、留学生代表等到机场迎送。五是要改进警卫工作，坚持有利于联系群众的原则，减少交通管制，一般情况下不得封路、不清场闭馆。六是要改进新闻报道，中央政治局同志出席会议和活动应根据工作需要、新闻价值、社会效果决定是否报道，进一步压缩报道的数量、字数、时长。七是要严格文稿发表，除中央统一安排外，个人不公开出版著作、讲话单行本，不发贺信、贺电，不题词、题字。八是要厉行勤俭节约，严格遵守廉洁从政有关规定，严格执行住房、车辆配备等有关工作和生活待遇的规定。[①]

这些规定篇幅简短，但内涵丰富、要求具体，从调查研究、会议活动、文件简报、出访活动、警卫工作、新闻报道、文稿发表、勤俭节约等8个方面对党的作风建设立下了严格、刚性的规定，提出了切实可行的举措，成为纠正“四风”的重要制度约束。对此，习近平总书记特别强调:“规定就是规定，不加‘试行’两字，就是要表明一个坚决的态度，表明这个规定是刚性的。”[②]

八项规定弘扬了党的优良传统，是践行党的群众路线的生动反映。中国共产党在历史上始终关注党的作风建设，要求高级干部以上率下，为此曾出台过一系列相关规定，约束党员干部的行为，防范不正之风给全党带来的风险考验。早在新中国成立之前，党的七届二中全会就明确提出“六项规定”；新中国成立后，毛泽东又在新的条件下重申“六项规定”，指出:“七届二中全会有几条规定没有写在决议里面。一曰不做寿。做寿不会使人长寿。主要是要把工作做好。二曰不送礼。至少党内不要送。三曰少敬酒。一定场合可以。四曰少拍掌。不要禁止，出于群众热情，也不泼冷水。五曰不以人名作地名。六曰不要把中国同志和马、恩、列、斯平列。”[③]改革开放以后，针对新出现的党内不正之风，党的十三届六中全会通过《中共中央关于加强党同人民群众联系的决定》，规定“干部下基层，务必讲求实效，切忌形式主义。要真正和群众打成

---

① 《十八大以来廉政新规定》，人民出版社2014年版，第1—2页。

② 《习近平关于党风廉政建设和反腐败斗争论述摘编》，中央文献出版社、中国方正出版社2015年版，第68页。

③ 《毛泽东年谱（1949—1976）》第2卷，中央文献出版社2013年版，第150页。

一片，以平等态度对待群众，甘当小学生，不许妄自尊大；深入了解真实情况，如实向上反映，不许弄虚作假；遇事同当地干部群众商量，多办实事，关心群众疾苦；宣传党的政策，做思想政治工作；适当参加生产劳动；不许用公款吃喝，不许收受礼物，不许增加基层和群众的负担”[①]。进入21世纪，中国共产党清醒认识到党所面临的考验和危险，党的十七届四中全会通过《中共中央关于加强和改进新形势下党的建设若干重大问题的决定》，规定“机关工作要重心下移，基层干部要坚守一线，领导干部要定期深入基层特别是经济落后、问题较多的地方调查研究，了解群众疾苦，倾听群众呼声，帮助解决困难。领导干部下基层要轻车简从，不扰民，不搞层层陪同，不组织群众迎送”，要“坚决制止搞劳民伤财的‘形象工程’和沽名钓誉的‘政绩工程’”[②]。这些规定都蕴含了中央八项规定的要求和精神，其实施的经验也能够为中央八项规定的落实提供有益启示。

八项规定是解决现实中“四风”问题的迫切要求，是习近平总书记在长期的工作中积累的宝贵经验。早在河北正定工作时，习近平同志就主持制定了《关于改进领导作风的六项规定》，要求全县各级领导干部总揽全局，抓大事，谋大势；反对官僚作风，注重工作实效；搞好班子团结，维护班子统一；坚持以身作则，不搞不正之风；努力加强学习，不断提高领导水平；树立雄心壮志，为“四化”创先争优。在福建宁德担任地委书记期间，他主持制定了地委和行署领导干部廉洁自律的十二条规定，对受贿索贿、公务往来、公车私用、教育管理好家属子女和身边工作人

① 《十三大以来重要文献选编》中，人民出版社1991年版，第931—932页。
② 《十七大以来重要文献选编》中，人民出版社2011年版，第157—158页。

员等方面作出了具体要求，反对那种人浮于事、松垮散漫的习气，成为当时福建党内作风建设的重要突破口。在浙江工作时，他代表省委向全省人民作出六条廉政承诺，要求领导干部清正廉洁、勤政为民，赢得了百姓的认同与信任。可见，党的十八大以后的中央八项规定是习近平总书记长期坚持改进作风的一贯思考和有效方法，为随后开展党的群众路线教育实践活动、坚决反对“四风”奠定了基础，营造了崭新的氛围。

2013 年 1 月，习近平总书记在十八届中央纪委二次全会上明确提出，“中央八项规定是一个切入口和动员令”，“既不是最高标准，更不是最终目的，只是我们改进作风的第一步，是我们作为共产党人应该做到的基本要求”①。同年 6 月，他在党的群众路线教育实践活动工作会议上，要求这次教育实践活动要“把贯彻落实中央八项规定精神作为切入点，着力解决突出问题”②。同年 9 月，他在参加河北省委常委班子专题民主生活会时再次强调：“我们抓中央八项规定贯彻落实，看起来是小事，但体现的是一种精神。中央八项规定都抓不好，坚持不下去，还搞什么十八项规定、二十八项规定？抓‘四风’要首先把中央八项规定抓好，抓党的建设要从‘四风’抓起。”③这些论述既表明中央八项规定与反对“四风”的关系，也是作风建设永远在路上的昭示。推进作风建设，坚决反对“四风”，落实中央八项规定，关键还在于办成事、认真办事，取信于民、取信于全党。

---

① 《习近平关于党风廉政建设和反腐败斗争论述摘编》，中央文献出版社、中国方正出版社 2015 年版，第 71 页。

② 《十八大以来重要文献选编》上，中央文献出版社 2014 年版，第 313 页。

③ 《习近平关于党风廉政建设和反腐败斗争论述摘编》，中央文献出版社、中国方正出版社 2015 年版，第 77 页。

（二）中央八项规定精神落地生根

中央八项规定内容具体，条条细化，关键还在落实。在中央政治局通过八项规定之时，习近平总书记就专门指出，中央八项规定“最重要的是要抓好落实，言必行、行必果。我们说了不是白说，说了就必须做到，把文件上写的内容一一落到实处。要完善细则，警卫、新闻、文秘、内事、外事都要有各自的细化落实方案。规定制定出来后，大家都要学习贯彻，特别是领导干部身边的工作人员要学习贯彻。有些事情往往是身边工作人员提要求，把它作为一种待遇、一种权利来提要求，好像不那么搞就交代不过去了，弄得大家无所适从。管好身边工作人员，这也是一条，而且是很重要的一条”①。这一讲话为中央八项规定出台后的落地生根指明了方向。

中央八项规定出台以后，中央和有关部门、全国各地各部门纷纷针对自身实际情况，相应制定了贯彻落实中央八项规定精神的有关细则和办法。自 2013 年起，中央和有关部门对党和国家领导人工作生活待遇、厉行节约反对浪费、国内公务接待标准等作出明确规范，先后印发《关于在全国纪检监察系统开展会员卡专项清退活动的通知》《关于党政机关停止新建楼堂馆所和清理办公用房的通知》《中央和国家机关会议费管理办法》《党政机关厉行节约反对浪费条例》《中央和国家机关差旅费管理办法》《党政机关国内公务接待管理规定》等，对中央八项规定精神进行了细化和深化；并把中央八项规定精神上升到党内法规制度层面，体现

① 《习近平关于党风廉政建设和反腐败斗争论述摘编》，中央文献出版社、中国方正出版社 2015 年版，第 68 页。

到《中国共产党廉洁自律准则》《中国共产党纪律处分条例》《中国共产党问责条例》等党内法规，对于不履行或不正确履行职责，导致“中央八项规定精神不落实，作风建设流于形式”的党组织和党的领导干部，要进行严肃问责。同时，全国各地也采取有关措施，减少“文山会海”，推动公车改革，提出厉行节约的禁令等，把落实中央八项规定精神作为党的作风建设的重要内容。可以说，相关制度的实施从源头上狠刹了形式主义、奢侈浪费等不正之风，让中央八项规定能够在每个党员干部的内心落地生根。

同时，习近平总书记率先垂范，带头严格执行中央八项规定，在落实中央八项规定精神和反对“四风”问题上为全党树立了典范。2012 年 12 月，习近平总书记在党的十八大后首次离京，赴广东深圳调研，其间严格执行中央八项规定，不腾道、不封路、不扰民，不铺红地毯、没有欢迎横幅，没有层层陪同。据统计，从党的十八大到十九大的 5 年间，习近平总书记在每年召开的中央全会、中央纪委全会、中央经济工作会议等重要会议上，都对作风建设提出了明确要求；主持召开了 36 次中央政治局常委会会议、21 次中央政治局会议，对贯彻执行中央八项规定、加强作风建设进行专门研究部署；党中央先后部署开展党的群众路线教育实践活动、“三严三实”专题教育、“两学一做”学习教育，把贯彻执行中央八项规定精神、解决作风建设方面的问题作为重要内容；中央政治局先后召开 3 次民主生活会，对照检查执行中央八项规定的情况，进行党性分析，开展批评和自我批评，研究加强自身建设和作风建设的措施[①]。

① 《八项规定，激浊扬清之剑》，http://www.ccdi.gov.cn/yaowen/201709/t20170928_149765.html。

从党的十八大到十九大召开的5年间，以习近平同志为核心的党中央在落实中央八项规定精神上取得了明显成效，如“中央政治局同志深入地方和基层开展调研共1587次、3212天，平均每人每年调研17次、34天。考察调研坚持轻车简从，减少陪同，简化接待，务求实效”；“科学编制中央年度发文计划，从严把好发文关，较好控制了发文数量，提高了文件质量。严格实施简报备案制度，地方和部门报送党中央、国务院的简报数量分别从原来的500多种、300多种减少到130多种、200多种”等[①]。

在中央八项规定精神的贯彻中，各级纪检监察机关按照党中央要求，把违反中央八项规定精神的行为作为纪律审查重点，通过抓重要节点、抓具体问题，通过通报、曝光、处分、追责等一系列举措，坚决查处顶风违纪的领导干部，有力保障中央八项规定精神的落实。从2013年8月建立违反中央八项规定精神问题查处情况月报制度起，中央纪委坚持每月定期公开发布查处数据，向社会不断释放驰而不息纠正“四风”的强烈信号。截至2018年10月底，在查处的违反中央八项规定精神问题中，违纪行为发生在2013至2018年各年度的分别占42.1%、17.1%、14.6%、11.9%、10.3%、4.0%，“四风”增量问题总体呈逐年大幅下降趋势，基本刹住面上的“四风”突出问题。据统计，2015年、2016年、2017年、2018年1月至10月全国因管辖范围内发生违反中央八项规定精神问题被追究主体责任、监督责任的领导干部分别为6010余人、6770余人、9240余人、8850余人，问责人数呈逐年上升趋势，问责力度不断加

---

① 《八项规定，激浊扬清之剑》，http://www.ccdi.gov.cn/yaowen/201709/t20170928_149765.html。

大[①]。这些数据都充分反映了落实中央八项规定的力度与效果，党内“四风”问题得到有效遏制。

总体上，中央八项规定实施以后，党风、政风、社风发生根本转化，党的面貌、国家的面貌发生根本变化，勤俭节约成为社会新风尚，党在人民心目中的形象和威信极大提高，人民对以习近平同志为核心的党中央的信任与拥护极大增强，正如习近平总书记在中央八项规定出台之时所指出的：“我们不舒服一点、不自在一点，老百姓的舒适度就好一点、满意度就高一点，对我们的感觉就好一点。”[②]

（三）锲而不舍落实中央八项规定精神

中央八项规定作为反对“四风”、加强作风建设的动员令打响了党的十八大以来作风建设的“当头炮”，但“四风”问题的复杂性和顽固性又决定了党的作风建设不是一蹴而就的，必须驰而不息、常抓不懈。在党的十九大报告中，习近平总书记要求持之以恒正风肃纪：“坚持以上率下，巩固拓展落实中央八项规定精神成果，继续整治‘四风’问题，坚决反对特权思想和特权现象。”[③]

2017 年 10 月 27 日，党的十九大闭幕后的第三天，习近平总书记主持新一届中共中央政治局会议研究部署学习宣传贯彻党的十九大精神，审议了《中共中央政治局贯彻落实中央八项规定的实施细则》（以下简称

---

① 《一场深刻的作风之变——写在中央八项规定出台六周年之际》，《中国纪检监察报》2018 年 12 月 4 日。

② 《习近平关于党风廉政建设和反腐败斗争论述摘编》，中央文献出版社、中国方正出版社 2015 年版，第 68 页。

③ 《习近平谈治国理政》第 3 卷，外文出版社 2020 年版，第 52 页。

《细则》)。《细则》根据中央八项规定实施过程中遇到的新情况新问题，着重对改进调查研究、精简会议活动、精简文件简报、规范出访活动、改进新闻报道、厉行勤俭节约等方面内容作了进一步规范、细化和完善，增强了中央八项规定的指导性和操作性。在此次会议上，习近平总书记指出：“贯彻执行中央八项规定是关系我们党会不会脱离群众，能不能长期执政、能不能很好履行执政使命的大问题。党的十九大对持之以恒正风肃纪作出新部署，我们必须坚持以上率下，巩固和拓展落实中央八项规定精神成果，坚持不懈改作风转作风，让党的作风全面好起来，确保党同人民想在一起、干在一起，始终保持党同人民群众的血肉联系。”①

2018 年 1 月，习近平总书记在中共十九届中央纪委二次全会上再次要求，“锲而不舍落实中央八项规定精神，保持党同人民群众的血肉联系”；强调“中央八项规定不是只管 5 年、10 年，而是要长期坚持。要拿出恒心和韧劲，继续在常和长、严和实、深和细上下功夫，管出习惯、抓出成效，化风成俗。要紧盯时间节点，密切关注享乐主义、奢靡之风新动向新表现，找出可能反弹的风险点，坚决防止回潮复燃。纠正形式主义、官僚主义，一把手要负总责，对贯彻党中央精神‘说起来重要、喊起来响亮、做起来挂空挡’的行为要严肃查处，决不允许‘只听楼梯响，不见人下来’。要靠深入调查研究下功夫解难题，靠贴近实际和贴近群众的务实举措抓落实，靠一级压一级推动工作，确保党中央决策部署落地生根”②。

---

① 《中共中央政治局召开会议　研究部署学习宣传贯彻党的十九大精神》,《人民日报》2017 年 10 月 28 日。

② 《习近平谈治国理政》第 3 卷，外文出版社 2020 年版，第 507 页。

可见，《细则》和习近平总书记作出的系列重要指示成为驰而不息纠正“四风”的重要遵循。在这一思想指引下，党的十九大以来，各级党组织和各级领导干部特别是党组织主要负责同志把落实中央八项规定精神、纠正“四风”工作纳入全面从严治党大局，自觉向党中央和习近平总书记看齐、对标，切实履行“第一责任人”职责，紧抓不放、狠抓不松，形成以上率下、齐抓共管的良好工作局面。中央纪委建立并严格落实紧盯重要节点假期“四风”问题值班、督办和报告制度，由中央纪委“一竿子”插到底、直接督办，以此撬动各地区各部门各单位盯紧盯住节日期间“四风”问题。各级纪检监察机关一方面从月饼粽子、烟花爆竹、贺卡挂历等“小事小节”破题，持续紧盯“节日腐败”不放松，每逢节点都通过下发专门通知、开设监督举报专区、开展监督检查、强化宣传引导、集中通报曝光等方式，提要求、打招呼、抓监督、严查处、强震慑。另一方面，不断强化党内监督，始终把落实中央八项规定精神情况作为日常监督检查和巡视巡察的重要内容，立足日常监督，通过明察暗访、交叉互查、专项督查等方式，提高监督水平和发现问题能力。与此同时，监督手段也在不断转型升级。中央纪委先后开通了“一网一端一微”（纪检监察网、手机客户端、微信平台）、“四风”监督举报平台，与传统的来信、来访举报一道形成“五维”立体化监督举报网。各级纪检监察机关充分利用互联网、新媒体和新技术，大大拓宽监督渠道，相信群众，依靠群众，形成群众监督的浓厚氛围[①]。

据统计，2019年全国共查处违反中央八项规定精神问题136307起，

① 《一场深刻的作风之变——写在中央八项规定出台六周年之际》，《中国纪检监察报》2018年12月4日。

处理人数 194124 人，党纪政务处分 124723 人；其中，查处形式主义、官僚主义问题 7.49 万起，处理党员干部 10.8 万人，查处享乐主义、奢靡之风问题 6.14 万起，处理党员干部 8.62 万人[①]。2020 年，全国共查处违反中央八项规定精神问题 136203 起，批评教育帮助和处理 197761 人，其中，党纪政务处分 119224 人；其中查处形式主义、官僚主义问题 78711 起，批评教育帮助和处理 117606 人，党纪政纪处分 62595 人；查处享乐主义、奢靡之风问题 57492 起，批评教育帮助和处理 80155 人，党纪政纪处分 56629 人[②]。2021 年，全国共查处违反中央八项规定精神问题 104223 起，批评教育帮助和处理 150362 人，其中党纪政务处分 101224 人；其中查处形式主义、官僚主义问题 50448 起，批评教育帮助和处理 77431 人；查处享乐主义、奢靡之风问题 53775 起，批评教育帮助和处理 72931 人[③]。这些数据充分反映了锲而不舍贯彻落实中央八项规定精神的显著成效，“四风”增量得到有效遏制，党风政风的明显好转带动了社风民风的向善向上。但同时也要注意到较之于 2018 年之前的统计数据，2019 年后违反中央八项规定的问题数依然巨大，中国共产党依然需要以“严”的主基调纠治“四风”突出问题。

中央八项规定，已成为新时代中国共产党在作风建设的“金色名片”。在落实中央八项规定精神、纠治“四风”的成绩面前，习近平总

① 《2020 年 12 月全国查处违反中央八项规定精神问题 22401 起》，https://www.ccdi.gov.cn/jdjbnew/wntj/202203/t20220330_182963.html。

② 《2020 年 12 月全国查处违反中央八项规定精神问题 18505 起》，https://www.ccdi.gov.cn/toutiaon/202101/t20210126_98790.html。

③ 《2021 年 12 月全国查处违反中央八项规定精神问题 13431 起》，https://www.ccdi.gov.cn/toutiaon/202201/t20220127_167553.html。

书记不忘告诫全党要充分认识到“四风”问题的顽固性、反复性、隐蔽性等特征，要求加固中央八项规定的堤坝，“毫不松懈纠治‘四风’，坚决防止形式主义、官僚主义滋生蔓延”；“坚持全面从严、一严到底，对群众反映强烈的公款吃喝、餐饮浪费等歪风陋习露头就打、反复敲打。对形式主义、官僚主义要毫不妥协，全面检视、靶向纠治，持续为基层松绑减负”[①]；“把造福人民作为最重要的政绩，坚决反对和克服形式主义、官僚主义”[②]。2021 年 12 月，中共中央政治局在专门研究部署党风廉政建设和反腐败工作时，鲜明指出：“持之以恒推动落实中央八项规定精神，着力纠治‘四风’顽瘴痼疾，一刻不停推进党风廉政建设和反腐败斗争，坚决整治群众身边腐败和作风问题，依规依纪依法开展监督执纪执法工作，严肃换届纪律风气，深化运用‘四种形态’，深化纪检监察体制改革，加大自我约束、自我净化力度，不断提升不敢腐、不能腐、不想腐一体推进综合效能，为‘十四五’开好局起好步提供了坚强保障。”[③]2022 年 9 月，中央政治局召开会议，审议《十九届中央政治局贯彻执行中央八项规定情况报告》，会议强调要准确把握新形势下反“四风”的规律特点和工作要求，乘势而上、再接再厉，继续在常和长、严

---

① 《习近平在十九届中央纪委五次全会上发表重要讲话强调　充分发挥全面从严治党引领保障作用　确保“十四五”时期目标任务落到实处》，《人民日报》2021 年 1 月 23 日。

② 《习近平春节前夕赴贵州看望慰问各族干部群众　向全国各族人民致以美好的新春祝福　祝各族人民幸福吉祥祝伟大祖国繁荣富强》，《人民日报》2021 年 2 月 6 日。

③ 《中共中央政治局召开会议　分析研究 2022 年经济工作研究　部署党风廉政建设和反腐败工作　审议〈中国共产党纪律检查委员会工作条例〉》，《人民日报》2021 年 12 月 7 日。

和实、深和细上下功夫，管出习惯、抓出成效，化风成俗。党的二十大结束后，习近平总书记要求“中央政治局同志要对照新修订的中央八项规定实施细则，一条一条严格对标对表，不折不扣抓好贯彻落实，重点纠治形式主义、官僚主义顽疾”①；2023 年 1 月，习近平总书记在二十届中央纪委二次全会上再次强调：“制定实施中央八项规定，是我们党在新时代的徙木立信之举，必须常抓不懈、久久为功，直至真正化风成俗，以优良党风引领社风民风。”②这些都展现了中国共产党锲而不舍纠“四风”树新风的坚定决心。

三、抓“四风”重点是抓“关键少数”

办好中国的事，关键在党，重点在“关键少数”。习近平总书记鲜明指出，“领导干部是党和国家事业发展的‘关键少数’，对全党全社会都具有风向标作用”；“在上面要求人，在后面推动人，都不如在前面带动人管用。不忘初心、牢记使命，领导机关和领导干部必须做表率、打头阵”③。党的十八大以来，习近平总书记在不同场合反复要求“关键少数”在党的建设各项工作中发挥典型示范和榜样表率作用，提出反对“四风”必须抓住领导干部这个“关键少数”。

① 《中共中央政治局召开民主生活会强调　坚持团结奋斗　贯彻落实好党的二十大重大决策部署》，《人民日报》2022 年 12 月 28 日。

② 《习近平在二十届中央纪委二次全会上发表重要讲话强调　一刻不停推进全面从严治党　保障党的二十大决策部署贯彻落实》，《人民日报》2023 年 1 月 10 日。

③ 习近平：《“不忘初心、牢记使命”主题教育总结大会上的讲话》，人民出版社 2020 年版，第 20 页。

（一）“关键少数”要形成“头雁效应”

群雁高飞头雁领。各级党员干部是中国共产党队伍的“关键少数”，是各个地方、各个领域、各个单位、各级组织的“头雁”。领导干部作为“头雁”，其作风“直接关系党内风气和政治生态，关系民心向背，决定着党的群众基础。领导干部作风不过关，不过硬，党风社会风气就不可能好”[①]。因此，习近平总书记反复强调“关键少数”要带头转变作风，立正身、作表率、敢担当，要形成“头雁效应”。

领导干部发挥“头雁效应”是无产阶级政党的本质使然。马克思主义政党自诞生之日起，就是作为无产阶级先锋队，以不断实现和维护人民群众的根本利益为己任的。可见，先进性是马克思主义政党的本质特征，保持自身先进性是马克思主义政党始终不渝的奋斗目标。而党的先进性如何体现，要看其制定的理论纲领能否代表先进生产力的发展方向，能否代表先进文化的前进方向，能否代表最广大人民的根本利益；其理论纲领是否先进根本上还需要实践的检验，需要全体党员先进性的体现和领导干部先锋模范作用的彰显。对此，习近平总书记在长期的工作中，曾明确指出：领导干部“是党和政府形象的‘化身’，是群众认识和评价我们党的‘窗口’，也是其他党员和干部心目中的‘标杆’”[②]；“领导干部的表率和引领作用既是无产阶级政党的特质，更是我们党的一贯要求”，各级领导干部要“发挥表率作用，而且率先垂范，从自身做起，

① 《习近平关于“不忘初心、牢记使命”论述摘编》，党建读物出版社、中央文献出版社 2019 年版，第 194—195 页。

② 习近平：《干在实处　走在前列——推进浙江新发展的思考与实践》，中共中央党校出版社 2006 年版，第 462 页。

为全党树立榜样”[①]。

党员干部发挥“头雁效应”是党的优良传统。榜样的力量是无穷的，干部以身作则、率先垂范始终是中国共产党的高尚品质，无论在革命年代还是和平年代，总是有一大批党员干部身先士卒、冲锋在前、无私奉献，他们用自己的言行捍卫了国家、民族与人民的根本利益，树立了全党全社会的风向标，他们用实际行动展现了全党“传帮带”的优良传统，营造了积极健康的党内氛围。新时代，习近平总书记深刻认识到发挥“头雁效应”光荣传统的重要性，明确指出：“领导机关和领导干部带头冲在前、干在先，是我们党走向成功的关键。革命战争年代，喊一声‘跟我上’和吼一声‘给我上’，一字之差、天壤之别。新中国成立以后，也是因为我们党有一大批像焦裕禄、谷文昌、杨善洲、张富清这样的英雄模范率先垂范，才团结带领人民群众不断开创各项事业发展新局面。”[②]

领导干部发挥“头雁效应”是其政德的基本要求。习近平总书记多次强调“关键少数”是全体党员干部作风的风向标，是“人民群众观察评价党风的晴雨表”[③]。领导干部是党的骨干力量，在权力结构中处于重要地位，其一言一行对全党和全社会都有示范性和导向性，因此领导干部主动强化带头意识，时刻严格要求自己，明大德、守公德、严私德，

---

① 习近平：《各级领导干部必须带头保持共产党员的先进性》，《求是》2005年第5期。

② 习近平：《在“不忘初心、牢记使命”主题教育总结大会上的讲话》，人民出版社2020年版，第20—21页。

③《习近平关于“不忘初心、牢记使命”论述摘编》，党建读物出版社、中央文献出版社2019年版，第192页。

这是其践行好干部标准、立政德的基本要求。明大德，就是要筑牢理想信念、锤炼坚强党性，在大是大非面前旗帜鲜明，在风浪考验面前无所畏惧，在各种诱惑面前立场坚定；守公德，就是要强化宗旨意识，全心全意为人民服务，自觉践行"人民对美好生活的向往就是我们的奋斗目标"的承诺，做到心底无私天地宽；严私德，就是要严格约束自己的操守和行为，增强政治定力、纪律定力、道德定力、抵腐定力，以共产党人的道德力量和人格魅力去赢得人心、凝聚民心。可见，领导干部发挥"头雁效应"、自我约束、以身作则是其立政德的内在要求，是其在行动落实、思想觉悟和党性修养上发挥模范作用的有力表现。

党的十八大以来，"四风"问题，特别是形式主义、官僚主义，在一些地区、一些党员干部身上难以消除，或是出现反弹，一个重要原因是有些领导干部没有带好头，甚至带了坏头，"一些高级干部发生的问题往往是所在地方和单位各种问题滋生蔓延的主要导因"①。因此，习近平总书记要求各级领导干部要带头转变作风，身体力行，以上率下，形成"头雁效应"。2016 年 1 月，习近平总书记在十八届中央纪委六次全会上指出："各级领导干部特别是高级干部要从自身做起，给下级带个好头。中华民族历来都有珍惜名节、注重操守、干净为官的传统，历来都讲'为政以德'、'守土有责'，领导干部要秉公用权、廉洁用权，做遵纪守法的模范，同时要坚持原则、敢抓敢管。"②2017 年 10 月，习近平总书记在党的十九届一中全会上，严肃提出："抓好全党作风建设，首先要

---

① 习近平：《在党的十八届六中全会第二次全体会议上的讲话（节选）》，《求是》2017 年第 1 期。

② 习近平：《在第十八届中央纪律检查委员会第六次全体会议上的讲话》，人民出版社 2016 年版，第 14—15 页。

抓好中央委员会作风建设。新一届中央委员会务必保持党的十八大以来业已形成的党风建设的良好势头，并争取做得更好。中央委员会的每一位同志都要勤勤恳恳为民，兢兢业业干事，清清白白做人。勤勤恳恳为民，就是要践行全心全意为人民服务的根本宗旨，做人民公仆，始终把人民群众安危冷暖放在心上，想问题、作决策、抓工作坚持从群众中来、到群众中去，时时做到与群众同甘苦、共忧乐、共奋进。兢兢业业干事，就是要确立献身党和人民事业的崇高情怀，聚精会神履行党和人民赋予的神圣职责，实干苦干，不务虚功，夙兴夜寐，勤奋工作，以一流业绩回报党和人民的信任和重托。清清白白做人，就是要一身正气、两袖清风，自觉遵守廉洁自律准则，自觉遵守中央八项规定精神，自觉接受监督，敬畏人民、敬畏组织、敬畏法纪，公正用权、依法用权、廉洁用权，拒腐蚀、永不沾，决不搞特权，决不以权谋私，做一个堂堂正正的共产党人。”①2021 年 2 月，习近平总书记在党史学习教育动员大会上，特别提出：“各级党委（党组）要承担主体责任，主要领导同志要亲自抓、率先垂范，成立领导机构，切实把党中央部署和要求落到实处。”②这些讲话中的具体要求特别有助于形成全党的“头雁效应”，而这一正效应的形成对于全体党员干部的自我锤炼、全社会的向上向善都会产生积极的影响，有助于遏制与扭转“四风”等不良风气的影响，防止不良风气反弹回潮，使全党全社会的风气与政治生态焕然一新。

---

① 《习近平关于“不忘初心、牢记使命”论述摘编》，党建读物出版社、中央文献出版社 2019 年版，第 192—193 页。

② 《习近平在党史学习教育动员大会上强调　学党史悟思想办实事开新局　以优异成绩迎接建党一百周年》，《人民日报》2021 年 2 月 21 日。

（二）“关键少数”要以自我革命带动作风转变

勇于自我革命，从严管党治党，是中国共产党最鲜明的品格。党的领导干部以自我革命的精神状态坚决反对不正之风，坚持自我检视、修正错误，在全党勇做自我革命的示范表率，这理应成为“关键少数”的一种习惯、一种自觉、一种责任。因此，习近平总书记强调，“善禁者，先禁其身而后人”，作风建设一定要从上头抓起，各级领导机关、领导班子和领导干部都要把自己摆进去，带头转作风；并向全党庄严承诺“各级领导干部要以身作则、率先垂范，说到的就要做到，承诺的就要兑现，中央政治局同志从我本人做起”①。党的十八大以来，以习近平同志为核心的党中央以身作则、以上率下，身体力行地进行自我革命，改进工作作风，落实中央八项规定，带头反对和纠正“四风”，对于作风转变起到了巨大的带动效应。

“关键少数”尤其是高级领导干部要以上率下，始终以自我革命的精神品质身体力行。党的十八大刚刚结束不久，习近平总书记在中央军委扩大会议上就鲜明表达了领导干部“以上率下”在党的作风建设中的重要性，强调“上行下效，上率下行，上有所好，下必甚焉”②，要求“从领导干部做起，领导干部首先要从中央领导做起”③，强调“中央委员会

① 《习近平关于“不忘初心、牢记使命”论述摘编》，党建读物出版社、中央文献出版社2019年版，第150页。

② 《习近平关于党的群众路线教育实践活动论述摘编》，党建读物出版社、中央文献出版社2014年版，第77页。

③ 《习近平关于“不忘初心、牢记使命”论述摘编》，党建读物出版社、中央文献出版社2019年版，第150页。

要自觉做坚定理想信念的表率、自觉做认真学习实践的表率、自觉做坚持民主集中制的表率、自觉做弘扬优良作风的表率”[①]。2018 年 1 月，习近平总书记在贯彻党的十九大精神研讨班开班式上，明确提出中央委员会的成员和省部级主要领导干部“不应该是作风建设的被动参与者，而应该是积极践行者，以身作则、以上率下，把落实中央八项规定精神化作自觉行动，持之以恒克服形式主义、官僚主义，久久为功祛除享乐主义和奢靡之风”[②]。2019 年 7 月，习近平总书记在中央和国家机关党的建设工作会议上，专门指出：“中央和国家机关党的建设必须走在前、作表率，这是由中央和国家机关的地位和作用决定的。中央和国家机关离党中央最近，服务党中央最直接，对机关党建乃至其他领域党建具有重要风向标作用。深化全面从严治党、进行自我革命，必须从中央和国家机关严起、从机关党建抓起。”[③]对于作风建设，习近平总书记要求中央和国家机关要持之以恒正风肃纪，带头弘扬党的光荣传统和优良作风，要持续深化纠“四风”工作，坚决克服形式主义、官僚主义，让群众切身感受到新变化新气象。2020 年 1 月，习近平总书记总结“不忘初心、牢记使命”主题教育的经验时高度评价了领导干部以上率下、示范带动的作用，特别指出：“中央政治局以‘牢记初心使命、推进自我革命’为题进行集体学习，开展专题民主生活会，为全党作了示范引导。各级党

① 《十八大以来重要文献选编》下，中央文献出版社 2018 年版，第 464 页。

② 习近平：《推进党的建设新的伟大工程要一以贯之》，《求是》2019 年第 19 期。

③ 《习近平在中央和国家机关党的建设工作会议上强调　全面提高中央和国家机关党的建设质量　建设让党中央放心让人民群众满意的模范机关》，《人民日报》2019 年 7 月 10 日。

委（党组）履行主体责任，各级领导班子成员特别是主要负责同志带头学研查改，以‘关键少数’示范带动‘绝大多数’，精心组织谋划、推动落实责任，做到了一贯到底、落实落地。”[①]

“关键少数”要坚持廉洁自律，始终以自我革命的精神品质锤炼党性。廉洁自律是共产党人为官从政的底线，是塑造党员干部良好形象的有效途径，“一个人能否廉洁自律，最大的诱惑是自己，最难战胜的敌人也是自己。一个人战胜不了自己，制度设计得再缜密，也会‘法令滋彰，盗贼多有’”[②]。2014 年 3 月 9 日，习近平总书记参加十二届全国人大二次会议安徽代表团审议时首次明确提出，“各级领导干部都要树立和发扬好的作风，既严以修身、严以用权、严以律己，又谋事要实、创业要实、做人要实”[③]，对领导干部的廉洁自律提出了明确要求。此后，习近平总书记多次强调领导干部要做到“三严三实”，要求“吾日三省吾身”，深刻指出：“廉洁自律，必须筑牢思想防线，加强主观世界改造，牢固树立正确的世界观、人生观、价值观，加强党性修养，做到持之为明镜、内化为修养、升华为信条。要耐得住寂寞、守得住清贫。”[④]2015 年 10 月出台的《中国共产党廉洁自律准则》又为全体党员、干部指明了行动方向，广大领导干部必须发挥表率作用，以更高更

---

① 习近平：《在“不忘初心、牢记使命”主题教育总结大会上的讲话》，人民出版社 2020 年版，第 6—7 页。

② 《习近平关于党风廉政建设和反腐败斗争论述摘编》，中央文献出版社、中国方正出版社 2015 年版，第 145 页。

③ 《习近平关于党风廉政建设和反腐败斗争论述摘编》，中央文献出版社、中国方正出版社 2015 年版，第 143 页。

④ 《习近平关于党风廉政建设和反腐败斗争论述摘编》，中央文献出版社、中国方正出版社 2015 年版，第 146 页。

严的要求，带头践行廉洁自律规范，保持和发扬党的优良传统作风，使廉洁自律规范内化于心、外化于行，坚持理想信念宗旨“高线”，永葆共产党人清正廉洁的政治本色。此后，习近平总书记多次提出领导干部要带头树好廉洁自律的“风向标”，如 2015 年 6 月，习近平总书记在会见全国优秀县委书记时，要求领导干部要“带头讲党性、重品行、做表率，带头搞好‘三严三实’专题教育，带头抓班子带队伍，带头依法办事，带头廉洁自律”①。2016 年 10 月，习近平总书记在党的十八届六中全会上再次提出，“各级领导干部是人民公仆，没有搞特殊化的权利，要带头执行廉洁自律准则，自觉同特权思想和特权现象作斗争”②；2017 年 12 月，习近平总书记在主持中共中央政治局召开民主生活会时指出：“职位越高越要忠于人民，全心全意为人民服务。只有敬畏法律、敬畏纪律，自觉管住自己，在廉洁自律上作出表率，才能担起肩上的重任”③；2018年6月，习近平总书记在中共中央政治局第六次集体学习时指出：“领导干部特别是高级干部要明大德、守公德、严私德，做廉洁自律、廉洁用权、廉洁齐家的模范”④；等等。

“关键少数”要坚持不忘初心，始终以自我革命精神做好社会“风向

① 《在会见全国优秀县委书记时的讲话》，《求是》2015 年第 17 期。

② 《中共十八届六中全会在京举行》，《人民日报》2016 年 10 月 28 日。

③ 《中共中央政治局召开民主生活会　以认真学习贯彻习近平新时代中国特色社会主义思想　坚定维护以习近平同志为核心的党中央权威和集中统一领导　全面贯彻落实党的十九大各项决策部署情况为主题进行对照检查》，《人民日报》2017 年 12 月 27 日。

④ 《习近平在中共中央政治局第六次集体学习时强调　把党的政治建设作为党的根本性建设　为党不断从胜利走向胜利提供重要保证》，《人民日报》2018 年 7 月 1 日。

标”。良好的民风、社风与党风有密切的联系。长期以来，中国共产党崇高的理想、坚定的信念、为民的宗旨以及涌现出的一批批具有感召力和榜样性的优秀党员、干部，深深感染和影响着中国百姓和中国社会。党员干部的行为举止、道德情操、思想状态都被人民群众看在眼里，记在心上，成为评判作风建设改进效果的“风向标”。党员、干部要想始终做好“风向标”，必须时刻牢记初心使命，保持崇高的革命理想和旺盛的革命斗志，坚持以自我革命的精神坚决同一切可能动摇党的根基、阻碍党的事业的现象作斗争，荡涤一切附着在党肌体上的肮脏东西，切实在工作实践中践行初心、深入基层、深入实际、为民服务，展现共产党人的浩然正气，以此营造和弘扬良好的党风，并潜移默化地改进民风、政风和社会风气，让勤俭节约、艰苦奋斗、乐于助人、积极进取等优良传统在社会上蔚然成风。对此，习近平总书记在“不忘初心、牢记使命”主题教育总结大会上鲜明提出：“领导机关是国家治理体系中的重要机关，领导干部是党和国家事业发展的‘关键少数’，对全党全社会都具有风向标作用。”①

可见，党员、干部只要通过自我革命，不断保持和发展党的先进性和纯洁性，为全党树立廉洁自律、为民服务、无私奉献的榜样，“四风”等不良作风问题就会在党员、干部自我革命的垂范下、全党自我革命的努力下不攻自破。

（三）“关键少数”要以身作则重塑风清气正的政治生态

古人早就提出，管理国家，“必先正风俗。风俗既正，中人以下，皆

---

① 习近平：《在“不忘初心、牢记使命”主题教育总结大会上的讲话》，人民出版社2020年版，第20页。

自勉以为善；风俗一败，中人以上，皆自弃而为恶”。习近平总书记深刻认识到良好的政治生态对于党的作风建设的重要影响，指出，“领导干部的作风直接关系党内风气和政治生态”，“人们认为习以为常的一些作风问题，往往就是对党的公信力、党的形象带来致命破坏的问题。作风问题绝不是小事，一旦成风，危害巨大”[①]。在反对“四风”的问题上，习近平总书记清醒认识到“四风”问题越积越多、潜规则越来越盛行的现象与政治生态和社会环境被污染的直接联系，要求“对‘四风’问题及其各种变异表现，必须保持高度警惕，继续保持高压态势，寸步不让，一抓到底；要以坚强的意志品质持续努力，推动形成良好风气和良好政治生态”[②]。

营造风清气正的政治生态首先要从领导干部做起。习近平总书记鲜明指出：“营造良好从政环境，要从人抓起，从人做起，也就是要从各级领导干部首先是高级干部做起。”[③]领导干部只要坚守正道，弘扬正气，就能够在全党、全社会形成积极影响，形成风气导向。在领导干部如何以上率下营造良好政治生态的路径上，习近平总书记提出要以严肃党内政治生活、净化党内政治生态，通过党内政治生活固本培元，“引导党员特别是领导干部筑牢信仰之基、补足精神之钙、把稳思想之舵，坚定中国特色社会主义道路自信、理论自信、制度自信、文化自信，增强党的

① 习近平：《推进党的建设新的伟大工程要一以贯之》，《求是》2019年第19期。

② 《习近平八一建军节前夕视察第16集团军时强调 适应新形势新任务管好部队带好兵 推动强军目标在基层落地生根》，《人民日报》2015年7月20日。

③ 《习近平关于党风廉政建设和反腐败斗争论述摘编》，中央文献出版社、中国方正出版社2015年版，第87—88页。

意识、党员意识、宗旨意识，坚守真理、坚守正道、坚守原则、坚守规矩，做到以信念、人格、实干立身”；要激浊扬清，“坚持激浊和扬清两手抓，让党内正能量充沛，让歪风邪气无所遁形”；要以上率下，“从中央政治局常委会、中央政治局、中央委员会做起，从各地区各部门党委（党组）做起，从高级干部做起，对党绝对忠诚，模范遵守党章，严格按党的制度和规矩办事，夙兴夜寐为党和人民工作，任何时候都不搞特权，都不破坏党的制度和规矩”[①]等。同时，习近平总书记也在其他讲话中，专门指出严肃党内政治生活，“要坚持从领导机关、领导干部做起，形成以上率下的浓厚氛围”[②]，要“在营造风清气正的政治生态、形成清清爽爽的同志关系和规规矩矩的上下级关系、坚持亲清政商关系、营造向上向善的社会环境等方面带好头、尽好责”[③]。

当然，良好风气和良好政治生态的形成，对于广大党员、干部以上率下、身体力行也能够产生积极的影响。对此，习近平总书记提出“政治生态也要山清水秀”的新判断。2015 年 3 月，他在参加十二届全国人大三次会议江西代表团审议时，专门提出了净化政治生态、营造廉洁从政良好环境的问题，指出，“严惩腐败分子是保持政治生态山清水秀的必然要求。党内如果有腐败分子藏身之地，政治生态必然会受到污染”，

① 《习近平在中共中央政治局第三十三次集体学习时强调　严肃党内政治生活净化党内政治生态　为全面从严治党打下重要政治基础》，《人民日报》2016 年 6 月 30 日。

② 《习近平在青海考察时强调　尊重自然顺应自然保护自然　坚决筑牢国家生态安全屏障》，《人民日报》2016 年 8 月 25 日。

③ 《习近平在中共中央政治局第四十次集体学习时强调　提高一体推进“三不腐”能力和水平　全面打赢反腐败斗争攻坚战持久战》，《人民日报》2022 年 6 月 19 日。

“要深入推进反腐败斗争，下大气力拔‘烂树’、治‘病树’、正‘歪树’，使领导干部受到警醒、警示、警戒”[①]。党风与社会风气、政治生态的相互关系是辩证统一的，党风的好转有利于社会风气的净化，先进的政党有责任、有义务为树立良好的社会风气做出应有的努力；而社会风气的改善也有助于为端正党风营造良好的社会环境和正义正气的社会氛围。因此，改进党的作风，不仅要从自身出发，还要把改进作风与改进民风、政风、社风有机结合起来，从根本上营造积极、健康、向上的良好风气。领导干部积极以党的优良作风带动和示范民风、社风，党内不正之风、社会奢靡浪费之风就会不断好转，全社会积极健康向上的氛围就会不断形成，中国共产党才能真正得到广大人民群众的信任和支持。

总之，作风建设永远在路上，巩固拓展整治“四风”成果，保持优良党风政风，大力整治形式主义、官僚主义、享乐主义和奢靡之风，进行自我革命，必须从党中央抓起、从高级干部做起。正如习近平总书记所要求的，中央政治局的同志要身体力行、以上率下，自觉做到廉洁自律，从严管好家属子女和身边工作人员，抓好家风家教，坚决防止和反对特权思想、特权现象，带头不搞任何形式主义、官僚主义，为全党立好标杆、作好示范[②]。通过一级一级“关键少数”的榜样示范作用、全党持之以恒的正风肃纪，不断净化党内政治生态，党就能够在革命性锻造中始终走在时代前列，得到人民衷心拥护。

① 《习近平的两会时间（五）：政治生态也要山清水秀》，http://cpc.people.com.cn/n/2015/0309/c64094—26658593.html。

② 《中共中央政治局召开民主生活会强调 树牢“四个意识”坚定“四个自信” 坚决做到“两个维护”勇于担当作为 以求真务实作风把党中央决策部署落到实处》，《人民日报》2018 年 12 月 27 日。

四、抓“四风”必须有“真抓实干”的坚定决心

抓“四风”不是一阵风，不是摆摆样子、走走过场、蜻蜓点水。抓“四风”能不能显成效，人民群众是不是能满意，党的先进性能不能体现，关键要看领导干部能不能求真务实地转变作风，“真抓实干，出真招、办实事、求实效”①。习近平总书记坚持实事求是的思想路线，多次生动表明“空谈误国，实干兴邦”“一分部署，九分落实”“发扬钉钉子精神”“抓铁有痕、踏石留印”等真抓实干的决心，为驰而不息纠正“四风”明确了态度与方向。

（一）把“求真务实”的导向立起来

求真务实是马克思主义的精髓，是共产党人的优秀品质和工作作风。“抓作风建设最重要的是讲认真”②，在落实中央八项规定、坚决惩治“四风”问题上，不能浅尝辄止，树立“求真务实”的鲜明导向具有重要的现实意义和价值指向。

坚持求真务实的精神为树立“求真务实”导向奠定基础。求真务实是党的思想路线的重要要求，是共产主义者始终坚持的科学精神。从地方到中央，习近平总书记始终强调干事创业要有求真务实的精神，从

---

① 《习近平在东北三省考察并主持召开深入推进东北振兴座谈会时强调　解放思想锐意进取深化改革破解矛盾　以新气象新担当新作为推进东北振兴》，《人民日报》2018 年 9 月 29 日。

② 《习近平春节前夕赴内蒙古调研看望慰问各族干部群众》，《人民日报》2014 年 1 月 30 日。

实际出发谋划事业和工作，使点子、政策、方案符合实际情况、符合客观规律、符合科学精神，不能好高骛远。2005 年 4 月，习近平同志在浙江工作时就曾指出，“求真务实，是加强党的先进性建设的一个重要方面，是贯彻落实各项举措、推进各项事业发展的重要保证”，要求转变作风，“大力弘扬求真务实精神，大兴求真务实之风”，“力求做到求客观实际之真、务执政为民之实”[①]。党的十八大以来，习近平总书记特别要求以钉钉子精神把党和国家的各项事业一以贯之地进行到底，指出：“钉钉子往往不是一锤子就能钉好的，而是要一锤一锤接着敲，直到把钉子钉实钉牢，钉牢一颗再钉下一颗，不断钉下去，必然大有成效。如果东一榔头西一棒子，结果很可能是一颗钉子都钉不上、钉不牢。我们要有‘功成不必在我’的精神。一张好的蓝图，只要是科学的、切合实际的、符合人民愿望的，大家就要一茬一茬接着干，干出来的都是实绩，广大干部群众都会看在眼里、记在心里。”[②]唯有如此，党的作风建设才能不松懈、不停滞，才能以驰而不息的劲头善始善终、善作善成。2015 年 7 月，在中央全面深化改革领导小组第十四次会议上，习近平总书记进一步要求领导干部要做到“谋事要实、创业要实、做人要实”，“大力弘扬实事求是、求真务实精神”[③]。同时，习近平总书记在纪念邓小平、朱德、陈云、胡耀邦、刘华清等领导同志诞辰周年座谈会上，反复要求全党学习老一辈革命家“求真务实”的精神和作风，弘扬党的优良传统。

---

① 习近平：《之江新语》，浙江人民出版社 2007 年版，第 132 页。

② 《习近平谈治国理政》第 1 卷，外文出版社 2018 年版，第 400 页。

③ 《习近平关于协调推进“四个全面”战略布局论述摘编》，中央文献出版社 2015 年版，第 151 页。

坚持求真务实的工作方法为落实求真务实导向提供实践检验，是否坚持求真务实精神还需要在具体工作中进行检验落实。2004 年 2 月，习近平同志在浙江省部级主要领导干部研究班上发表讲话，专门指出要弘扬求真务实精神，建立和完善干部考核体系，“使勤政为民、求真务实的干部得到褒奖，使好大喜功、弄虚作假的干部受到惩戒，树立正确的用人导向”[①]。党的十八大以来，习近平总书记在反对“四风”问题上拓展了对坚持求真务实精神的实践思考，提出了在“真抓实干”上的具体工作要求。对此，习近平总书记鲜明指出，干部的工作有没有新面貌，有没有新气象，“并不在于制定一打一打的新规划，喊出一个一个的新口号，而在于结合新的实际，用新的思路、新的举措，脚踏实地把既定的科学目标、好的工作蓝图变为现实”，“多做打基础、利长远的事，不搞脱离实际的盲目攀比，不搞劳民伤财的‘形象工程’、‘政绩工程’”[②]；要自觉从人民利益出发，“围绕保持党同人民群众的血肉联系这一核心，深入研究如何全面贯彻求真务实的要求，进一步转变作风”[③]，要把求真务实的导向立起来，让真干假干不一样、干多干少不一样、干好干坏不一样，要“察真情、说实话，出真招、办实事，下真功、求实效，让埋头苦干、真抓实干的干部真正得到重用、充分施展才华，让作风飘浮、哗众取宠的干部无以表功、受到贬责”[④]。2018 年 12 月，习近平总书记

① 习近平：《干在实处　走在前列——推进浙江新发展的思考与实践》，中共中央党校出版社 2006 年版，第 414 页。

② 《习近平谈治国理政》第 1 卷，外文出版社 2018 年版，第 400 页。

③ 习近平：《弘扬红船精神走在时代前列》，《人民日报》2017 年 12 月 1 日。

④ 《习近平在指导兰考县委常委班子专题民主生活会时强调　作风建设要经常抓深入抓持久抓　不断巩固扩大教育实践活动成果》，《人民日报》2014 年 5 月 10 日。

主持召开中共中央政治局民主生活会，专门提出要“以求真务实作风坚决把党中央决策部署落到实处为主题”，“聚焦突出问题、紧盯关键节点，下大气力解决‘四风’问题，不能虎头蛇尾，不能搞成‘半拉子工程’，更不能搞形式走过场”①。同时，习近平总书记在“勤政务实”的好干部标准上对干部提出了“勤勉敬业、求真务实、真抓实干、精益求精，创造出经得起实践、人民、历史检验的实绩”②的实践要求，指出“关键少数”要“做到责任过硬，树立正确政绩观，发扬求真务实、真抓实干的作风”，把践行“三严三实”贯穿于全部工作生活中，养成一种习惯、化为一种境界③；在“实事求是”的思想方法上要求全党上下坚持求真务实，“在实践中认识真理、把握规律，用发展着的马克思主义指导新的实践，用新的实践丰富和发展马克思主义，努力开创事业发展新局面、马克思主义发展新境界”④。

营造求真务实的新风正气为形成求真务实导向提供有利条件。政治生态好，人心正，正气足；政治生态不好，人心涣散、弊病丛生。2016年1月，习近平总书记在十八届中央纪委六次全会上特别谈到政治生态与党员干部求真务实的关系，指出当“明规矩”名存实亡，“潜规则”大

① 《中共中央政治局召开民主生活会强调　树牢“四个意识”坚定“四个自信”　坚决做到“两个维护”勇于担当作为　以求真务实作风把党中央决策部署落到实处》，《人民日报》2018年12月27日。

② 《习近平关于全面从严治党论述摘编》，中央文献出版社2016年版，第122页。

③ 习近平：《推进党的建设新的伟大工程要一以贯之》，《求是》2019年第19期。

④ 习近平：《在纪念胡耀邦同志诞辰100周年座谈会上的讲话》，《人民日报》2015年11月21日。

行其道时，求真务实、埋头苦干的就会受到排挤，好大喜功、急功近利的就能如鱼得水[①]。因此，党中央要求，“在各级领导班子和领导干部中树立讲担当、重担当、改革创新、干事创业的鲜明导向，使政治坚定、奋发有为的干部得到褒奖和鼓励，使慢作为、不作为、乱作为的干部受到警醒和惩戒，使求真务实在全党全社会蔚然成风”；习近平总书记提出要“把干部干事创业的手脚从形式主义、官僚主义的桎梏、‘套路’中解脱出来，形成求真务实、清正廉洁的新风正气”[②]。实际上，坚决反对“四风”正是营造风清气正党风政风的直接表现，也是坚持求真务实的必然要求，形成了与求真务实导向的良性互动。2022 年 3 月，习近平总书记对中青年干部再次提出了真抓实干、务求实效的要求，强调：“业绩都是干出来的，真干才能真出业绩、出真业绩。面对新形势新任务，党员干部一定要真抓实干，务实功、出实招、求实效，善作善成，坚决杜绝口号式、表态式、包装式落实的做法。对当务之急，要立说立行、紧抓快办，不能慢慢吞吞、拖拖拉拉。对长期任务，要保持战略定力和耐心，坚持一张蓝图绘到底，滴水穿石，久久为功。要强化精准思维，做到谋划时统揽大局、操作中细致精当，以绣花功夫把工作做扎实、做到位。”[③]

---

① 习近平：《在第十八届中央纪律检查委员会第六次全体会议上的讲话》，人民出版社 2016 年版，第 14 页。

② 《习近平在十九届中央纪委四次全会上发表重要讲话强调　一以贯之全面从严治党强化对权力运行的制约和监督　为决胜全面建成小康社会决战脱贫攻坚提供坚强保障》，《人民日报》2020 年 1 月 14 日。

③ 《习近平在中央党校（国家行政学院）中青年干部培训班开班式上发表重要讲话强调　筑牢理想信念根基树立践行正确政绩观　在新时代新征程上留下无悔的奋斗足迹》，《人民日报》2022 年 3 月 2 日。

总体上，求真务实是党的光荣传统，中国创造的一个又一个奇迹、取得的一个又一个胜利，是中国共产党人脚踏实地、真抓实干干出来的，是经得起实践、人民和历史检验的实绩。习近平总书记高度重视求真务实作风在全党的保持和发扬，要求全党以纠正“四风”为着眼点，切实转变党的工作作风，在全党形成求真务实的优良生态，在全面深化改革、打赢脱贫攻坚战、科学创新、服务人民等各项工作上以求真务实的精神，“实打实、硬碰硬”“敢抓敢管、敢于担责”[①]，埋头苦干，会干实事、多干实事，“撸起袖子加油干”。

（二）以“踏石留印、抓铁有痕”的劲头善始善终

“踏石留印、抓铁有痕”是扎实改进党的作风建设的形象描述，就是使作风建设要像人踏在石头上、抓在钢铁上留有痕迹一样，留下工作印记，取得实实在在的、能够让老百姓满意的实效和实绩。反对“四风”作为党的建设新的伟大工程的重要切入点，其顽固性、反复性决定了纠正“四风”更是需要以钉钉子的精神，以“踏石留印、抓铁有痕”的劲头，驰而不息、持之以恒、善始善终、善作善成。

2013 年 1 月，习近平总书记在十八届中央纪委二次全会上，就对反对“四风”问题提出了标本兼治的要求，针对干部群众对八项规定流于形式的疑问，强调破题要下狠功夫，要“以踏石留印、抓铁有痕的劲头抓下去，善始善终、善作善成，防止虎头蛇尾，让全党全体人民来监督，

① 《习近平在湖北考察时强调　坚持新发展理念打好“三大攻坚战”　奋力谱写新时代湖北发展新篇章》，《人民日报》2018 年 4 月 29 日。

让人民群众不断看到实实在在的成效和变化”[①]。同年4月，他明确要求把反对“四风”作为党风廉政建设和夯实群众基础的切入点，从政治高度认识反对“四风”问题，再次强调要“坚定不移转变作风，坚定不移反对腐败，切实做到踏石留印、抓铁有痕，不断以反腐倡廉的新进展、新成效取信于民，确保党和国家兴旺发达、长治久安”[②]。同年6月，在全国组织工作会议上，习近平总书记要求广大党员、干部要“敢于较真碰硬，对工作任劳任怨、尽心竭力、善始善终、善作善成”[③]。同年年底，在各领域党的群众路线教育实践活动进行阶段性总结时，习近平总书记多次作出指示，要求在活动取得明显成效的基础上，“乘势而上、乘胜追击，善始善终、善作善成，努力实现作风根本好转”[④]。

可见，在党的十八大以后的开局之年，在党的群众路线教育实践活动的开始之年，习近平总书记就以高度的责任感和使命感，清醒认识到改进作风工作的持久性和艰巨性，始终把“保持力度、保持韧劲，善始善终、善作善成”作为对全党全社会的庄严承诺，并在此后的作风建设中反复提醒全党，作风建设“如果前热后冷、前紧后松，就会功亏一篑”[⑤]；“开弓没有回头箭，反腐没有休止符。我们必须保持政治定力，以强烈的历史责任感、深沉的使命忧思感、顽强的意志品质，以抓铁有痕、

① 《习近平关于党的群众路线教育实践活动论述摘编》，党建读物出版社、中央文献出版社2014年版，第64页。

② 《习近平关于全面从严治党论述摘编》，中央文献出版社2016年版，第179页。

③ 《十八大以来重要文献选编》上，中央文献出版社2014年版，第341页。

④ 《习近平在视察济南军区时强调　深入贯彻党在新形势下的强军目标　努力建设全面过硬战略预备力量》，《人民日报》2013年11月30日。

⑤ 《习近平谈治国理政》第1卷，外文出版社2018年版，第381页。

踏石留印的劲头持续抓下去”[1]，以钉钉子精神深入推进党的作风建设，坚决反对“表面上热热闹闹，实际上用形式主义反对形式主义”[2]的作风问题。

在反对“四风”工作的推进中，习近平总书记要求“抓铁有痕、踏石留印，交上作风建设合格答卷”，“把纠正‘四风’往深里抓、实里做。要密切关注新动向，不断采取新招数，坚决防止不正之风反弹回潮”[3]；在贯彻落实《中共中央政治局关于加强和维护党中央集中统一领导的若干规定》《中共中央政治局贯彻落实中央八项规定实施细则》中，要求党中央做好求真务实的表率，“要有真抓的实劲、敢抓的狠劲、善抓的巧劲、常抓的韧劲，抓铁有痕、踏石留印抓落实”[4]；在“不忘初心、牢记使命”主题教育中，习近平总书记反复要求力戒虚功、务求实效，把工作做扎实、做到位，“要善始善终、善作善成，把全面从严治党要求真正落到实处”[5]。2019 年 6 月开始的“不忘初心、牢记使命”主题教育把开展专项整治作为增强作风建设实效的重要抓手；2020 年 1 月主题教育总结大会

---

① 《习近平在中共中央政治局第二十四次集体学习时强调　加强反腐倡廉法规制度建设　让法规制度的力量充分释放》，《人民日报》2015 年 6 月 28 日。

② 《习近平在指导兰考县委常委班子专题民主生活会时强调　作风建设要经常抓深入抓持久抓　不断巩固扩大教育实践活动成果》，《人民日报》2014 年 5 月 10 日。

③ 《十八大以来重要文献选编》下，中央文献出版社 2018 年版，第 563 页。

④ 《中共中央政治局召开民主生活会　以认真学习贯彻习近平新时代中国特色社会主义思想坚定维护以习近平同志为核心的党中央权威和集中统一领导　全面贯彻落实党的十九大各项决策部署情况为主题进行对照检查》，《人民日报》2017 年 12 月 27 日。

⑤ 习近平：《在“不忘初心、牢记使命”主题教育总结大会上的讲话》，人民出版社 2020 年版，第 9 页。

上，习近平总书记指出："对突出问题进行大排查、大扫除，坚决整治落实党中央决策部署阳奉阴违、不担当不作为、违反中央八项规定精神、层层加重基层负担、领导干部配偶和子女及其配偶违规经商办企业问题，坚决整治侵害群众利益、基层党组织软弱涣散、对黄赌毒和黑恶势力听之任之甚至充当保护伞等问题，坚决整治利用名贵特产和特殊资源谋取私利问题，真刀真枪解决了党内存在的一些突出问题，攻克了一些司空见惯的顽瘴痼疾。"[①]这些专项治理的问题都是"四风"问题的具体表现，切口小、效果好，充分彰显了反对"四风"中"踏石留印、抓铁有痕、善作善成"的劲头，有效增强了党的先进性和纯洁性。

总之，"四风"问题是新时代党内不正之风的突出表现，刹住"四风"是改进党的作风的直接切入点，是树立党的威望、密切党群关系的重要着力点，也是巩固党心民心的重要途径。党的十八大以来，在以习近平同志为核心的党中央的统一部署下，党内形式主义、官僚主义、享乐主义、奢靡之风确实有了明显好转，纠治"四风"取得了显著成效；但是"四风"问题的顽固性和反复性也决定着反对"四风"、改进作风的艰巨性与复杂性，"四风"问题也开始以新的动向呈现新的问题，因此纠正"四风"不能止步。2021 年 12 月，中共中央政治局召开专题民主生活会，对党的十八大以来党的作风建设作了总结，会议指出："党的十八大以来，我们从中央政治局做起，从作风建设入手，着力纠治'四风'，解决党风存在的突出问题和弊端。今年，我们在全党开展党史学习教育，弘扬伟大建党精神，传承发扬党的光荣传统和优良作风，推动全面从严

---

① 习近平：《在"不忘初心、牢记使命"主题教育总结大会上的讲话》，人民出版社 2020 年版，第 5 页。

治党向纵深发展。我们深化整治形式主义、官僚主义顽瘴痼疾，建立基层减负常态化机制，激发基层党员、干部干事创业的积极性。经过坚持不懈努力，党风政风焕然一新，社风民风持续向好。同时，我们也要看到，‘四风’顽疾仍存在抬头隐患，形式主义、官僚主义具有顽固性和反复性，且花样不断翻新。作风建设永远在路上，任何时候都不能松懈。要坚持自我革命，以钉钉子精神贯彻中央八项规定及其实施细则、整治‘四风’、落实为基层减负各项规定，完善长效机制。中央政治局的同志要继续努力，为全党带好头、作示范。”[①]这一论述将成为今后党的作风建设的基本遵循。以高标准、严要求加强党的作风建设，这是中国共产党永葆青春活力、永远走在时代前列的精神底气。

① 《中共中央政治局召开专题民主生活会强调　弘扬伟大建党精神坚持党的百年奋斗历史经验　增加历史自信增进团结统一增强斗争精神》，《人民日报》2021年12月29日。

第四章 党性问题是改进作风的重要着眼点

习近平总书记指出："党性是党员干部立身、立业、立言、立德的基石，必须在严格的党内生活锻炼中不断增强。"党性，是中国共产党人必须具备的核心政治素质之一，也是中国共产党在百年征程中进行伟大斗争、建设伟大工程、推进伟大事业、实现伟大梦想不可或缺的重要推动力。改革开放以来，由于受到市场经济改革和思想多元化的影响，部分党员领导干部政治立场不坚定、政治敏锐性不强、政治判断力不高，在党性上出现了明显动摇，甚至是失守。党的十八大以来，在以习近平同志为核心的党中央的领导下，全党上下先后展开了多种形式的党内集中教育活动，如党的群众路线教育实践活动、"三严三实"专题教育、"两学一做"学习教育、"不忘初心、牢记使命"主题教育以及党史学习教育等。上述党内集中教育的关键之处就在于把解决党性问题作为改进作风的重要着眼点。

中国共产党人对党性问题和作风建设之间的关

系，在百年历程中经历了由浅入深、由表及里的认识发展过程。早在1921年7月，党的一大纲领规定入党的重要条件之一就是“愿成为忠实党员的人”①。这是对于党性的初步规定。中国共产党成立后不久，大力发展工人运动，实现第一次国共合作，党的组织不断壮大。需要指出的是，中国共产党诞生于积贫积弱的旧中国，新民主主义革命时期党员主要来自农民阶级。再加上大革命失败后，中国共产党开始把工作重心放在农村，因此在党员领导干部中存在主观主义、宗派主义以及党八股等方面的问题。1941年5月，毛泽东在《改造我们的学习》中指出，在革命队伍中尤其是党员领导干部中，存在着不注意客观情况的研究，“自以为是，老子天下第一，‘钦差大臣’满天飞”②。对于党内存在的突出的作风问题，毛泽东进一步强调，上述作风是党性不纯的一种表现，只有打倒上述作风，“党性才会巩固，革命

① 《建党以来重要文献选编（1921—1949）》第1册，中央文献出版社2011年版，第1页。

② 《毛泽东选集》第3卷，人民出版社1991年版，第800页。

才会胜利”[①]。由此可知，新民主主义革命时期毛泽东就已经把党性问题、作风建设上升到一个关系生死存亡的战略高度来认识，这为之后的党性教育和作风建设奠定了很好的基础。

改革开放以来，邓小平多次就党性与作风进行阐述，这一方面是对毛泽东相关重要论述的理论继承，另一方面更是结合改革开放实践所作出的理论发展。在“文化大革命”后期，为了控制混乱的局面以调整发展经济，邓小平明确指出必须实事求是地理解和贯彻毛泽东思想，强调“讲到党的作风，就是毛泽东同志提出的‘三要三不要’，这是党的原则，也是党的作风”[②]。针对林彪和“四人帮”反革命集团违反党性原则肆意进行各种形式的宗派活动，邓小平一针见血地指出：“反对宗派主义，也就是反对派性，增强党性……现在解决各地区、各部门的问题，都要从反对派性、增强党性入手，把

① 《毛泽东选集》第3卷，人民出版社1991年版，第800页。

② 《邓小平思想年编（1975—1997）》，中央文献出版社2011年版，第23页。

毛泽东同志树立的优良作风发扬起来。”[1]这一表述鲜明体现了一名无产阶级革命家的党性原则和作风标准，这为之后邓小平推动改革开放和现代化建设提供了思想条件。改革开放后，为了彻底清除“文化大革命”影响，邓小平推动了党内整风整党运动。邓小平以党性问题为抓手，以作风建设为支撑，推动了党内整风运动的深入开展；他特别强调要通过整党来解决“党内存在思想不纯、作风不纯、组织不纯的问题”，进而通过思想教育，“增强党性”[2]。

针对领导干部权力的制约和监督上存在的盲区和盲点、一些领导干部出现的违法乱纪问题，党的十三届四中全会以来，江泽民从“建立一个什么样的党、怎样建设党”这个重大任务出发，系统性地论述了党的建设问题，其中专门提出领导干部作风建设和党性问题所具有的重要示范意义和引领作用。1997 年 12 月，江泽民在全国组织工作会议上强调，党员领导干部“要树立远大的理想和坚定的

---

① 《邓小平思想年编（1975—1997）》，中央文献出版社 2011 年版，第 23—24 页。

② 《邓小平思想年编（1975—1997）》，中央文献出版社 2011 年版，第 480 页。

信念，增强党性，增强抵御各种诱惑的能力，做坚持和发扬党的优良传统和作风的模范”[①]。2000年2月，在广东省高州市领导干部开展的“三讲”教育会议上，江泽民首次从“三个代表”的角度对党性和作风建设进行了论述，指出中国共产党要始终代表中国先进生产力的发展要求、中国先进文化的前进方向、中国最广大人民的根本利益，“必须结合新的历史条件进一步从思想上、组织上和作风上把党建设好”[②]。

党的十六大以来，胡锦涛从新世纪党的建设所面临的挑战和机遇出发，结合科学发展观对党性和党的作风建设进行了全面论述。2008年9月，胡锦涛在省部级主要领导干部专题研讨班上指出：“共产党员特别是党员领导干部讲党性、重品行、作表率，既是加强党的作风建设的必然要求，也是推

① 江泽民：《论党的建设》，中央文献出版社2001年版，第284页。

② 江泽民：《论党的建设》，中央文献出版社2001年版，第381页。

动科学发展的重要保证。”[①]胡锦涛把新世纪党性教育看作是加强党的作风建设的必然要求，把它看作是推动科学发展观的重要路径，进一步提升了全党对于党性和作风建设的认识，从而把党性教育和作风建设提高到了一个新水平，为习近平总书记关于党性和党风问题相关重要论述的形成奠定了坚实理论基础。

① 胡锦涛：《在全党深入学习实践科学发展观活动动员大会暨省部级主要领导干部专题研讨班上的讲话》，人民出版社2009年版，第25页。

一、党性问题是作风问题的本质

习近平总书记指出："作风问题本质上是党性问题。"[①]这一判断明确展现了两者之间的关系。一方面，作风是党性的外在表现。党性具有抽象性的基本特征，但是这种抽象性又根据不同的时代特征和历史条件具体而丰富地表现出来。如新民主主义革命时期中国共产党人的党性就具体表现为抛头颅、洒热血等革命大无畏精神，而新时代中国共产党人的党性则具体表现为深刻领悟"两个确立"的决定性意义，增强"四个意识"、坚定"四个自信"、做到"两个维护"。无论是革命时期的大无畏精神，还是新时代的政治自觉，都体现了中国共产党人的优良作风。另一方面，党性是作风的内在依据。作风形式多种多样，内容千差万别；但万变不离其宗。一个人的作风，与他所处的家庭、社会、文化、历史等条件密切相关，而对于中国共产党而言，党的作风深刻地反映了党的性质、宗旨、立场等。

（一）党性是最大的"德"

习近平总书记指出："对领导干部而言，党性就是最大的德。"[②]并认为党员领导干部出问题，主要就是出现在"德"上、出现在党性薄弱上。

---

① 《习近平关于党风廉政建设和反腐败斗争论述摘编》，中央文献出版社、中国方正出版社 2015 年版，第 144 页。

② 习近平：《在全国党校工作会议上的讲话》，人民出版社 2016 年版，第 17 页。

由此可见，习近平总书记把“党性”等同于“德”。这是一种极具创新性的提法，深化了中国共产党人对于党性的认识和理解，拓展了“德”的范围和深度。对党性是最大的“德”应从以下几个方面理解。

一是部分党员领导干部出现违法乱纪问题的根本原因就在于党性薄弱、德行不修。改革开放以来，伴随国门的打开和市场经济的推进，部分党员领导干部在市场经济条件下失去了政治原则，在思想多元化环境下失去了政治敏锐性和判断力，再加上个人品德参差不齐，以至于在“糖衣裹着的炮弹中”被捕获、被围猎。2022 年 1 月，经中共中央批准，中央纪委国家监委对浙江省委原常委、杭州市委原书记周江勇严重违纪违法问题进行了立案审查调查。作为省部级领导干部，周江勇曾经主政浙江多地，政绩突出，口碑较好，但随着工作的调动和职务的升迁，他不知不觉间丢掉了初心使命，践踏了底线，逾越了红线，以至于走上了违法犯纪的不归路，归根结底是因为从思想上忘记了共产党员的党性修养和政治本色，廉洁自律意识明显丧失。对于类似问题，习近平总书记指出：“要关注党员、干部思想动态、工作表现，也要注意他们的生活作风和情趣，发现问题及时引导纠正。要完善干部考核评价和选任办法，既重能力又重品行，既重政绩又重政德，使品德端正的干部受到褒奖和重用、品行低劣的干部受到警醒和惩戒。”[①]可以看出，习近平总书记从政治高度深刻地论述了党员领导干部政德、品德对于管党治党、治国理政的重要作用，为新时代党员领导干部的品德修养和党性教育提供了一个重要遵循。只有党员领导干部品德端正、人格健全，才能涵养出坚如

① 习近平：《在第十八届中央纪律检查委员会第六次全体会议上的讲话》，人民出版社 2016 年版，第 21 页。

磐石的党性基础，才能淬炼出一名具有高尚道德情操、坚定理想信仰的共产党员。

二是党性是政治道“德”，不是社会“私德”。“德”在社会生活中有多种表现形式，从类型上分，有个人品德、家庭美德、职业道德、社会公德等，从范围上看，有公德和私德。习近平总书记所讲的“最大的德”，不是一人、一家、一行、一社会之“德”，而是中国共产党人所具有的一种政治道德、政治品质、政治立场等。这种“德”根本性地区别于个人品德、家庭美德、职业道德、社会公德等为代表的社会私德。个人品德、家庭美德、职业道德、社会公德等道德形式是个人通过自我修养，或者在学习熏陶中所形成的，充分体现个人的自由意志，不具备强制性、约束性、政治性。即使某人由于多方面原因，违背了约定俗成的社会私德，他或个人反省，或受社会谴责，但一般不会受到党纪国法的处理。与此形成鲜明对比的是，党性作为最大的德，具有鲜明的政治性、强制性、战略性等特征属性。政党作为一个具有政治意识的政治组织，是为了实现一定的政治目标、政治宗旨而建立的政治团体，那么党性不可避免地具有鲜明的政治性。2014 年 12 月，习近平总书记在中央军委专题民主生活会上指出：“把党性原则在全军牢固立起来，一个重要考虑就是要增强各级党的意识、政治意识，使遵守政治纪律、政治规矩成为全军特别是领导干部的自觉行动。”[①]党性作为最大的德，具有强制性特征。中国共产党自成立的第一天起，就是一个高度重视纪律建设的无产阶级政党。党内实行民主集中制，不允许任何党员凌驾于党组织之

①《习近平关于全面从严治党论述摘编》，中央文献出版社 2016 年版，第 81 页。

上。任何党员若违背了相关政治品德，均要依据相关党规党纪进行处理。对此，习近平总书记指出："讲政治、遵守政治纪律和政治规矩永远排在首要位置。要抓住这个纲，把严肃其他纪律带起来。"[①]党性作为最大的德，具有战略性特征。这主要体现在党性的形成，是经过慎重考虑和设定的，是经过严格程序，并被写入党章以及其他党内法规的，具有稳定性和长远性，一旦确定，轻易不会改变。要言之，党性是最大的"德"，主要是政治道德，集中体现在党的政治意识、政治立场、政治宗旨等方面，具有政治性、强制性、战略性等特征。

三是党性以德为基础，否则党性教育不过是沙上筑塔。德，外得于人，内得于己也。建党以来，中国共产党人在党性教育上始终注重品德、德性、德行等方面的因素。1939 年 5 月，毛泽东在西北青年救国会举行的模范青年授奖大会上指出，青年人要有坚定正确的政治方向："这样的青年，才是真正的模范青年。这样的道德，才算是真正的政治道德。"[②]这里毛泽东主要从青年人的角度来论述树立高尚的道德、为共产主义信仰而奋斗的政治道德的重大意义和作用，这为中国共产党关于党性教育和政治道德的生成奠定了底色。党的十八大以来，习近平总书记多次论述了个人品德、社会公德、政治道德对于党性教育的价值和作用。一是认为共产党员高尚的个人品德是党性教育的出发点。习近平总书记指出，加强个人品德就"要深入开展群众性精神文明创建活动，广泛开展社会公德、职业道德、家庭美德、个人品德教育，不断提升人民文明素养和社会文明程

① 《习近平关于严明党的纪律和规矩论述摘编》，中央文献出版社、中国方正出版社 2016 年版，第 30 页。

② 《毛泽东思想年编（1921—1975）》，中央文献出版社 2011 年版，第 232 页。

度”[①]。有利于弘扬以爱国主义为核心的民族精神和以改革创新为核心的时代精神，能够塑造新时代的爱国者、劳动者和接班人。二是认为大“德”的涵养和发展应与社会、国家、民族结合起来，融入现代化建设的伟大征途中。习近平总书记认为家庭是社会的细胞，“家庭和睦则社会安定，家庭幸福则社会祥和，家庭文明则社会文明。历史和现实告诉我们，家庭的前途命运同国家和民族的前途命运紧密相连”[②]。三是认为党性教育应该厚植大“德”。党性教育区别于一般的知识教育，具有鲜明的政治性、理论性、革命性，同其他类型的教育要求有着根本区别。党性教育要注重政治思想的熏陶、政治理论的学习、革命意识的培养等。对此，习近平总书记强调：“党校姓党，决定了党校工作的重心必须是抓党的理论教育和党性教育。领导干部到党校学习，主要任务是学习党的理论、接受党性教育。”[③]

四是党性是“德”的升华，没有“德”的升华，党性难免沦落。中国共产党成立时，作为一个无产阶级政党，从“德”的方面专门对入党条件提出了严格要求。党的一大通过的纲领规定，“愿成为忠实党员的人”[④]是成为中共党员的关键条件之一，“忠实”，即“忠诚”和“诚实”。毫无疑问，“忠实”不仅是中国共产党人的必要条件，也是几千年来中国儒家思想的核心，贯穿于中华民族文化的血脉之中，践行于每个中国人的日

① 习近平：《在深圳经济特区建立 40 周年庆祝大会上的讲话》，人民出版社 2020 年版，第 14 页。

② 习近平：《在会见第一届全国文明家庭代表时的讲话》，人民出版社 2016 年版，第 3 页。

③ 习近平：《在全国党校工作会议上的讲话》，人民出版社 2016 年版，第 13 页。

④ 《建党以来重要文献选编（1921—1949）》第 1 册，中央文献出版社 2011 年版，第 1 页。

常生活中，是每个中国人“德”的应有之义。但需要指出的是，中华优秀传统文化中的“德”、普通中国人生活中的“美德”与中国共产党人的“德”在根本性质、理论来源、内涵外延等方面是有着实质区别的，党性对“德”的升华，必须对中华传统文化中的“德”和普通中国人日常生活中的“美德”，进行创造性转化和创新性发展，用共产主义信仰和社会主义信念对其进行转化，用党的目标、宗旨、方针、路线等对其进行升华，以此不断发展党性的先进性和纯洁性。

（二）党性与人民性是统一的

正确理解党性和人民性关系是新时代处理好党群关系、干群关系的思想基础，是彰显中国特色社会主义民主政治优越性的重要路径。首先，正确理解党性与人民性的关系，有助于在理论上澄清相关论断，促进党性与人民性的和谐统一。党性和人民性的统一，归根结底反映了党和人民的关系，如果在这个问题上认识不清、处理不好，将会损害党群关系、干群关系。习近平总书记指出：“坚持党性和人民性相统一。党性和人民性从来都是一致的、统一的。”[①]可见，党性和人民性不是割裂的，也不是对立的，二者在理论渊源、实践表现上都是一致的，都是对马克思主义唯物史观的继承和发展，对群众路线的坚持与践行。因此，在理论和实践上搞清楚党性和人民性的关系，是理解马克思主义唯物史观的重要切入点，有助于澄清理论误区。

正确理解党性和人民性关系，有助于在实践上推动新时代中国特色

---

① 中共中央宣传部编：《习近平总书记系列重要讲话读本》，学习出版社、人民出版社 2014 年版，第 98 页。

社会主义各方面工作的开展。为了践行党的初心和使命，为了实现第二个百年奋斗目标和中华民族伟大复兴的中国梦，中国共产党需要调动一切积极力量致力于中国特色社会主义事业的发展。人民是历史的创造者，也是财富的生产者，只有调动人民的积极性，倾听人民的声音，让人民充分参与进来，才能充分发挥人民群众的智慧，才能为社会的发展提供最磅礴的动力。在经济建设中，为了落实党的各项经济政策，我们需要以人民的利益为根本出发点，要让人民群众有切实的获得感和幸福感。在政治建设上，要以建设中国特色社会主义民主政治为目标，充分调动人民群众的政治参与热情，让人民群众在政治参与的过程中，深刻领会新时代中国特色社会主义政治建设的内容、意义和价值，从而为建立新时代中国特色社会主义民主政治制度奠定基础，正如习近平总书记所指出的："在全面深化改革进程中，我们要积极稳妥推进政治体制改革，以保证人民当家作主为根本，以增强党和国家活力、调动人民积极性为目标，不断建设社会主义政治文明。"① 在文化建设上，正确理解党性和人民性关系，有助于发展中国特色社会主义文化、建设社会主义文化强国，体现党和人民的文化主张。习近平总书记指出："要按照立足中国、借鉴国外，挖掘历史、把握当代，关怀人类、面向未来的思路，着力构建中国特色哲学社会科学，在指导思想、学科体系、学术体系、话语体系等方面充分体现中国特色、中国风格、中国气派。"② 同时，正确理解党性和人民性关系，也有助于社会建设和生态文明建设。

---

① 习近平：《在庆祝全国人民代表大会成立 60 周年大会上的讲话》，人民出版社 2014 年版，第 20 页。

② 习近平：《在哲学社会科学工作座谈会上的讲话》，人民出版社 2016 年版，第 15 页。

需要指出的是，中国共产党在党性和人民性关系的认识上经历过一个曲折发展、艰辛探索的过程。新民主主义革命时期，中国共产党及其所领导的武装力量由弱变强、由小变大的重要原因之一，就是始终坚持党性与人民性相统一，用人民性来涵养党性，用人民性来夯实党性的基础。毛泽东从近代中国国情出发，从党情实际出发，深刻地认识到人民对于革命战争的重要作用，开创性地提出了一系列关于党性和人民性的观点。如在新民主主义革命的总路线中，毛泽东指出人民群众是新民主主义革命的动力，“中国革命要胜利必须实行一条总纲领，这就是无产阶级领导的、人民大众的、反帝反封建的革命”[①]。同时，毛泽东提出了人民群众的支持和人心向背是取得革命战争胜利的根本原因，指出：“只有这种人民战争，才能战胜民族敌人。”[②]在此基础上，毛泽东深入分析了党性和人民性的关系，总结出了党密切联系群众的作风。毛泽东认为，“我们的同志必须懂得一条真理：共产党员和党外人员相比较，无论何时都是占少数”，“中央总是叫我们密切联系群众，而不要脱离群众。所以，一切脱离群众的行为，并没有任何的根据”[③]。此时，毛泽东从新民主主义革命的实际情况出发，把党性与人民性结合起来，为新民主主义革命的胜利找到了动力之源。1947 年，针对国民党挑起内战，在重庆出版的党中央机关报《新华日报》就以宣示其人民性来彰显其代表中国最广大人民利益的政治立场。当年 1 月 11 日，《新华日报》发表《检讨与勉励》一文指出：“新华日报是一张党报，也就是一张人民的报，新华日报的党

① 《毛泽东文集》第 5 卷，人民出版社 1999 年版，第 21 页。
② 《毛泽东选集》第 3 卷，人民出版社 1991 年版，第 1041 页。
③ 《毛泽东选集》第 3 卷，人民出版社 1991 年版，第 826 页。

性，也就是它的人民性。”[①]这也是党的新闻史上第一次公开表明党性和人民性是一致的。

新中国成立以后，中国共产党带领全国各族人民，进行经济恢复和全面建设的各方面工作。在此过程中，党和国家领导人主要从国家建设角度对人民性进行了论述，如毛泽东提出：“中国教育史有人民性的一面”[②]。但1957年之后，尤其是“文化大革命”期间，由于林彪和“四人帮”反革命集团在党性和人民性关系上刻意歪曲、断章取义，使党性和人民性之间的关系出现了裂痕。改革开放以后，针对社会中存在的强调民主性、人民性，弱化甚至边缘化党的领导问题，邓小平清醒认识到把民主、人民性同党的领导对立起来的错误，提醒全党“在党性和人民性的问题上提出违反马克思主义的说法”，“是目前思想界比较突出的问题”[③]。

党的十八大以来，习近平总书记突出强调了党性和人民性相统一的重要论断，这不仅具有重大的理论意义，而且具有重大的实践指导作用。早在党的十八大之前，习近平同志已经对党性和人民性进行了初步思考，指出：“我们强调的党性，包含着人民性的深刻内涵。我们党是代表人民利益的党，她没有独立于人民利益的自身利益。但我们党既代表人民的眼前利益，也代表人民的长远利益；既代表人民的局部利益，也代表人民的全局利益；党的路线、方针、政策，党对每一件事情的看法和主张。应该说就是人民愿望、要求的充分体现，就是人民的看法和主张。”[④]这

---

① 蒋建国主编：《凝聚在共同理想和信念的旗帜下》，人民出版社2013年版，第93页。

② 《毛泽东文集》第7卷，人民出版社1999年版，第398页。

③ 《邓小平文选》第3卷，人民出版社1993年版，第42页。

④ 习近平：《摆脱贫困》，福建人民出版社1992年版，第63页。

一时期关于党性和人民性关系的初步论述和思考，为党的十八大以来习近平总书记对党性和人民性的重要论述奠定了理论基础。党的十八大以来，习近平总书记在治国理政的实践中，在全面从严治党的过程中，对党性和人民性之间的关系进行了系统而深入的思考，开拓性地提出了一系列论断。2013 年 8 月，习近平总书记在全国宣传思想工作会议上强调党性和人民性从来都是一致的、统一的。习近平总书记关于党性和人民性的论述是对马克思主义的继承和发展，是新时代马克思主义中国化最新理论成果的重要内容，这对于正确认识新时代党性和人民性之间的关系起到积极作用。

习近平总书记关于党性和人民性的重要论述不仅在全党引起了热烈的讨论，而且受此影响，各行各业中涌现了一大批能够把党性和人民性结合起来的先进典型。黄大年就是其中一个典型代表。作为一名共产党员，作为一名地质科学家，黄大年自学生时代起就树立了为党、国家和人民奉献一切的远大目标。黄大年在被国家选派到英国留学前夕就立下“振兴中华，乃我辈之责”的宏大志向，他常说：“我是国家培养出来的，我的归宿在中国。”他能够自觉把个人理想和国家发展融为一体，毅然放弃国外优越条件回到祖国。归国 7 年多，黄大年承担起多个国家级课题攻关团队，围绕深海探测和开发协同攻关，在诸多“卡脖子”的关键技术上取得了重大突破，使中国能够在这一领域占有一席之地。难能可贵的是，黄大年不仅在科研上取得了显著成绩，而且始终把培养年轻人才放在重要地位。回国后，他担任吉林大学教授、博士生导师，同时，他还主动要求担任吉林大学本科层次“李四光实验班”的班主任，自掏腰包给班级学生购买笔记本电脑，言传身教，诲人不倦。他以崇高的爱国情怀、强烈的敬业精神、深厚的学术造诣和高洁的道德品行，赢得学校师生、科研同事和社会各方面广泛赞誉。习近平总书记在对黄大年先进事迹作出重要指示时强调，我们要以黄大年同志为榜样，学习他的家国情怀，学习他的敬业精神，学习他的高尚情操[①]。为此，中共中央追授黄大年同志为“全国优秀共产党员”称号。

如何做到党性和人民性相统一，这不仅是一个思想问题，还是一个政治问题。具体而言，应坚持以下三方面的原则和要求。一是在思想上应对党性和人民性的关系进行系统全面的理解，不能把两者割裂开来，更不能把两者对立起来。任何把两者割裂开来和对立起来的认识和理解都是危险的，都会对工作产生消极影响。二是在行动上应积极贯彻落实党性和人民性相统一的重大论断。党性在行动上的贯彻落实，关键应体现在深刻领悟“两个确立”的决定性意义，增强“四个意识”、坚定“四个自信”、做到“两个维护”，在行动上始终以党的方针、路线、政策为指导，任何时刻都应坚决维护党的利益，敢于同侵犯党的利益、违背党的宗旨的言行作斗争。同时，人民性在行动上的贯彻落实，关键应在工作上做到“以人为本”，始终把人民利益放在首位，积极践行“权为民所用，情为民所系，利为民所谋”的理念，始终以人民满意不满意、人民答应不答应为标准，切实增强人民的幸福感和满意度。三是在制度上应建立起一套能够保障党性和人民性相统一的制度体系。制度是治国安邦之本。只有建立起相应的制度体系，才能使相关方针、政策、路线行稳致远，才能保证相关方针、政策、路线能够从中央到地方贯彻落实，不至于走样变形。

---

① 《中共中央关于追授黄大年同志“全国优秀共产党员”称号的决定》，《人民日报》2017 年 7 月 24 日。

由此观之，习近平总书记关于党性和人民性相统一的重要论述，不仅具有重要的理论意义，还具有重大的现实价值，对于新时代中国共产党人正确处理党群关系、夯实党的执政基础、改进党的作风具有根本指导作用。

（三）党性是干部立身、立业、立言、立德的基石

《左传·襄公二十四年》谓："豹闻之：'太上有立德，其次有立功，其次有立言'，虽久不废，此之谓三不朽。"古人的"三不朽"虽具有阶级上的局限性，但体现了古人对立德、立功、立言的永恒追求。党的十八大以来，习近平总书记对优秀传统文化进行创新性继承和创造性转化，提出了"党性是干部立身、立业、立言、立德的基石"这一重要论断，高度重视党员领导干部党性问题。

早在地方工作期间，习近平同志就详细阐述党员领导干部的党性对于具体工作的重要指导作用。他在《换届考验领导干部的党性》这篇文章中指出，相关党政机关换届选举必然涉及很多领导干部的进退留转，"这是对领导干部党性观念和责任意识的一次重要考验"①。习近平同志认为，党员领导干部需要切实提高党性认识，从大局出发，从全局着眼，做到不管在什么工作岗位，都能够发光发热。但是，一段时期以来，部分党员领导干部在党性修养上出现了偏差和弱化，在多元思想的冲击下，部分党员领导干部放松了对自我要求，降低了政治标准，党性不强是部分党员领导干部出现违法乱纪问题的重要原因。习近平总书记指出："这些年，一些地方和部门自由主义、分散主义、好人主义、个人主义盛行，

---

① 习近平：《之江新语》，浙江人民出版社2007年版，第228页。

有的是搞家长制、独断专行，以至于一些人不知党内政治生活为何物，是非判断十分模糊。”[①]这些问题在本质上是部分党员领导干部的党性出现了问题，从整体上来看，是党的先进性、纯洁性没有得到很好的彰显，这是党的建设缺失、党的领导弱化、作风建设不力的必然结果。

党的十八大后，在推进党的作风建设过程中，习近平总书记多次论述党性对于党员领导干部的重要作用。习近平总书记强调：“讲规矩是对党员、干部党性的重要考验，是对党员、干部对党忠诚度的重要检验。”[②]大量的案例表明，党内不正之风、党员干部的违法乱纪行为都不是一下子冒出来的，而是一点一滴积累起来的。在这个过程中，党性就起到了重要的作用，如果党性较强，就可以在关键时刻防微杜渐；反之，则会像“温水煮青蛙”一样造成不良结果。2015 年 9 月，在“三严三实”专题教育中，习近平总书记指出：“能不能正确对待、自觉接受党和人民监督，是衡量领导干部党性修养水平的一个重要尺度。”[③]因此，习近平总书记从立身、立业、立言、立德的高度强调党性问题。

党性是干部立身、立业、立言、立德的基石。一是党性为干部立身提供思想基础。习近平总书记从新时代党的建设总要求出发，要求党员、干部要加强党性和自身修养。他指出，“营造良好从政环境，要从人抓起，从人做起，也就是要从各级领导干部首先是高级干部做起。领导干部要

---

① 《习近平关于党风廉政建设和反腐败斗争论述摘编》，中央文献出版社、中国方正出版社 2015 年版，第 46—47 页。

② 《习近平关于严明党的纪律和规矩论述摘编》，中央文献出版社、中国方正出版社 2016 年版，第 8 页。

③ 《习近平关于全面从严治党论述摘编》，中央文献出版社 2016 年版，第 205 页。

坚守正道、弘扬正气，坚持以信念、人格、实干立身”[①]。中国共产党在中国革命、建设、改革中形成的以伟大建党精神为源头的中国共产党人精神谱系，为党员领导干部立身提供了最好的精神食粮。二是党性为干部立业提供思想动力。立业，不是指个人功名事业，而是指为实现第二个百年奋斗目标和中华民族伟大复兴的中国梦而进行的中国特色社会主义事业，是在党的领导下，在全国各族人民的奋斗下，在各级党员领导干部的以身作则、以身示范下所开创的新时代伟大事业。这是一个前所未有的伟大事业，需要付出前所未有的努力，需要广大党员领导干部具有创业、立业的思想动力。而这一思想动力之源就是党性。只有在党性的引领下，这个事业才能够行稳致远。三是党性为干部立言提供价值体系。习近平总书记所指出的“立言”，主要是指党言、党语，是政治性语言，是体现中国共产党人党性的语言。作为一名党的领导干部，在任何时间、任何场合都要有鲜明的党性原则，不能口无遮拦，更不能信口开河，不能违反党的政治纪律和政治规矩，必须心有所戒、行有所止、言有所向。党员领导干部只有把言论建立在党性基础之上，把党性作为言论的价值准则，才能经受住历史考验，经受住政治检验。四是党性为干部立德提供信仰支撑。党员领导干部的品德是立身、干事的前提和基础。如果没有良好的品德作为支撑，就难以成为一名合格的中国共产党员，更不用说是成为一名优秀的党的干部。中国共产党干部选拔任用中“德才兼备、以德为先”的“德”，不仅仅是个人的私德，同时也包括大德、公德等政治品德，党性作为政治品德的重要组成部分，为党员

① 《习近平关于严明党的纪律和规矩论述摘编》，中央文献出版社、中国方正出版社2016年版，第98页。

领导干部立德提供了信仰支撑。

领导干部有了立身、立业、立言、立德的党性基石，党的作风建设就有了不断推进的决定性动力，领导干部的作风问题就有内在约束，这一内在约束转化为外在行为，就突出地表现在全心全意为人民服务的行动自觉。

二、衡量党性强弱的根本尺子——公与私

党性不是虚无缥缈、不能把握的，党性需要并且必须接受衡量。公与私，应成为衡量党性强弱的根本尺子。2013 年 9 月，习近平总书记在参加并指导河北省委常委班子专题民主生活会时指出："在作风问题上，起决定作用的是党性。衡量党性强弱的根本尺子是公、私二字。"[①] 习近平总书记关于衡量党性强弱的论述为新时代推进党的作风建设和党员领导干部正确处理公私关系提供了重要标准。

（一）权力姓公不姓私

权力具有阶级性，不同阶级政党的权力具有不同属性。历史上一切剥削阶级政党的权力都是为了剥削阶级所服务，都是与人民背道而驰的，因此都是姓私的。以资产阶级政党为例，资产阶级政党权力所建立的经济基础是资本主义私有制，资产阶级政党权力正是为了维护资本主义制度，维护资本主义私有制。资产阶级通过革命后建立的国家，使资产阶级政党权力实现了合法化。这种权力一经产生，就注定带有剥削性、压

① 《习近平关于党的群众路线教育实践活动论述摘编》，党建读物出版社、中央文献出版社 2014 年版，第 38 页。

迫性，势必会与人民的意志相违背，势必会遭到无产阶级的反抗。

作为无产阶级政党，中国共产党既是中国工人阶级的先锋队，同时是中国人民和中华民族的先锋队，其权力不同于其他一切剥削阶级政党，而是具有人民属性，姓公不姓私。中国共产党的权力来自人民。毛泽东曾经明确指出，“人民要解放，就把权力委托给能够代表他们的、能够忠实为他们办事的人，这就是我们共产党人。我们当了人民的代表，必须代表得好”[①]。党的十八大以来，习近平总书记从战略高度和全局角度对权力和人民关系进行了多次论述。2014 年 9 月，习近平总书记在庆祝全国人民代表大会 60 周年大会上的讲话中指出，“我们必须坚持人民通过人民代表大会行使国家权力；各级人民代表大会都由民主选举产生，对人民负责、受人民监督”[②]。民主集中制下的人民代表大会制度作为政体，鲜明地体现了人民在国家政治生活中的地位，充分彰显了人民是国家的主人，有力证明了权力的人民性。2015 年 2 月，习近平总书记在省部级主要领导干部学习贯彻党的十八届四中全会精神全面推进依法治国专题研讨班上发表了重要讲话，他指出：“各级党政组织、各级领导干部手中的权力是党和人民赋予的，是上下左右有界受控的，不是可以为所欲为、随心所欲的。”[③]由此可见，习近平总书记继承和发展了党的权力由人民赋予的思想，进一步明确了党员领导干部权力受到监督和限制的要求。习近平总书记关于权力来自人民的重要论述彰显了权力姓公不姓私的根本原因，体现

---

① 《毛泽东军事文集》第 3 卷，中央文献出版社 1993 年版，第 12 页。

② 习近平：《在庆祝全国人民代表大会 60 周年大会上的讲话》，人民出版社 2014 年版，第 8 页。

③ 《习近平关于严明党的纪律和规矩论述摘编》，中央文献出版社、中国方正出版社 2016 年版，第 59 页。

了党的权力来自人民、为了人民的根本要求，正确认识人民赋予权力的公私关系，对于党员干部树立正确的公私观、权力观都有着重要指导作用。

与此同时，习近平总书记还多次论述了中国特色社会主义公私观，指出："作为党的干部，就是要讲大公无私、公私分明、先公后私、公而忘私，只有一心为公、事事出于公心，才能坦荡做人、谨慎用权，才能光明正大、堂堂正正。"[①]这一论述明确了党员领导干部树立正确公私观的具体内涵。一是大公无私。新中国成立后，关于如何处理好党员的公私问题上，毛泽东曾有过精彩论述，他指出："个人利益服从集体利益，暂时利益服从长远利益，局部利益服从全局利益。我们要教育人民，不是为了个人，而是为了集体，为了后代，为了社会前途而努力奋斗。"[②]中国共产党是一个全心全意为人民服务的政党，是把为人民谋幸福、为民族谋复兴作为初心使命的政党，把人民的利益、集体的利益、国家的利益放在第一位是正确公私观的应有之义。二是公私分明。党员不仅是党组织的一员，也是家庭、社会的一分子。党员不仅要有信仰和激情，也需要一定的物质生活保障，以更好的精力投入到工作中去。因此，党员合理的生活需要是应该得到满足的，关键是党员干部需要处理好党组织、国家、集体的利益和个人利益之间的关系，应在公私问题上做到泾渭分明。三是先公后私。公和私是不矛盾的，两者之间是可以和谐共生的。但是这并不意味着两者没有先后顺序，也并不意味着两者没有主次之分。对于党员而言，在处理公和私的问题上，应该把党和国家、集体

① 《习近平关于党的群众路线教育实践活动论述摘编》，党建读物出版社、中央文献出版社 2014 年版，第 39 页。

② 《毛泽东思想年编（1921—1975）》，中央文献出版社 2011 年版，第 894 页。

的利益放在前面，把个人利益放在后面。四是公而忘私。中国共产党是实现中华民族伟大复兴的领导力量，各级党员领导干部应以理想、信仰来激励自己，以民族伟大复兴为己任，从而达到公而忘私、公而忘我的境地。

权力姓公不姓私，权力为民不为己，这在“七一勋章”获得者李宏塔身上得到了最好的体现。李宏塔的祖父李大钊是党的创始人，父亲李葆华曾担任安徽省委第一书记和中国人民银行行长。作为革命先烈的后代，李宏塔自小就受到革命家风的熏陶。他作为革命先烈后代不管是在家中还是在社会上，都能够安贫守道、一心为公，始终过着清贫简朴的生活。李宏塔中学毕业后进工厂做过一段时间的工人，后来被推选读了安徽的一所大学。在组织安排工作时，李宏塔有多种选择，但是他最终进入安徽省民政厅工作。因为他认为这样能距离老百姓最近，能够经常走进老百姓家庭，能够为贫困家庭带来帮助。一句话，民政工作既可以为党和政府分忧，又可以为困难百姓解愁。自此，李宏塔开始了长达近30年的民政工作。在安徽省民政厅工作期间，李宏塔经常轻车简从，不打招呼，直接深入贫困地区和困难群众家中，进行调研和现场开展工作，及时解决老百姓的困难。粗略统计，他平均每年有近一半的时间都在基层调研和开展工作。在单位里，李宏塔也是一位“特立独行”的领导。比如，作为厅级领导干部，按照相关规定，他有专车接送，但他一年四季都是骑着一辆自行车去上班，一直到了临近退休，才换成了一辆电动车。又如，单位曾组织多次建房和分房，从各个方面而言，李宏塔都有机会获得一套改善型住房，而不必一家人挤在不足60平方米的老旧房子里。作为单位领导，李宏塔每次都把单位其他同事的住房需要放在前面。再如，李宏塔从来没有利用权力为自己谋取过更高一级的职位，而是一直专注于安徽省民政厅的工作，善始善终，恪尽职守[①]。由此可见，作为一位普通的中国共产党党员，李宏塔用自己一生的行动，彰显了一位优秀共产党员的坚定信仰和为民情怀，践行了中国共产党人的权力观。

科学认识公与私的关系是正确使用人民赋予权力的基础和前提，能否树立正确的公私观、权力观是党员、干部党性强弱的重要体现。党员、干部党性强，就能够公私分明，先公后私，正确使用权力、敬畏人民赋予的权力；党性弱，就会公私不分甚至私先公后，滥用权力。因此，正确认识公私性质和公私关系是衡量党性强弱的重要标准。党员、干部对公私关系的正确认知不仅要树立，还要树牢。对此，习近平总书记深刻指出："党性不可能随着党龄的增加而自然增强，也不可能随着职务的升迁而自然增强，必须在严格的党内生活锻炼中不断增强。"[②]这说明要经过党性的淬炼形成党员干部良好的思想作风、工作作风、生活作风等，正确的公私观、权力观必须通过党性淬炼和作风建设在党员、干部心中扎根践行，才能够深刻领悟"两个确立"的决定性意义，增强"四个意识"、坚定"四个自信"、做到"两个维护"。

（二）树立正确的义利观

党员干部有了对权力来源和公私关系的正确认识，才能够树立正确的义利观；而正确义利观的形成与生根又能够使党员、干部提升党性修养，更好地行使权力，扭转党内权钱交易、权权交易等不正之风。

① 《守初心　严家风——记安徽省政协原副主席李宏塔》，《人民日报》2019年8月22日。

② 习近平：《在纪念朱德同志诞辰130周年座谈会上的讲话》，人民出版社2016年版，第8页。

党的十八大以来，习近平总书记在不同场合对党员、干部的义利观进行了多次论述，这些论述都是关于党的作风建设论述的重要组成部分。2013年9月，习近平总书记在参加并指导河北省委常委班子专题民主生活会时指出："作为共产党员，作为党的干部，只有一心为公，事事出于公心，才能有正确的是非观、义利观、权力观、事业观，才能把群众装在心里，才能坦荡做人、谨慎用权，才能光明正大、堂堂正正。"[①]2017年10月，习近平总书记在党的十九大报告中从人类命运共同体的角度对义利观进行了阐述，他指出，"中国人民的梦想同各国人民的梦想息息相通，实现中国梦离不开和平的国际环境和稳定的国际秩序。必须统筹国内国际两个大局，始终不渝走和平发展道路、奉行互利共赢的开放战略，坚持正确义利观"[②]。习近平总书记对义利观、权力观的重要论述构成了新时代义利观的重要内容，对于加强党性修养、推进作风建设都有着重要意义。

新时代义利观不是无源之水、无本之木，是在中国传统义利观基础之上发展而来的。早在春秋时期，孔子就说道："君子喻于义，小人喻于利。"这为后世千百年来中国传统义利观的形成奠定了基础。西汉史学家司马迁通过对历史的全面梳理以及对人性的深刻洞察，发出了"天下熙熙，皆为利来；天下攘攘，皆为利往"的感慨。总体而言，传统义利观已经意识到义和利是人不可或缺的，两者共同统一于社会经济发展之中。特别是在农业社会中，在士、农、工、商顺序排列的社会中，"义"更被

① 《习近平关于党的群众路线教育实践活动论述摘编》，党建读物出版社、中央文献出版社2014年版，第38页。

② 《习近平谈治国理政》第3卷，外文出版社2020年版，第20页。

赋予了道德价值和推崇地位。相比较而言，“利”字由于其功利性和世俗性，为农耕时代的士大夫们所轻视，由此而带来的则是与利益相关的市场行为受到限制。中国传统义利观深刻影响了几千年来中国历史文化的走向，成为塑造中国人品性的重要精神内核，为新时代社会主义义利观的形成提供了悠久的历史智慧和丰富的历史营养。

新时代义利观是在中国共产党成立以来党的主要领导人相关论述基础之上形成的。新民主主义革命时期，毛泽东高度重视中国共产党的思想建设，强调要对中国共产党党员进行马克思主义思想教育。毛泽东在充分肯定物质金钱对于改善民众生活重要作用的同时，也深刻指出了物质金钱对于精神世界的消极影响，正如白求恩在《创伤》一文中所说，金钱就象贪得无厌的莫洛克神，追逐利润，报酬，不择一切手段，为满足它的贪欲，那怕屠杀千百万人民也在所不惜。1949 年 3 月，毛泽东在党的七届二中全会上鲜明指出：“可能有这样一些共产党人，他们是不曾被拿枪的敌人征服过的，他们在这些敌人面前不愧英雄的称号；但是经不起人们用糖衣裹着的炮弹的攻击，他们在糖弹面前要打败仗。我们必须预防这种情况。”[①]改革开放之初，邓小平从革命精神和物质利益的角度对共产党员的利益观进行了论述，他指出：“革命精神是非常宝贵的，没有革命精神就没有革命行动。但是，革命是在物质利益的基础上产生的，如果只讲牺牲精神，不讲物质利益，那就是唯心论。”[②]伴随着社会主义市场经济的发展和改革开放的推进，江泽民提出：“要正确认识和处理各种利益关系，把个人利益与集体利益、局部利益与整体利益、当前

① 《毛泽东选集》第 3 卷，人民出版社 1991 年版，第 1438 页。
② 《邓小平思想年编（1975—1997）》，中央文献出版社 2011 年版，第 202 页。

利益与长远利益正确地统一和结合起来，努力形成把国家和人民的利益放在首位而又充分尊重公民个人合法利益的社会主义义利观。”[①]新世纪以来，面对“四大考验”“四大风险”，中国共产党更加重视党风廉政建设和反腐败斗争，针对一些党员领导干部违法乱纪问题，胡锦涛指出，“在新的形势下，广大共产党员特别是党的各级领导干部要加强道德修养，树立正确的义利观、荣辱观、道德观、人生观”[②]。总之，中国共产党人对义利观的论述为新时代社会主义义利观的形成奠定了理论基础和方向指南。

在实现中华民族伟大复兴的进程中，习近平总书记要求共产党员必须树立正确的义利观。树立正确义利观：一是要深入学习贯彻习近平新时代中国特色社会主义思想，尤其是要全面把握习近平总书记关于新时代社会主义义利观的重要论述，切实弄懂搞清，切实外化于行，内化于心。二是要坚持以人民为中心。中国共产党的宗旨是全心全意为人民服务，和中国共产党的初心使命是一致的。党员、干部要在工作中践行群众路线，坚决做到一切为了群众，一切依靠群众，从群众中来，到群众中去，以群众满意、拥护、赞成、幸福为最高标准和最终目标。三是要做到物质追求与精神追求相统一。共产党员如果只强调精神追求，不强调物质追求，是违背现实生活的，但只有物质追求没有精神追求，这与党性要求是明显不符的。因此，树立正确的义利观就是要把党员的物质追求和精神追求相统一，以精神追求引领物质追求，以物质追求保障精神追求。

总体上，共产党人要从思想建设、工作实践、目标手段等方面树立

---

① 《江泽民文选》第 3 卷，人民出版社 2006 年版，第 92 页。
② 《胡锦涛文选》第 1 卷，人民出版社 2016 年版，第 498 页。

正确的义利观，以此涵养党性，把正确的义利观融入自我党性要求和个人作风中，决不损人利己、损公肥私、巧取豪夺、见利忘义等。唯有如此，广大党员、干部才能在行动中展现出极强的党性修养，自觉主动践行党的宗旨，展现党的良好风貌。

（三）坚决反对特权思想和特权现象

特权是一种历史现象。自人类进入阶级社会后，特权就一直存在。奴隶制度是维护奴隶主阶级特权的制度，封建制度是维护地主阶级特权的制度，资本主义制度是维护资产阶级特权的制度。马克思主义认为，剥削制度是产生特权现象的根源，只有消灭剥削制度、建立没有阶级压迫的共产主义制度才能从根本上消除特权。共产主义制度由于消除了生产资料的私有制，实现了人的全面解放，所以不存在任何形式的特权思想和特权现象。同时，特权又是一种社会现象，与一定时期的社会制度，与一定人员的职务、收入、权力等紧密相关。当上述制度、职务、收入、权力同公平公正相背离，同监督制约相违背，则易于导致特权思想的产生和特权现象的出现。

特权思想和特权现象是同中国共产党的性质、宗旨和目标相违背的。《中国共产党章程》明确规定："中国共产党党员永远是劳动人民的普通一员。除了法律和政策规定范围内的个人利益和工作职权外，所有共产党员都不得谋求任何私利和特权。"[①]党章作为党的总章程和根本大法，在党内具有根本性指导地位。任何党员和党组织都应严格遵守党章，不得同党章相违背，否则将要受到相应处理。党章关于"所有共产党员都不

---

① 《中国共产党章程》，人民出版社 2022 年版，第 14 页。

得谋求任何私利和特权”的规定，是党的性质、宗旨的具体体现。中国共产党是中国工人阶级的先锋队，同时是中国人民和中华民族的先锋队。从诞生之日起，为了实现国家独立、人民解放、国家富强、人民幸福，中国共产党进行了艰苦卓绝的努力，并赢得了人民的支持和拥护。对此，习近平总书记指出，“中国共产党之所以赢得人民群众拥护和支持，就因为我们党始终坚守为中国人民谋幸福、为中华民族谋复兴的初心和使命”①；“要坚决反对特权思想、特权现象，保持对人民的赤子之心”②。

特权思想是滋生不正之风乃至腐败问题的“温床”。习近平总书记指出：“反腐倡廉建设，还必须反对特权思想、特权现象……党的十八大强调，各级领导干部决不允许搞特权。为什么要突出提出这个问题？就是因为群众对我们一些干部搞特殊、要特权意见很大。”③一段时期以来，党内部分领导干部公款吃喝、公款旅行，奢靡之风触目惊心，还有部分领导干部在医院病房紧张的情况下住院靠打招呼不排队，部分领导干部在子女教育就业方面享受特权，可以跨学区优先选择学区房等。上述问题看似小事，实则小事不小，其深层次原因就在于党员领导干部党性不强，党的性质宗旨意识不明确，没有把党的规章纪律等放在心上。千里之堤，溃于蚁穴。党的十八大以来，无数的案例警示我们，众多违法违纪乃至身陷囹圄的党员、干部，最初都是从看似不起眼的身边小事开始

---

① 《习近平关于“不忘初心、牢记使命”论述摘编》，党建读物出版社、中央文献出版社2019年版，第21页。

② 《习近平在十九届中央纪委二次全会上发表重要讲话强调　全面贯彻落实党的十九大精神　以永远在路上的执着把从严治党引向深入》，《人民日报》2018年1月12日。

③ 《习近平关于全面从严治党论述摘编》，中央文献出版社2016年版，第177页。

的，经过了一个从违纪到违法、最后到犯罪的过程。究其原因，特权思想是其根源之一。

特权思想和特权现象是最为人民群众所痛恨的。一是中国自古就有不患寡而患不均的思想，虽具有一定的局限性，但也表明了中国的老百姓对公平正义的向往，为历朝历代统治者所重视，并由此形成天下为公的理想社会追求。二是这一思想和现象在本质上是同社会公平相违背的，是同人民群众的利益相违背的，是以损害人民群众的利益为代价的，是遭到人民群众唾弃和反对的突出问题。特权思想和特权现象任由其发展下去，必然导致党和政府脱离人民群众，最终可能导致亡党亡国的后果。“坚决反对特权”中的“坚决”二字深刻教训与警示，一旦特权大行其道，则腐败愈演愈烈，必然失信于民，最终必然亡党亡国，这是历史的铁律。因此，习近平总书记反复强调向特权思想和特权现象鲜明亮剑，采取一系列有力措施整治特权现象、规范权力运行，取得了明显成效。

总之，中国共产党人应树立正确的权力观，切实把权力用到为民造福、为党排忧、为国解难上来，由此方可提升各级党组织的党性觉悟，涵养党员领导干部的党性意识，从而使党员领导干部始终保持公仆情怀，始终做到全心全意为人民服务，“坚决防止领导干部成为利益集团和权势集团的代言人、代理人”[①]。

---

① 习近平：《高举中国特色社会主义伟大旗帜　为全面建设社会主义现代化国家而团结奋斗》，人民出版社 2022 年版，第 69 页。

三、党性教育是共产党人修身养性的必修课

中国共产党之所以能够长期保持先进性、纯洁性，离不开共产党人的党性修养，党性教育问题是党性修养的重中之重，是党性修养的核心。回顾历史，中国共产党历来重视加强党性教育，1939 年 5 月，陈云在中共中央机关刊物发表文章《怎样做一个共产党员》，文章强调要学习马列主义，增强党性。同年 7 月，刘少奇发表长篇演讲《论共产党员的修养》，从党性高度要求教育共产党员树立共产主义世界观，在当时引起很大反响。1941 年 7 月，中央政治局通过《关于增强党性的决定》，要求全党加强党性锻炼，提高党性、培养党性。1980 年 2 月，党的十一届五中全会通过《关于党内政治生活的若干准则》，提出要坚持党性，根绝派性。1988 年 12 月，全国党员教育工作会议提出要从根本上提高党员素质，增强党性。在此后党中央召开的重大会议及下发的重要文件中不乏对加强党员党性教育的要求，党的十八大报告明确指出，要抓好党性教育这个核心。习近平总书记十分重视对党员、干部的党性教育，曾在不同场合多次强调要修养党性、加强党性教育。2015 年 12 月，他在全国党校工作会议上指出："党性教育是共产党人修身养性的必修课，也是共产党人的'心学'。"[①]要修好这一门共产党人的"心学"就要时常对照党章、以史为鉴，观照自己，同时也观照他人，时刻警惕思想蒙尘。这一论述阐明了新时代党性教育的具体实践路径。党性教育事关党员队

① 习近平：《在全国党校工作会议上的讲话》，人民出版社 2016 年版，第 17 页。

伍素质的提升，对加强党的作风建设的重要性不言而喻。

（一）筑牢拒腐防变的思想道德防线

习近平总书记鲜明指出：“思想纯洁是马克思主义政党保持纯洁性的根本，道德高尚是领导干部做到清正廉洁的基础。”[①]因此注重提升自身道德水平，加强党性修养是每个干部都应有的清晰认识。但改革开放以来，受社会主义市场经济体制的建立和西方各种思想的冲击等各方面因素的影响，党内部分领导干部出现思想滑坡，党内腐败现象滋生。这严重威胁到中国共产党长期执政的基础，也势必会影响到中国共产党的先进性和纯洁性。党的十八大以来，在以习近平同志为核心的党中央坚强领导下，坚持和发展党的全面领导，坚持党要管党，全面从严治党，在反腐败斗争方面取得了压倒性的胜利。仅以2018年党的纪检监察工作为例，中央纪委国家监委共立案审查调查中管干部68人，涉嫌犯罪移送司法机关15人，各级纪检监察机关共对52.6万名党员作出党纪处分，对13万名公职人员作出政务处分[②]。对于外逃人员，中央纪委国家监委开展了“天网”行动，仅在2018年，共追回1335名外逃人员，其中包括5名“百名红通人员”，追回赃款合计35.4亿元[③]。这宣示了中国共产党有逃必追、一追到底的决心和意志，对相关外逃人员产生了强烈震动，也对国内党员领导干部产生了强大震慑。

为什么党内会存在违法乱纪的现象，究其原因主要有三：第一，从

---

① 《习近平关于党风廉政建设和反腐败斗争论述摘编》，中央文献出版社、中国方正出版社2015年版，第141页。

② 《十九大以来重要文献选编》上，中央文献出版社2019年版，第776页。

③ 《十九大以来重要文献选编》上，中央文献出版社2019年版，第776页。

党员、干部自身来看，部分党员利欲熏心，受私有制观念影响，在分配“蛋糕”的过程中利用手中的权力为自己谋利，把自己手中的权力是人民赋予的、是用来为人民服务的这一宗旨抛之脑后，只顾自己吃喝玩乐、赚得盆满钵满，严重损害了党的形象、损害了组织的战斗堡垒作用。第二，从体制机制的健全与规范来看，在新旧体制转变的过程中，由于制度机制的不健全，监督力度不严、不够规范，一些产生贪念的党员、干部钻了法律的空子，给腐败的滋生带来可乘之机。第三，党内思想政治教育工作不力，缺乏对党员的思想教育，导致部分党员在入党后忘记了自己的理想信念，人生观和价值观扭曲，以权谋私。对于共产党人来说，马克思主义是世界观、人生观、价值观、共产主义理想信念的体现，如果人生观、价值观出现了问题，就会导致理想信念动摇，从而走上“不归路”。“贪如火，无制则燎原；欲如水，不遏必滔天”，一旦党员、干部出现了贪念，不加以遏制就会演变成侵蚀人民劳动成果的恶虫。中国华融资产管理股份有限公司原党委书记、董事长赖小民就是一个不注重党性修养，没有筑牢拒腐防变的道德防线，以至于走上违法乱纪、自取灭亡的典型案例。赖小民出身于江西革命老区的普通农户家庭，通过自己的努力，考上了江西省一所财经类高校，毕业后被分配到中国人民银行工作。刚参加工作时的赖小民，依靠自己的刻苦耐劳和扎实的专业知识，不断提升自己的业务能力。此后，赖小民被委以重任，负责担任国家新组建的中国华融资产管理股份有限公司的领导。随着职位越来越高、权力越来越大，赖小民逐渐放松了对自己的要求，没有在党性和思想道德修养上进一步提升自己，再加上由于工作的原因，赖小民越来越多地接触到身价不菲的老板，最后被他们围猎，陷入贪腐的欲望中不能自拔。

“本根不摇则枝叶茂荣。”面对因党性弱化、理想信念动摇带来的严重党风问题，习近平总书记要求筑牢思想道德的防线，特别强调“我们共产党人必须讲理想信念，要有‘革命理想高于天’的精神，始终把思想防线筑得牢牢的，始终保持共产党人的蓬勃朝气、昂扬锐气、浩然正气”①。共产党人的思想道德是和党性紧密联系的，是中国共产党保持自身先进性和纯洁性的思想基础，只有筑牢思想道德的防线，才能保持思想上的清醒、政治上的坚定，才能坚定群众立场，想群众之所想、急群众之所急，真正根植群众之中，才能从源头上遏制、从根本上防止腐败现象的发生和不正之风的形成与蔓延，才能牢固树立共产主义的共同理想，为实现中华民族伟大复兴注入力量。

加强党性修养，筑牢拒腐防变的思想道德防线，一是要加强理论武装。加强理论武装是坚定理想信念、提高理论水平、增强党性的重要基石。但党内有的党员在入党后对学习不重视、对党性教育存在误解，认为自己觉悟高，不需要学习，长此以往导致思想懒散与松懈；党员、干部平时对自己理论学习的要求不高、学习时入眼入耳却不入脑入心，有的党员甚至不想进行理论学习。这些问题就需要加强党的思想作风建设，转变对理论学习的错误认识，不断清除党员、干部思想中的灰尘杂念，形成理论学习和理论武装的政治自觉、思想自觉、行动自觉。因此重视理论学习、自觉加强理论武装，必须认真学懂弄通习近平新时代中国特色社会主义思想，做到“切实在真学、真信、真懂、真用上下功夫”②，

① 《习近平关于党的群众路线教育实践活动论述摘编》，党建读物出版社、中央文献出版社2014年版，第37页。

② 习近平：《干在实处　走在前列——推进浙江新发展的思考与实践》，中共中央党校出版社2006年版，第395页。

对思想防线上的变化始终保持高度警惕，防止思想滑坡，出现偏差，如此才能保持理论上的坚定、党性上的坚定，正如习近平总书记深刻指出的，“理论修养是干部综合素质的核心，理论上的成熟是政治上成熟的基础，政治上的坚定源于理论上的清醒”①，“政治上的坚定、党性上的坚定都离不开理论上的坚定”②。二是要始终心存敬畏之心。“心存敬畏，就是要心存对信仰的敬畏、对组织的敬畏、对法纪的敬畏、对群众的敬畏、对责任的敬畏”③；党员、干部“心里没有任何敬畏，行为没有任何底线”④，失去对组织、对群众、对法纪的敬畏，思想作风、工作作风、生活作风等就会发生腐化变质，自身的纯洁性、先进性逐步丧失，中国共产党的先进性和纯洁性也无从谈起。只有心中常怀敬畏之心，行动光明磊落，这样整个队伍的思想道德防线便就不可谓不坚固。三是要强化为民的廉洁意识。通过党的思想道德建设和党性教育，全体党员能够始终牢固树立用权为民、清正廉洁的意识，牢记为人民服务的宗旨，时刻保持对权力的警惕和敬畏之心，清醒地认识到自己手中的权力是人民赋予的，而不是自己的私权，不是用来谋私的工具，始终“坚持立党为公、执政为民，做到权为民所用、情为民所系、利为民所谋”⑤，避免出现领

---

① 《习近平关于全面从严治党论述摘编》，中央文献出版社2016年版，第67—68页。

② 《习近平关于“不忘初心、牢记使命”论述摘编》，党建读物出版社、中央文献出版社2019年版，第67—68页。

③ 《习近平关于全面从严治党论述摘编》，中央文献出版社2016年版，第113页。

④ 《习近平关于“不忘初心、牢记使命”论述摘编》，党建读物出版社、中央文献出版社2019年版，第76页。

⑤ 习近平：《之江新语》，浙江人民出版社2007年版，第212页。

导干部手中没有权时勤勤恳恳、兢兢业业，手中有权时便忘记初心与使命等现象。

总之，筑牢拒腐防变的思想道德防线是加强党性教育的基础和前提。“君子为政之道，以修身为本”，筑牢党员、干部拒腐防变的思想道德防线，要使其深刻认识到党性教育的重要作用，意识到加强自身修养的重要性，使党员、干部真正做到自觉、主动学习理论知识，接受思想教育，真正做到入脑入心。

（二）把党章作为加强党性修养的根本标准

没有规矩，不成方圆。任何组织或者团体必须都要有自己的规章制度，以规范、约束成员的行为。习近平总书记明确指出，“党章就是党的根本大法，是全党必须遵循的总规矩。在各级党组织的全部活动中，都要坚持引导广大党员、干部特别是领导干部自觉学习党章、遵守党章、贯彻党章、维护党章，自觉加强党性修养”①，强调“党性教育首先要学好党章”②，这一论述阐明了党章的重要地位以及党章对党性教育所具有的重要作用。

党章是加强党性教育、提高党性修养的根本依据。一方面，党章规定了加强党性教育、提高党性修养的基本内容。党章作为党内的根本大法和最高法典，“集中体现了党的性质和宗旨、党的理论和路线方针政策、

① 《习近平关于严明党的纪律和规矩论述摘编》，中央文献出版社、中国方正出版社2016年版，第3页。

② 习近平：《在全国党校工作会议上的讲话》，人民出版社2016年版，第18页。

党的重要主张，规定了党的重要制度和体制机制”[①]，广大党员、干部学习党章、遵守党章，就是要按照党章的要求学习党的理论，用马克思主义中国化时代化的最新理论成果武装头脑，不断提升理论水平；就是要学习党的规章制度，牢固树立制度规矩意识，形成遵守制度规矩、维护制度规矩、执行制度规矩的思想自觉。另一方面，党章规定了加强党性教育、提高党性修养的方向。党章中明确规定了党的性质和宗旨，指明了中国共产党立党为公、执政为民的建设方向，广大党员、干部要通过学习党章清醒地认识到，中国共产党是中国工人阶级的先锋队，同时是中国人民和中华民族的先锋队，代表的是最广大人民的根本利益，没有任何自己的特殊利益，在实践中、工作中要始终践行全心全意为人民服务的宗旨，用好手中的权力，做到言行一致、表里如一，切实维护党和人民的利益，提高为人民服务的本领。

党章是保证党的先进性、提升党性修养的根本依据。党章是中国共产党集体智慧的结晶，是对共产党执政规律、社会主义建设规律、人类社会发展规律的科学总结，具有一定的稳定性，其中规定的党的基本理论、基本路线、基本方略，党员的权利、义务、作风、纪律等都会保持一定的接续性，为广大党员、干部制定了行动的根本准则，能够把全党同志的思想统一起来。共产党人通过学习党章，能够做到心中有党章，始终按照优秀共产党员的标准来严格要求自己，对照党章来衡量自己的言行举止，自觉遵守和维护党章，树立党章意识，让党章成为党员的约束力，以不断进行自我完善、自我革新；能够按照党章办事，把遵守党

① 《习近平关于“不忘初心、牢记使命”论述摘编》，党建读物出版社、中央文献出版社 2019 年版，第 93 页。

章作为提升自身党性修养、形成优良作风的基本要求和根本依据，使自己在思想上、行动上朝着正确的方向前进，保持党的先进性和纯洁性。

学习党章、提升党性修养要特别坚守坚定的政治信仰。“共产党人的根本，就是对马克思主义的信仰”①，对马克思主义、社会主义和共产主义的信仰是共产党人的灵魂，是共产党人在面对各种考验时的精神支柱，是共产党人精神上的“钙”。如果没有对马克思主义的信仰、没有对社会主义和共产主义的信念，就难以对党章产生认同感，在学习过程中就难以入脑入心，正如习近平总书记所说，“没有理想信念，理想信念不坚定，精神上就会得‘软骨病’，就会在风雨面前东摇西摆”②，因此要找准精神上的向导，坚定理想信念，才不会在大风大浪中迷失方向，党章中的信仰就是前行路上的指南针。同时，学习党章、提升党性修养还需着力于具体实践中，遵守党章、贯彻党章、维护党章。学习党章是为了更好地贯彻党章，党章的学习不应只停留在书本上，只在理论上下功夫，还需要在工作中、生活中做到融会贯通，慎独慎微。学习党章、贯彻党章更要讲道德、甘奉献、勇担当。特别是作为党员、干部，只有提升思想境界才能明确自己手中的权力姓公不姓私，才能正确行使自己手中的权力。“敢于担当是党的干部必须具备的基本素质”“担当大小，体现着干部的胸怀、勇气、格调，有多大担当才能干多大事业”③，可见，干部

---

① 《习近平关于全面从严治党论述摘编》，中央文献出版社2016年版，第64页。

② 习近平：《纪念陈云同志诞辰110周年座谈会上的讲话》，人民出版社2015年版，第6页。

③ 《习近平关于全面从严治党论述摘编》，中央文献出版社2016年版，第123页。

的担当就是要有责任感和使命感，这一责任感和使命感可以在学习党章中加以强化。“‘为官一场，造福一方’，当干部的宗旨就是奉献”①，甘于奉献、不计较个人得失是每一个共产党员必须践行的宗旨，党章的明确规定就是要求广大党员、干部要讲大公无私、先公后私。广大党员、干部应敬畏党章，自发学习党章、遵守党章、贯彻党章、维护党章，把党章对党员的要求内化于心外化于行，时刻牢记自己的身份和初心，做一名甘于奉献、乐于为民服务的新时代优秀党员。

“尊崇党章是最根本、最重要的政治纪律”②，认真学习党章、遵守党章、贯彻党章、维护党章不仅是党员应尽的基本义务，也是党员加强党性修养的根本标准。加强党性教育、发扬优良作风，必须把党章作为党性教育的根本标准，使全党形成思想、行动和作风上的统一。

（三）严格落实党内生活制度

开展严肃认真的党内政治生活，是我们党的优良传统和优势。习近平总书记深刻指出：“党内生活松一寸，党员队伍就散一尺。党员、干部只有在严格的党内生活中反复锻炼，才能坚强党性、百炼成钢。”③可见，加强党性教育，形成优良党风，让党员、干部时刻不忘初心、牢记使命，需要严格落实党内生活制度，营造良好的政治生活环境，增强党内生活在党员、干部心中的存在感和仪式感，让每个党员的思想在任

---

① 习近平：《摆脱贫困》，福建人民出版社出版 1992 年版，第 57 页。

② 《习近平关于“不忘初心、牢记使命”论述摘编》，党建读物出版社、中央文献出版社 2019 年版，第 117 页。

③ 《习近平关于严明党的纪律和规矩论述摘编》，中央文献出版社、中国方正出版社 2016 版，第 45 页。

何时候都不能有所松懈，以此来强化党员干部对组织的敬畏感、对组织生活中良好党风的执行力。但是，一段时间以来，一些党组织和党员、干部并未正确认识到党内生活的重要性，党内生活不认真、不严肃，党内生活庸俗化、随意化、平淡化等问题突出。组织开展党内生活是为了对党员进行集中有效的思想教育，通过批评和自我批评，不断锤炼党性，但有的党员却认为党内生活是在浪费时间，因此对党内生活的开展嗤之以鼻或当成必须完成的政治任务而敷衍了事。在党内生活中的批评和自我批评中，一些党员、干部纯粹为了批评而批评，自我批评时不够深刻，只说自己的小毛病，未触及根本；批评他人时怕得罪他人，往往是蜻蜓点水、点到为止，“一团和气”，好人主义泛滥，使得民主生活会达不到红脸出汗的效果，流于形式。在对待利益时，有的党员唯利是图，做事只想到自己能不能从中获利，全然不把集体利益放在心上；有的干部在党内生活中以领导身份自居，认为自己高人一等，搞个人独断、家长作风。这些现象都严重损害了党的优良传统，是党内不正之风的突出表现。

党内生活出现乱象有其深层次的原因。一是在改革开放和社会主义市场经济条件下，社会思想逐渐多元化、利益诱惑更大，影响了部分党员的价值取向，一些党员、干部在名利的诱惑下逐渐丧失自我，不以党和人民的利益为重，而是以自己或者自己所在小团体的利益为先。二是部分党员不注重经常性地加强自身思想道德修养，党性意识淡薄，理想信念出现了动摇，没有清醒的政治意识，忘记了自己人民公仆的身份。三是受官本位思想影响，有的党员、干部认为自己是领导就可以凌驾于集体之上，破坏民主集中制原则，在内部搞小团体，拉帮结派，有的党员为了“义气”而进行选边站，使整个组织内部乌烟瘴气，党内生活制度无法真正得到落实。四是党内生活制度不完善，有的党组织对制度执行不到位，出现“有党员无组织”的现象，导致党员对党内生活不予以重视，心中漠视党的组织纪律，也就出现了党内生活随意化、平淡化的现象。

加强党性教育与严格落实党内生活制度是相辅相成、有机统一的。习近平总书记创造性地提出，全面从严治党要“坚持思想建党和制度治党紧密结合”，“二者一柔一刚，要同向发力、同时发力”[①]，党内生活制度是侧重于在外部环境引导的教育，而党性教育是侧重于对内在的自身思想境界的教育。严格落实党内生活制度是加强党性教育、改进党的作风的基本途径，能够定期清除党员思想上的杂质，提升党员思想境界，营造良好的政治生态环境，为党性教育提供有效的环境保障条件，制度与思想两手抓，双管齐下。严格落实党内生活制度是加强党性教育的助力器，“党内生活是锻炼党性、提高思想觉悟的熔炉。党员、干部只有在严格的党内生活中反复锻炼，才能坚强党性、百炼成钢”[②]，党内生活是提高党员思想觉悟与境界，是对党员、干部进行教育的平台，是进行思想建党的途径之一。因此严格党内生活，才能充分发挥好这一平台在党性教育中的重要作用，同时保障党性教育能够把思想脱轨的党员拉回正轨，做到“在党言党、在党忧党、在党为党，把爱党、忧党、兴党、护党落实到工作生活各个环节，敢于同形形色色违反党内政治生活原则和制度的现象作斗争”[③]。

---

① 《习近平关于全面从严治党论述摘编》，中央文献出版社2016年版，第104页。

② 《全面从严治党十讲：图解版》，人民出版社2016版，第76页。

③ 《提高党的建设科学化水平》，党建读物出版社、人民出版社2015年版，第53页。

严肃党内政治生活，确保党内生活制度落到实处，一是要纠正党内的不正思想，着力解决好党员、干部党性意识不强、宗旨意识淡化、漠视党内生活，存在“路人”心态等问题。实际上，周恩来早就说过，每个人都是普通党员，谁都要过组织生活，这是个党性问题。习近平总书记在纪念周恩来同志诞辰120周年座谈会上专门和全党说起了周恩来一生中的党性故事[①]。所以说，严格落实党内生活制度首先要让党员、干部通过党内生活重新审视自己的思想和作风，把存在这些问题的党员、干部的思想作风拉回正轨，通过党内生活锤炼党性，教育引导党员、干部筑牢理想信念之基。二是要不断健全和完善制度，同时加强对党内生活制度落实的监督力度。思想建党与制度治党，是严格落实党内生活制度的根本举措。思想建党强调加强党员的思想意识教育，制度治党强调党纪党规，二者的结合则是党性修养与政治纪律。在建立健全制度之时，加大监督力度则是使制度得到落实的重要保证。党员对党内生活的漠视来源于党员、干部对党内生活的态度不端正，作为党员、干部，有的把党内生活当成是自己的个人专场秀，有的带头敷衍了事，因此，要想使党内生活制度得到真正落实，就要加大对党内生活制度的监督力度，从党员、干部抓起，让党员、干部起到带头垂范作用，起到党内生活“风向标”作用，要求其他党员做的自己先做，要求其他党员要遵守的纪律自己也必须遵守，达到上行下效、以上率下的效果。同时，要加强制度执行规范的监督，始终贯彻民主集中制，坚持党性原则、组织纪律，以解决问题为导向。三是要增强创新意识，创新党内生活形式，以增强

---

① 习近平：《在纪念周恩来同志诞辰120周年座谈会上的讲话》，《人民日报》2018年3月2日。

党内生活的吸引力和党员凝聚力。只有创新才能激发生机与活力，党内生活也是如此。政治生活不是一成不变的，随着时代和社会的发展，党内生活形式也应与时俱进，只有这样才能为形成良好的党内生活风气提供基础，才能使党内生活形成既严肃活泼，又不缺乏纪律的生动局面。创新党内生活形式，要使党员成为党内生活的主体，要全方位激发党员的活力与创造力，充分利用丰富的网络资源或结合地方特色开展符合时代特征的党内生活活动，这样既有利于开拓视野，也有利于激发党员参与党内生活或参与党内各项事务的热情。

（四）培养干部，要抓好党性教育这个核心

党性教育是共产党人修身养性的必修课，是共产党人的“心学”。党的十八大以来，以习近平同志为核心的党中央把党性提升到新时代党的建设新的伟大工程的战略高度，高屋建瓴地指出党性对于党员、党组织和全党建设具有的极端重要作用。中国特色社会主义进入新时代，中国共产党先后在党内开展了多轮党内集中教育，以制度化、常态化的教育提高锤炼广大党员干部的党性觉悟。

一是通过党的群众路线教育实践活动增强党性。党的群众路线教育实践活动是党的十八大之后党内首次集中教育活动，以为民务实清廉为主要内容。该活动自2013年6月开始在党内全面展开，于2014年10月基本结束。2014年10月8日，在党的群众路线教育实践活动总结大会上的讲话中，习近平总书记指出，通过这次活动的开展，有助于全党不断加强理论武装，促进思想认识提高和党性增强。同时，他还认为，全党深入进行查摆剖析问题和落实整改措施，这有助于为全党提高思想认识、增强党性提供丰富的现实教材和鲜活的

真切感悟[①]。

二是通过实施“三严三实”专题教育加强党性修养。2014 年 3 月，习近平总书记在参加十二届全国人大二次会议安徽代表团审议时指出，各级领导干部都要树立和发扬好的作风，要做到“三严三实”，既严以修身、严以用权、严以律己，又谋事要实、创业要实、做人要实。他还进一步强调，“严以修身”就是要加强党性修养[②]。习近平总书记上述讲话在党内引起了热烈反响。2015 年 4 月，中共中央印发了《关于在县处级领导干部中开展“三严三实”专题教育方案》。通过“三严三实”专题教育的实施，全体党员丰富了全面从严治党的理念，加强了领导干部的党性修养，为深入推进落实新时代党的建设提供了基本遵循[③]。

三是通过推进“两学一做”学习教育锤炼党性。2016 年，中国共产党在全体党员中开展了“学党章党规、学系列讲话，做合格党员”的学习教育活动。该项活动以尊崇党章、遵守党规为基本要求，以习近平总书记系列重要讲话精神武装全党为根本任务，推动党内教育从“关键少数”向广大党员拓展，从集中性教育向经常性教育延伸。通过在党内开展“两学一做”学习教育，使广大党员党性得到了显著增强，有助于他们在各自岗位上发挥先锋模范作用[④]。对于领导机关和领导干部而言，通过“两学一做”学习教育的开展，可以作为锤炼党性的基本功和必修课，

---

① 习近平：《在党的群众路线教育实践活动总结大会上的讲话》，人民出版社 2014 年版，第 9 页。

② 《深入开展“三严三实”专题教育》，人民出版社 2015 年版，第 1 页。

③ 《深入开展“三严三实”专题教育》，人民出版社 2015 年版，第 2 页。

④ 《关于推进“两学一做”学习教育常态化制度化的意见》，人民出版社 2017 年版，第 6 页。

可以把政治能力训练和政治历练贯穿于党性锻炼的全过程[1]。

四是通过“不忘初心、牢记使命”主题教育坚定党性原则。党的十九大决定，以县处级以上领导干部为重点，在全党开展“不忘初心、牢记使命”主题教育。中国共产党百年来的初心使命是为人民谋幸福、为民族谋复兴。在新民主主义革命时期，以毛泽东同志为主要代表的中国共产党人，把马克思列宁主义基本原则同中国革命具体实践相结合，经过28年的斗争，推翻了帝国主义、封建主义和官僚资本主义三座大山，建立了新中国，实现了民族独立和人民解放，为实现中华民族伟大复兴创造了根本社会条件。社会主义革命和建设时期，中国共产党人通过“一化三改造”，实现由生产资料私有制向生产资料公有制的根本性变革，进而确立社会主义制度，这是中国几千年来最为深刻的社会变革。通过社会主义改革和建设，为实现中华民族伟大复兴奠定了根本政治前提和社会基础。改革开放和社会主义现代化建设新时期，在以邓小平同志为主要代表的中国共产党人领导下，坚持“一个中心、两个基本点”，推进了中国由站起来到富起来的伟大飞跃，这为实现中华民族伟大复兴提供充满新的活力的体制保证和快速发展的物质条件。党的十八大以来，中国特色社会主义进入新时代。以习近平同志为主要代表的中国共产党人，胜利完成第一个百年奋斗目标，开启全面建设社会主义现代化国家新征程，出台了一系列重大方针政策，推出了一系列重大举措，解决了许多长期想解决而没有解决的难题，办成了许多过去想办而没有办成的大事，推动了党和国家事业取得历史性成就、发生历史性变革。这对实

① 《关于推进“两学一做”学习教育常态化制度化的意见》，人民出版社2017年版，第12页。

现中华民族伟大复兴具有决定性意义。

五是通过党史学习教育涵养党性。习近平总书记曾鲜明指出：“要把党的历史经验作为加强党性修养的重要指引，善于运用贯穿其中的马克思主义立场、观点、方法，改造主观世界，坚定理想信念，不断提高广大党员、干部特别是领导干部的政治觉悟、思想境界、道德水平。”[①]2021 年迎来中国共产党成立 100 周年，习近平总书记指出，党史学习教育意义重大，党的历史是最生动、最有说服力的教科书，通过党史学习教育，有助于全党牢记初心使命，有助于推动中华民族伟大复兴的历史伟业，有助于坚定理想信念在新时代坚持和发展中国特色社会主义，有助于推动党自我革命永葆党的生机和活力[②]。中国共产党百年历史是涵养党性最好的素材。新民主主义革命的 28 年，中国共产党栉风沐雨、砥砺奋进，无数仁人志士抛头颅、洒热血，最终推翻了三座大山，完成了反帝反封建的新民主主义革命根本任务。这能够使广大党员在党的革命奋斗历程中夯实党性根基。新中国成立后的 70 多年来，尤其是党的十八大以来，在以习近平同志为核心的党中央的领导下，取得了惊天动地的成就，发生了翻天覆地的变化。这 70 年多年的历史，尤其是党的十八大以来新时代中国特色社会主义的历程，能够使广大党员在党史学习教育中厚植和升华党性。

党的十八大以来，中国共产党不断推进党内学习教育的常态化、制度化，全党理想信念更加坚定、党性更加坚强。党风的本质是党性，锤

---

① 习近平：《以史为鉴、开创未来 埋头苦干、勇毅前行》，《求是》2022 年第 1 期。

② 习近平：《在党史学习教育动员大会上的讲话》，人民出版社 2021 年版，第 1—9 页。

炼党性改进作风，是加强党的作风建设的治本之策。新时代党员，必须深刻认识到党性教育作为共产党人修身养性必修课的重要作用，必须自觉加强党性修养，正确理解思想认识、纪律要求和制度规则等在党性教育中的作用，始终注意提高自身的思想境界，保持共产党人对党组织的敬畏感和人民的责任感，使党的作风建设找到落地生根的内在动力。

第五章 把家风建设作为领导干部作风建设的重要内容

家风正则党风淳，党风正则国事兴。家风连着党风、牵涉民风，家风建设直接影响着领导干部的作风建设。党的十八大以来，习近平总书记十分重视家风建设，在多个场合、从不同角度对家风进行了论述。2016年12月，习近平总书记在会见第一届全国文明家庭时指出："希望大家注重家风。家风是社会风气的重要组成部分。家庭不只是人们身体的住处，更是人们心灵的归宿。家风好，就能家道兴盛、和顺美满；家风差，难免殃及子孙、贻害社会，正所谓'积善之家，必有余庆；积不善之家，必有余殃'。"[①]2016年1月，习近平总书记在第十八届中央纪律检查委员会第六次全体会议上指出："在培育良好家风方面，老一辈革命家为我们作出了榜样。每一位领导干部都要把家风建设摆在重要位置，廉洁修身、廉洁

① 习近平：《在会见第一届全国文明家庭代表时的讲话》，人民出版社2016年版，第5页。

齐家，在管好自己的同时，严格要求配偶、子女和身边工作人员。”[①]2021年1月，习近平总书记在十九届中央纪委五次全会上再次强调：“各级领导干部要带头遵守党纪国法，自觉反对特权思想、特权现象，带头廉洁治家，从严管好家属子女和身边工作人员。各级党委要加强领导干部个人事项报告情况核查。”[②]2022年1月，习近平总书记在十九届中央纪委六次全会上强调：“领导干部特别是高级干部一定要重视家教家风，以身作则管好配偶、子女，本分做人、干净做事。”[③]2022年10月，习近平总书记在党的二十大上指出要通过“加强家庭家教家风建设”[④]，进而提高人民道德水准和文明素养。这些重要论述构成了习近平总书

---

① 习近平：《在第十八届中央纪律检查委员会第六次全体会议上的讲话》，人民出版社2016年版，第12页。

② 《习近平在十九届中央纪委五次全会上发表重要讲话强调　充分发挥全面从严治党引领保障作用　确保“十四五”时期目标任务落到实处》，《人民日报》2021年1月23日。

③ 《习近平谈治国理政》第4卷，外文出版社2022年版，第551页。

④ 习近平：《高举中国特色社会主义伟大旗帜　为全面建设社会主义现代化国家而团结奋斗》，人民出版社2022年版，第44页。

记关于党的作风建设重要论述的重要组成部分，对于新时代党员领导干部的家风教育和作风建设具有根本性的指导意义。

一、领导干部的家风关系党风政风

何谓家风，家风即门风，集中反映了家庭或家族在生产生活中形成的较为稳定的价值导向、思想作风和生活准则。家风的形成需要经过一个较长的时间，家风对于家庭成员起到了潜移默化、薪火相传的作用。新时代家风，不仅对家庭成员个人具有教化引导作用，而且对社会、对国家、对民族都具有重要意义和价值。

（一）家风是社会风气的重要组成部分

新时代家风是在继承中华民族优秀家风的基础之上而形成的。家风不是一蹴而就形成的，需要通过几代人甚至是十几代人的口口相传、言传身教方得以形成。中华民族素有悠久的家风文化历史，形成了良好的家风渊源。从“修身、齐家、治国、平天下”，到“内圣外王”，再到《治家格言》“一粥一饭，当思来处不易；半丝半缕，恒念物力维艰”；传统文化积淀的宝贵家风，跨越岁月时空代代承继下来；从“忠厚传家久，诗书继世长”的楹联，到“孟母三迁”“岳母刺字”等典故，朴素崇高的家庭美德，穿越历史烟尘薪火相传，对于新时代家风的形成具有重要的启示意义。2017 年 6 月，习近平总书记在脱贫攻坚座谈会上指出：“要弘扬中华民族传统美德，勤劳致富，勤俭持家。要发扬中华民族孝亲敬老的传统美德，引导人们自觉承担家庭责任、树立良好家风，强化家庭成员赡养、扶养老年人的责任意识，促进家庭老少和顺。"[①]新时代家风继承了中华民族优秀家风。中华民族优秀家风是建立在中华民族悠久的历史文化发展的继承之上的，具有鲜明的中国作风、中国气派和民族特色。如南北朝颜之推所撰的《颜氏家训》，是中国第一部系统、完整的家训，开家训著述之先河。《颜氏家训》逻辑清晰、表述生动、内容丰富，具体涉及教子、兄弟、后娶、治家、风操、慕贤等多个方面。这为之后的历代统治者所重视，在治国理政、为人处世等方面发挥了积极作用。总之，中华民族优秀家风中所蕴含的仁、义、礼、智、信等美德构成了中国人几千年来的言行举止的基色和本色。党的十八大以来，在以习近平同志为核心的党中央的坚强领导下，全国人民在实现中华民族伟大复兴的征途上齐心协力、砥砺奋进，涌现了一批批催人泪下的感人事迹，形成了具有新阶段新特点的新时代家风的新内涵。由此观之，新时代家风既汲取了中华民族优秀家风的历史营养，又在新时代实现伟大复兴中国梦的基础之上发展了中华民族的传统家风，实现了历史和现实的有机统一。

中国共产党历来重视家风建设，并在长期革命、建设、改革的实践中逐渐形成了淳厚浓郁的共产党人的家风传统。作为新民主主义革命时期党的主要领导人，毛泽东为党内革命家风的形成奠定了基础，树立了榜样。作为来自湖南省湘潭县韶山冲的一个普通农户家庭里的孩子，毛泽东自幼就受到湖湘文化的熏陶，受到淳朴家风的影响。他的父亲毛顺生善于经营、勤劳朴实，他的母亲文七妹乐善好施、淳朴善良。在耳濡目染间，毛泽东深受家庭潜移默化的影响，自小就养成了平易近人、勤俭节

① 习近平：《在深度贫困地区脱贫攻坚座谈会上的讲话》，人民出版社 2017 年版，第 16 页。

约、乐观进取的性格。毛泽东对父母十分孝顺，他在长沙求学时，曾把父母分别接到长沙治病。在他母亲去世时，毛泽东悲痛异常，随即从长沙赶回家乡，并手书《祭母文》，以表达自己悲痛之情。毛泽东在《祭母文》中写道："呜呼吾母，遽然而死……养育深恩，春晖朝霭。报之何时，精禽大海。呜呼吾母！母终未死。躯壳虽隳，灵则万古。有生一日，皆报恩时。"①此后，毛泽东远离家乡，奔走于中国革命最需要他的地方。但毛泽东始终没有忘记父母的养育之恩。新中国成立后，1959 年 6 月，时隔 32 年后毛泽东再次回到了故乡湘潭县韶山冲。回到家乡后，毛泽东随即前去他的父母坟墓前祭扫，献上松枝一束，并恭恭敬敬地鞠躬三个。毛泽东对陪同的随行人员说："我们共产党人是彻底的唯物主义者，不迷信什么鬼神。但生我者父母，教我者党、同志、老师、朋友也，还得承认。"②"我下次来，还要去看看他们两位。"③毛泽东不仅以身作则孝敬父母，而且还以身示范教导子女。毛岸英从苏联回国后，由于长时期在苏联生活，所以他养成了苏联人说话的一些习惯，如肢体语言过于丰富。毛泽东看到后随即让他注意，并要求他改正。在工作的安排上，毛泽东也没有刻意照顾毛岸英，反而让他到乡下跟着农民学习农田耕种，以接受劳动教育，锤炼精神品质。抗美援朝战争爆发后，毛泽东同意毛岸英前去朝鲜战场，最后不幸长眠于朝鲜战场。据统计，整个革命战争期间，毛泽东一家共牺牲 6 位烈士，按照牺牲时间先后顺序，分别为毛泽建、杨开慧、毛泽覃、毛泽民、

---

① 《毛泽东早期文稿》，中央文献出版社 1990 年版，第 410—411 页。

② 逄先知、金冲及编：《毛泽东传》五，中央文献出版社 2011 年第 2 版，第 1923 页。

③ 逄先知、金冲及编：《毛泽东传》五，中央文献出版社 2011 年第 2 版，第 1923 页。

毛楚雄、毛岸英等。是什么让一个家庭在革命面前前仆后继、视死如归，我们认为，这离不开理想和信念，也离不开家教和家风。

家风作为社会风气的重要组成部分，首先源于家庭的影响。一方面，家庭是社会的基本细胞。2015 年 2 月，习近平总书记在春节团拜会上指出："家庭是社会的基本细胞，是人生的第一所学校。"[①]家庭对于社会中的每一个人都具有重要的作用。从人出生的那一刻，家庭就承担了哺育、养育的重要职能，这为人的健康成长、快乐成长打下了基础。同时家庭也是人接受教育的重要场所。家庭教育不同于学校教育，家庭教育更多的是生活习惯、言行秉性的教育。从某种意义上而言，家庭的教育更多是一种启蒙教育，推动了一个人从蒙昧无知向社会化的转变，同时也为家庭成员接受学校教育做了充分的准备。另一方面，家庭是涵养、传承家风的重要主体。习近平总书记指出，"不论时代发生多大变化，不论生活格局发生多大变化，我们都要重视家庭建设，注重家庭、注重家教、注重家风，紧密结合培育和弘扬社会主义核心价值观，发扬光大中华民族传统家庭美德"[②]。家庭能够涵养家风，家庭成员尤其是长辈的言传身教都将起到关键作用。在每一个家庭成员成长的过程中，父母的一言一行都具有示范性作用，他们是孩子成长过程中的启蒙老师，对于孩子认识世界起到了无可替代的作用。这将为家庭成员的人生观、世界观、价值观的最终形成起到了基础性作用。同时，家庭不仅是能够涵养家风的重要场所，也是传承家风的重要地方。家风需要传承，否则可能会造成

① 《习近平关于社会主义文化建设论述摘编》，中央文献出版社 2017 年版，第 126 页。

② 《习近平关于社会主义文化建设论述摘编》，中央文献出版社 2017 年版，第 126 页。

人的社会化失范、社会断层。家风在家庭中的传承，主要是通过家庭成员之间的生活生产、情感交流等形式而进行的，是在一点一滴的小事中无声进行的，家庭对于家风的传承，具有润物细无声的特点和优势，家庭成员能够在耳濡目染中不知不觉地接受到家风的熏陶。

良好家风可以推动社会风气的持续好转。习近平总书记指出："家庭和睦则社会安定，家庭幸福则社会祥和，家庭文明则社会文明。"[①]家庭、家教、家风对于社会风气的形成、对于推动社会风气的持续好转具有重要的作用。良好家风可以推动社会风气的持续好转，这主要表现为良好家风可以塑造品德高尚、言谈举止得体的公民。"仁、义、礼、智、信"，作为中华传统美德的一个重要组成部分，构成了中国人精神内涵的一个重要组成部分。我们以"信"为例,"信"即诚信也，是做人处事之根本。古人就有"人而无信，不知其可也"。但在当代社会，有违诚信的事件层出不穷，涉及各个年龄、各个领域，如学校中的学生考试作弊、企业中的缺斤短两、党政部门中的贪污受贿等。上述情况，虽表现各异，但其实质却是诚信的缺失，其原因则可追溯到家庭、家风、家教之中。

可见，良好家风的熏陶与传承，可以塑造家庭成员的良好言行，这些言行表现在社会上，可以为良好社会风气的形成积聚力量，展现出良好的社会风貌，而良好的家风、社风为形成优良党风提供了积极的影响，正如习近平总书记所强调的，"家风是社会风气的重要组成部分。家庭不只是人们身体的住处，更是人们心灵的归宿。家风好，就能家道兴盛、和顺美满；家风差，难免殃及子孙、贻害社会，正所谓'积善之家，必

① 习近平：《在会见第一届全国文明家庭代表时的讲话》，人民出版社 2016 年版，第 3 页。

有余庆；积不善之家，必有余殃’”[①]。

（二）家风是领导干部作风的重要表现

重视家风建设是我们党的优良传统和作风。习近平总书记强调：“毛泽东、周恩来、朱德同志等老一辈革命家都高度重视家风。我看了很多革命烈士留给子女的遗言，谆谆嘱托，殷殷希望，十分感人。”[②]

作为新中国的第一位总理，周恩来十分注重家风建设，以身作则，以己示范，这为塑造新中国领导干部的良好家风提供了参考坐标。新中国成立后，由于国务繁忙，周恩来等党和国家领导人经常工作到深夜，甚至是通宵达旦。鉴于这种情况，当时就有这么一个政策，工作到晚上十一点后提供夜餐，标准为两菜一汤。按照相关规定，周恩来总理是可以免费就餐的。但是周恩来坚持自掏腰包。他给出的理由是，他白天休息，晚上工作，因此晚餐实质上就相当于白天工作餐，因而不能占党和国家的便宜，这是要付费的[③]。周恩来在生活中简朴至极，从来没有因为自己的职位和权力而放松了对自己和家人的要求。新中国成立后，周恩来不管到何处出差，都会让随行工作人员带上他破旧的行李箱。那里面有一床薄薄的被子，一个枕头，两件睡衣，外加洗漱用具。而所有这些东西，没有一件是新的[④]。一次，周恩来的一个侄子看到邓颖超戴着老花

---

① 习近平：《在会见第一届全国文明家庭代表时的讲话》，人民出版社2016年版，第5页。

② 习近平：《在会见第一届全国文明家庭代表时的讲话》，人民出版社2016年版，第6页。

③ 李洪峰：《周恩来：永远的榜样》，人民出版社2018年版，第261页。

④ 李洪峰：《周恩来：永远的榜样》，人民出版社2018年版，第263页。

镜在缝被子，而这条被子已经补了十几块补丁，但周恩来就是不舍得扔，仍旧让邓颖超缝补后再接着使用。周恩来的侄子赶忙找来针线，帮助伯母邓颖超一起把这条满是补丁的被子再次缝补好①。这件事使周恩来的侄子深受教育，也反映了周恩来艰苦朴素的生活家风。在中国共产党百年的奋斗历程中，很多党员领导干部都能够严格践行自己对党和国家的郑重承诺，以共产党人的先进性和纯洁性提升自己，这对良好家风的形成起到了重要作用。正如习近平总书记所说："在培育良好家风方面，老一辈革命家为我们作出了榜样。"②

党的十八大以来，习近平总书记从战略高度和全局角度多次论述了党员领导干部的家风。习近平总书记本身就出自一个具有优良作风的领导干部家庭中。2001 年，时任地方领导干部的习近平同志因为公务缠身无法亲自为他的父亲习仲勋祝寿，为此特意写了一封言辞恳切、情感真挚的祝寿信。习近平同志在信中写道："父亲的节俭几近苛刻，家教的严格也是众所周知的，我们从小就是在父亲的这种教育下养成勤俭持家习惯的。这是一个堪称楷模的老布尔什维克和共产党人的家风。这样的好家风应世代相传。"③习仲勋是从新民主主义革命时期成长起来的党的优秀干部，在党的革命、建设、改革的过程中，为党和人民的事业作出了巨大的贡献。但习仲勋始终保持一名普通共产党员的本色，从来不在工作中、生活上脱离群众，始终把人民的利益和人民的幸福挂在心头。习仲勋还以身作则，传承良好家风，这对于引导子女树立正确的世界观、

① 李洪峰：《周恩来：永远的榜样》，人民出版社 2018 年版，第 264 页。

② 习近平：《在第十八届中央纪律检查委员会第六次全体会议上的讲话》，人民出版社 2016 年版，第 12 页。

③《平"语"近人——习近平总书记用典》，人民出版社 2019 年版，第 87 页。

人生观、价值观都起到了积极作用。习近平总书记关于家风的传承和践行还体现在其他细节之中。通过媒体，我们知道在习近平总书记中南海的办公室中，始终在显著位置放着一张照片。这张照片是习近平总书记陪同他的母亲齐心一起散步时所拍摄的。习近平总书记在日理万机之时仍然能够抽出宝贵的时间陪家人，这充分展现了他对家庭、家风、家教的传承，也在党员领导干部中树立了典范。在习近平同志走上领导岗位后，齐心曾经专门召开过家庭会议，齐心语重心长地对家人说不得在习近平同志工作的地方经商。受到父母耳濡目染的影响，习近平同志秉承优良家风，在工作、生活中严格要求家人朋友，从来不因为家庭原因、私人交情给家人朋友走后门、开绿灯。相反，每到一个新任职的地方，习近平同志都会提前给自己的亲朋好友打预防针，明确提出："不能在我工作的地方从事任何商业活动，不能打我的旗号办任何事，否则别怪我六亲不认。"[①]由此观之，党和国家领导人一直很重视家庭、家风和家教，从他们身上我们不仅看到优良家风对于个人成长、成才的积极影响，也看到优良家风对于治国理政的重要作用。

领导干部家风的核心是正确对待权力。家风是领导干部权力观的集中反映。领导干部手中的权力是党和人民赋予的，是上下左右有界受控的，切不可随心所欲、为所欲为。习近平总书记曾语重心长地说："我刚当干部时就想明白了一个道理，鱼和熊掌不可兼得，当干部就不要想发财，想发财就不要当干部。"[②]所有党员和领导干部手中的权力，只能用

---

① 《习近平谈治国理政》第 1 卷，外文出版社 2018 年版，第 445 页。

② 《习近平关于党风廉政建设和反腐败斗争论述摘编》，中央文献出版社、中国方正出版社 2015 年版，第 146 页。

来为人民谋利益，而绝不允许搞任何形式的以权谋私。习近平总书记指出，各级领导干部要牢固树立正确权力观，保持高尚精神追求，敬畏人民、敬畏组织、敬畏法纪，做到公正用权、依法用权、为民用权、廉洁用权，永葆共产党人拒腐蚀、永不沾的政治本色。这些重要论述，深刻揭示了家风建设的内在规律，是对马克思主义权力观的丰富和发展。

形成良好家风、树立正确的权力观，一方面要求广大党员、干部决不允许亲属和身边工作人员擅权干政、谋取私利。习近平总书记明确要求共产党人决不能搞封建社会那种“封妻荫子”“一人得道，鸡犬升天”的腐败之道！在近年查处的案件中，“一人当官、全家腐败”的事例不胜枚举。比如，有的主政一方，爱人孩子经商办企业，包揽工程、批发项目，套取巨额利益；有的搞“一家两制”，“前门当官，后门开店”，家人跟着一起大发横财，自己成了“权钱交易所所长”，等等。习近平总书记指出：“身边人害我们这些为官者的不在少数，被老婆‘拉下水’、被孩子‘拉下水’、被身边秘书和其他身边人如七大姑八大姨‘拉下水’。”[①]因此，习近平总书记告诫各级领导干部，必须管好亲属和身边的工作人员，不得纵容他们影响政策制定和人事安排、干预日常工作运行，不得默许他们利用特殊身份谋取非法利益。这些重要论述，抓住了领导干部家风建设的要害，具有很强的现实针对性和长远指导性。另一方面要坚决反对特权思想、特权现象。剖析一些落马官员的案件，家风不正、对亲属子女失管失教，根子还是出在领导干部自身，出在领导干部心中的特权思想。有的领导干部为了子女的“位子、票子、房子”，什么都

① 《好家风应世代相传——习近平总书记高度重视领导干部家风建设》，http://www.ccdi.gov.cn/toutu/202006/t20200630_221090.html。

肯干，拉关系、走后门、傍大款，搞权力寻租，甚至不惜铤而走险，贪赃枉法。这些特权现象虽属个别，但影响极其恶劣。习近平总书记多次强调，要抓好家风家教，坚决防止和反对特权思想、特权现象。

（三）家风败坏是领导干部走向严重违纪违法的重要原因

据中央纪委国家监委的网站披露，通过对被查中管干部“问题清单”进行分析发现，有近 2/3 违纪行为涉及亲属。34 位领导干部的纪律处分通报显示，有 21 人违纪涉及亲属、家属，比例高达 62%①，具体表现为：11 人利用职务上的便利为亲属的经营活动谋取利益；4 人为其子、其妻或女儿女婿在职务晋升方面谋取利益；1 人在职工录用中为亲属谋取利益；1 人与其妻及部分行贿人订立攻守同盟；1 人家风败坏、对配偶子女放任纵容；1 人违规任用亲属担当秘书；1 人支持、纵容亲属利用其特殊身份擅权干政；1 人本人及亲属收受他人财物②。据统计，21 名领导干部违纪涉及亲属、家属，一半以上属于利用职务上的便利为亲属的经营活动谋取利益。由此观之，领导干部的违法乱纪现象的背后，往往牵涉到亲朋好友，尤其是家人。这带给我们的启示就是，家风败坏是领导干部走向严重违纪违法的重要原因。

优良家风是领导干部廉洁自律的一道重要的防火墙。家庭是心灵的港湾，是一个人内心最为柔软的地方，也是最为隐蔽的角落。家庭成员之间的关系，是建立在亲情和血缘关系之上的，也是最为牢固可靠的。

---

① 《被查中管干部“问题清单”近 2/3 违纪涉亲属》，http://www.ccdi.gov.cn/special/lcqh/jjqh_lcqh/201601/t20160111_72483.html。

② 《被查中管干部“问题清单”近 2/3 违纪涉亲属》，http://www.ccdi.gov.cn/special/lcqh/jjqh_lcqh/201601/t20160111_72483.html。

夫妻之间、父子之间可以做到无所不谈，如果有良好的家风，家庭成员之间可以通过鼓励、约束和提醒，建立起一道廉洁自律的防火墙。这方面的例子有很多。如曾任云南省保山地委书记的杨善洲，退休以后主动放弃了去省城昆明生活的机会，转而回到了家乡大亮山去植树造林。经过几十年的辛苦劳作，最后杨善洲主动把价值3亿多元的大亮山林场经营管理权无偿移交给国家。不仅如此，改革开放初期在农转非户口十分紧俏的情况下，杨善洲拒绝了组织上要把他的家人户口安排进城的意见，他说："身为领导干部，我应该带个好头。我相信我们的农村能建设好，我们全家都乐意和8亿农民同甘共苦建设家乡。"直到他去世，他妻子和女儿仍为农村户口。对此，2015年6月，在会见全国优秀县委书记大会上，习近平总书记指出："县委书记官不大，责任不小、压力不小，要当好县委书记是不容易的。焦裕禄、杨善洲、谷文昌等同志是县委书记的好榜样，县委书记要以他们为榜样，始终做到心中有党、心中有民、心中有责、心中有戒，努力成为党和人民信赖的好干部。"①

家风败坏使领导干部失去了清正廉明的最后一剂清醒剂。一段时期以来，由于家风败坏导致领导干部违法乱纪的现象在党内时有发生。这不仅仅包括普通党员干部，还包括部分党的中高级领导干部。如曾担任江西省委书记的苏荣，就利用自己手中的权力，肆意敛财，不仅对送上门的好处通通笑纳，还主动给江西省各地县委书记打电话，要求他们亲自到省委向他汇报工作。部分县委书记心知肚明，就利用这个向省委书记汇报的机会，纷纷使出浑身解数行贿讨好苏荣。不仅如此，苏荣

① 《习近平关于全面从严治党论述摘编》，中央文献出版社2016年版，第139页。

腐败案的最大特色就是家族式腐败。苏荣的妻子于丽芳成为江西省部分领导干部刻意结交认识的对象，她利用自己特殊的身份插手江西省土地征收、工程建设等诸多方面工作，从中收受了巨额贿赂。苏荣的儿子苏铁志也未能独善其身，他原本在北京有正式的工作，但没能安分守己做好自己的本职工作，从北京来到他父亲任职的地方。转眼之间，他也成为当地部分领导和各色官员商人的座上宾。就这样，在苏荣这棵大树的庇荫下，一人得道，鸡犬升天。2014 年，东窗事发，苏荣落马。苏荣腐败案最终牵涉到苏家 14 位成员。落马后，苏荣在忏悔录中写道："正常的同志关系，完全变成了商品交换关系。我家成了'权钱交易所'，我就是'所长'，老婆是'收款员'。"[①]对此，习近平总书记指出："不少领导干部不仅在前台大搞权钱交易，还纵容家属在幕后收钱敛财，子女等也利用父母影响经商谋利、大发不义之财。有的将自己从政多年积累的'人脉'和'面子'，用在为子女非法牟利上，其危害不可低估。古人说：'将教天下，必定其家，必正其身。''莫用三爷，废职亡家。'"[②]"莫用三爷，废职亡家"是清朝官场上曾流行过的一句谚语。"三爷"就是指少爷、姑爷、舅爷，其实质就是警醒从政人员树立良好家风，严加约束管教自己家人，否则可能导致"废职亡家"的后果。

家风败坏如同"温水煮青蛙"一样，使领导干部在不知不觉间失去了对违法乱纪的免疫力。家风败坏对领导干部的消极影响主要体现在

---

① 《家风败坏，祸起萧墙》，http://www.ccdi.gov.cn/yaowen/201603/t20160330_141114.html。

② 《习近平关于全面从严治党论述摘编》，中央文献出版社 2016 年版，第 192 页。

以下 3 个方面：一是领导干部难以从家庭中摆脱败坏的家风。冰冻三尺非一日之寒，败坏的家风往往不是一日之间形成的，其背后有经济、社会、文化、历史等多方面的原因。家风的形成是家庭成员在长时期中形成的，领导干部是家庭的一员，不管是从心理上，还是从身体上都难以割舍或者隔离家庭。因此，家风一旦形成并趋于稳定，将会对所有的家庭成员包括领导干部自身产生持久而巨大的影响力。二是领导干部一般难以纠正败坏的家风。家庭成员之间的关系不同于工作的关系，家庭成员之间在某种意义上而言，是一个情感和利益的共同体，存在一荣俱荣、一损俱损的关系。领导干部可以利用自己手中的权力和地位处理工作上的事情，但是难以利用自己手中的权力和地位去处理家庭中的关系。三是家风败坏对领导干部危害性很强、破坏力很大。俗话说，城堡最易从内部被攻破。家庭、家教、家风从某种意义上而言，就属于城堡内部的事物。良好的家庭、家教、家风就是强基固本之物，能够抵御市场经济下各种诱惑，能够把不良的东西摒弃在城门外，但一旦家风出现问题，坚固的城堡在内外冲击之下就很难保持抵抗力。以国家能源局原局长刘铁男为例，他身为党和国家高级领导干部，没有做到洁身自好，没有以一名中国共产党党员的身份严格要求自己，在灯红酒绿中迷失了自我。不仅如此，刘铁男长期纵容家属奢侈性消费，其儿子在国外读书期间，相关费用开支全部由相关老板负责提供。其儿子留学结束回到国内后，在刘铁男的安排下，进入相关企业吃空饷。被查处后，刘铁男在忏悔中说道：“每天我都在自责，因为我的过错把孩子也毁了，让他走上了歧途，养不教，父之过，对他的犯罪我应该负全部和根本的责任，因为构成共同犯罪，说得准确点儿，是我给他导致的这条路，现在想想太危险了。虽然老是和那些人反复交代，商场各种腐蚀，他没有经验，加上作为父亲的我的不负责任，悔之已晚。”[①]2016 年 1 月，习近平总书记在第十八届中央纪律检查委员会第六次全体会议上明确指出：“从近年来查处的腐败案件看，家风败坏往往是领导干部走向严重违纪违法的重要原因。”[②]

二、领导干部应带头树立良好家风

办好中国的事，关键在党。领导干部政治水平的高低、能力素质的强弱、精神状态的好坏，从某种意义上而言，都直接影响着中国特色社会主义事业的发展。而领导干部的家风在党的作风建设上，在政风、社风的影响上又发挥着举足轻重的作用。对此，习近平总书记指出：“中央领导同志、中央委员要带头反对特权，严格家风家教，为全党作出表率。”[③]他强调：“领导干部的家风，不仅关系自己的家庭，而且关系党风政风。”[④]因此，领导干部应该带头树立良好家风，不仅需要在干事创业中起到领头雁的作用，而且应该在树立良好家风中发挥排头兵的作用，要努力通过廉洁修身、廉洁持家、传承革命文化和社会主义先进文化等方式树立良好家风，以此改进党的作风，推动社会风气实现积极、健康、向上的转变。

---

① 《刘铁男庭上痛哭忏悔：“我如果按照党的纪律严格要求也不会犯法”》，http://www.ccdi.gov.cn/toutiao/201409/t20140924_123571.html。

② 《习近平关于全面从严治党论述摘编》，中央文献出版社 2016 年版，第 192 页。

③ 《习近平关于注重家庭家教家风建设论述摘编》，中央文献出版社 2021 年版，第 40 页。

④ 《习近平关于注重家庭家教家风建设论述摘编》，中央文献出版社 2021 年版，第 24—25 页。

（一）廉洁修身，廉洁齐家

廉洁修身，廉洁齐家，是中国共产党对中华优秀传统文化的继承和发展。《大学》中谈道："古之欲明明德于天下者，先治其国；欲治其国者，先齐其家；欲齐其家者，先修其身。"修身、齐家、治国、平天下，自古便是有识之士的人生目标。修身，简单的理解就是修身养性，使自己的品性和言行符合公序良俗，符合自己的社会身份，符合别人对自己的期待。中国传统文化中把修身看作是持家、治国、平天下的前提和基础。齐家，就是要使家庭和睦，夫妻相敬如宾，父子尊卑有序，勤俭持家；不仅包括一家一户的小家，还应包括一个家族，以及对一个家族的兴盛发展的维系。需要指出的是，传统文化中的修身主要是在儒家文化影响下思想的提升和实践的锻炼，这与新时代党员领导干部的修身内容有着很大的区别，但是其修身、廉洁的要求能够为中国共产党人的作风建设提供宝贵资源。

廉洁修身，廉洁齐家，是中国共产党保持先进性和纯洁性的必然要求。2023 年 1 月，习近平总书记在二十届中央纪委二次全会上发表重要讲话强调要"加强新时代廉洁文化建设"[①]。中国共产党作为工人阶级的先锋队和中国人民、中华民族的先锋队，代表中国先进生产力的发展要求。但是改革开放以来，中国共产党的先进性和纯洁性受到了很多方面的影响。一是市场经济的冲击。改革开放后，原本的计划经济模式弊端日益凸显，以邓小平同志为主要代表的中国共产党人对计划经济体制进行了大刀阔斧的改革，摒弃了许多制约生产力发展的条条框框，逐步展

① 《习近平在二十届中央纪委二次全会上发表重要讲话强调　一刻不停推进全面从严治党　保障党的二十大决策部署贯彻落实》,《人民日报》2023年1月10日。

现了社会主义市场经济的优势。但与此同时，市场经济中的商品交换原则、利益至上、享乐主义开始出现，甚至渗透到党内，成为潜规则。二是西方思想和生活方式的影响。西方思想中不乏真知灼见，但需要看到的是，西方思想中也充斥着物质主义、金钱至上等扭曲的人生观、价值观和世界观，也是泥沙俱下、鱼目混珠。这些西方思想伴随着改革开放的大门进入中国之后，部分领导干部缺少政治敏锐性和政治判断力，对这些思想认识不清、理解不透，甚至唯其马首是瞻，思想产生很大动摇。面对思想上的突出问题，以廉洁修身、廉洁齐家等家风教育保持党的先进性和纯洁性，成为推动党的作风建设的内在要求。习近平总书记指出："先进性和纯洁性是马克思主义政党的本质属性，我们加强党的建设，就是要同一切弱化先进性、损害纯洁性的问题作斗争，祛病疗伤，激浊扬清。"[①]"每一位领导干部都要把家风建设摆在重要位置，廉洁修身、廉洁齐家，在管好自己的同时，严格要求配偶、子女和身边工作人员。"[②]领导干部廉洁修身，廉洁齐家，能够推动中国共产党保持先进性和纯洁性。中国共产党是一个由9800多万名党员汇集而成的执政党，每名党员品行和修养的高低，直接影响到党的形象，影响到党的先进性与纯洁性。通过对党的十八大以来被查处的部分官员分析可知，部分领导干部私德不修、吃拿卡要是其落马的重要原因。领导干部如果放松对自己的要求，在修身养性方面没有以党的宗旨、使命等来要求规范自己，那么其也很难在廉洁、持家等方面作出应有的表率。

---

① 《习近平关于"不忘初心、牢记使命"论述摘编》，党建读物出版社、中央文献出版社2019年版，第156页。

② 《习近平关于注重家庭家教家风建设论述摘编》，中央文献出版社2021年版，第34页。

廉洁修身，廉洁齐家，关键是要树立正确的金钱观。在廉洁修身和廉洁齐家中，廉洁是路径、手段和方法，修身和持家是目的、目标和归宿。没有正确的手段和科学的方法，是难以实现最终目标的。如何做到廉洁修身和廉洁齐家，这是摆在各级领导干部面前一个十分重要但又棘手的问题。对此，习近平总书记曾有过精彩的论述："我一直说，鱼和熊掌不可兼得，当官就不要发财，发财就不要当官，这是两股道上跑的车。"[①] 习近平总书记生动地阐述了领导干部树立正确金钱观的深刻道理。金钱观，简单地说，就是对于围绕金钱所产生的系统性和整体性的认识。在西方资本主义社会中，资本推动社会的发展，民众对于金钱的渴望也是推动社会发展的重要手段。新中国成立后，我们曾一度拒绝甚至否定民众正常的金钱物质需求，而更多的是从精神层面、从道德层面去肯定民众的社会性存在。但这对一小部分人可以，对社会中的大多数人不可以，在短时期内可以，在长时期却不行。改革开放后，深圳特区率先提出了"时间就是金钱、效率就是生命"的口号，一时间成为各地效仿的对象，这极大地调动了人们创造财富的积极性。

党的十八大以来，习近平总书记十分重视党员领导干部的自身修养，并赋予修身、持家新的时代内涵。在党的二十大上，习近平总书记指出建设堪当民族复兴重任的高素质干部队伍，要"坚持把政治标准放在首位，做深做实干部政治素质考察，突出把好政治关、廉洁关"[②]。习近平总书记指出："廉洁自律，必须筑牢思想防线，加强主观世界改造，牢固

① 《习近平关于严明党的纪律和规矩论述摘编》，中央文献出版社、中国方正出版社 2016 年版，第 103 页。

② 习近平：《高举中国特色社会主义伟大旗帜　为全面建设社会主义现代化国家而团结奋斗》，人民出版社 2022 年版，第 66 页。

树立正确的世界观、人生观、价值观，加强党性修养，做到持之为明镜、内化为修养、升华为信条”[①]；要求从中央政治局做起，“在廉洁自律上作出表率”，“不能颠倒了公私、混淆了是非、模糊了义利、放纵了亲情，要带头树好廉洁自律的‘风向标’，推动形成清正廉洁的党风”[②]。河南省兰考县原县委书记焦裕禄用自己的亲身实践展现了廉洁修身、廉洁持家的重要性。有一天晚上看到焦裕禄年幼的儿子很晚才回来。焦裕禄就问他去干什么了，他儿子回答道：“去看电影了。”焦裕禄又追问道：“你哪来的钱买的电影票？”儿子回答道：“我没有买票，因为电影院售票的叔叔认识我，知道我是你儿子。”在得到儿子的回答后焦裕禄很生气，立刻让家人按照电影票的原价给电影院送了过去。这件事使焦裕禄意识到党员干部特权问题和特权现象的危害性，为此，他主持制定了《干部十不准》，即不准用国家的或集体的粮款或其他物资大吃大喝，请客送礼；不准参加或带头搞封建迷信活动；不准赌博；不准用粮食做酒做糖，挥霍浪费；不准拿生产队现有的粮款或向社员派粮派款，唱戏、演电影办集体和其他娱乐活动，谁看戏谁拿钱，谁吃喝谁拿粮；业余剧团不准以春节演出为名大买服装道具，大肆铺张浪费；各机关、学校、企事业单位和党员干部都要以身作则，勤俭过年，一律不得请客送礼；坚决反对利用职权贪污盗窃国家或生产队的物资；积极搞好集体的副业生产；不准借春节之机，大办喜事，挥霍浪费。《干部十不准》的内容，在今天看来可能是很小的事情，但生动地反映出领导干部家风与党风、社风的关

① 《习近平关于党风廉政建设和反腐败斗争论述摘编》，中央文献出版社、中国方正出版社 2015 年版，第 146 页。

② 《习近平关于注重家庭家教家风建设论述摘编》，中央文献出版社 2021 年版，第 37 页。

系。为此，习近平总书记指出："每一位领导干部都要把家风建设摆在重要位置，廉洁修身、廉洁齐家，在管好自己的同时，严格要求配偶、子女和身边工作人员。"[①]

廉洁修身，廉洁齐家，是党员干部形成良好家风、守住拒腐防变底线的政治自觉、思想自觉、行动自觉。习近平总书记指出，年轻干部必须牢记清廉是福、贪欲是祸的道理，经常对照党的理论和路线方针政策、对照党章党规党纪、对照初心使命，看清一些事情该不该做、能不能干，时刻自重自省，严守纪法规矩，守住守牢拒腐防变防线[②]。廉洁和腐败，水火不容。对于领导干部而言，廉洁和腐败是一道经常面对的选择题，一条方向截然相反的岔路口。如何做好这道选择题，这不仅考验着领导干部自身的修养，还关涉领导干部家庭的幸福。无疑，作为一名共产党的领导干部，遵纪守法、廉洁奉公是做人处事创业的底线，也是不容逾越的党纪国法红线。总体而论，领导干部守住、守牢拒腐防变防线，需要把好以下关口。

一是政治关。党的十九大报告指出，新时代党的建设应以政治建设为统领。在 2022 年 3 月中央党校（国家行政学院）中青年干部培训班开班式上，习近平总书记指出："要守住政治关，时刻绷紧旗帜鲜明讲政治这根弦，在大是大非面前、在政治原则问题上做到头脑特别清醒、立场

① 习近平：《在第十八届中央纪律检查委员会第六次全体会议上的讲话》，人民出版社 2016 年版，第 12 页。

② 《习近平在中央党校（国家行政学院）中青年干部培训班开班式上发表重要讲话强调　筑牢理想信念根基树立践行正确政绩观　在新时代新征程上留下无悔的奋斗足迹》，《人民日报》2022 年 3 月 2 日。

特别坚定，决不当两面派、做两面人，决不拿党的原则做交易。”[①]廉洁修身、廉洁齐家，关键就是要把好政治关。党员领导干部政治上出现问题是最大的问题，政治上犯错误是最大的错误。党员领导干部如何把好政治关：首先，需要坚定理想信念，认真学习贯彻习近平新时代中国特色社会主义思想，对标对表，内化于心，外化于行，固化于制。其次，需要保持敏锐的政治判断力，在大是大非面前不能有丝毫闪失，要敢于亮剑，要敢于斗争，不做老好人，不打擦边球，严守政治红线，坚守做人底线。领导干部，只有在政治上坚守，才能在廉洁上坚硬；只有在政治上把关，才不会在廉洁上失守。

二是权力关。习近平总书记指出：“要守住权力关，始终保持对权力的敬畏感，坚持公正用权、依法用权、为民用权、廉洁用权。要守住交往关，交往必须有原则、有规矩，不断净化社交圈、生活圈、朋友圈。”[②]对普通党员尤其是对领导干部而言，守住权力关，至关重要。领导干部，需要掌握相应的权力，行使相应的权力。因为这是党和国家赋予的，这是开展相关工作需要的。但领导干部对权力需要保持敬畏，对权力需要合理使用。只有党员领导干部对权力保持敬畏，才能尊重权力、慎用权力，才能够清晰定位自身的角色和地位，才能够知道权力的使用会带来哪些结果，进而做到内敛修身、廉洁用权。党员领导干部要合理

① 《习近平在中央党校（国家行政学院）中青年干部培训班开班式上发表重要讲话强调　筑牢理想信念根基树立践行正确政绩观　在新时代新征程上留下无悔的奋斗足迹》，《人民日报》2022 年 3 月 2 日。

② 《习近平在中央党校（国家行政学院）中青年干部培训班开班式上发表重要讲话强调　筑牢理想信念根基树立践行正确政绩观　在新时代新征程上留下无悔的奋斗足迹》，《人民日报》2022 年 3 月 2 日。

使用权力，首先，要公正用权，不能在权力的使用上厚此薄彼，甚至顾此失彼。其次，要依法用权，就是要严格遵循党纪国法，要依法办事，依规用权，任何人不能逾越党纪国法，不能滥用权力胡作非为。权力需要接受监督，权力需要受到限制，权力需要被关在制度的笼子里。再次，要为民用权。中国共产党的宗旨是全心全意为人民服务，要始终做到权为民所用、情为民所系、利为民所谋，要在权力的使用上坚持人民至上，要把人民满意不满意、人民支持不支持作为重要衡量标准。最后，要廉洁用权。作为党员领导干部，要始终牢记自己手中的权力是党和人民赋予的，必须取之于民，用之于民，不能把权力当作为己牟利的工具和手段，不能把商品经济的交换法则运用到权力上。

三是心理关。习近平总书记指出，中青年干部在做人干事创业的过程中，最紧要的是守住内心，从小事小节上守起，正心明道、怀德自重，勤掸“思想尘”、多思“贪欲害”、常破“心中贼”，以内无妄思保证外无妄动[①]。改革开放后，伴随着社会主义市场经济的发展和商品经济的推行，国家经济社会面貌发生了翻天覆地的变化。一方面，促进了经济社会的快速发展，社会产品数量和质量显著增加，社会生产力获得了极大的解放和发展。另一方面，也使部分领导干部的心理发生了改变，铁饭碗的固定工资赶不上下海经商的灵活收入，两点一线的单调工作远没有灯红酒绿的应酬惬意。没有比较就没有差距，在快速发展的社会面前，部分领导干部心理发生了潜移默化的变化，心态在不知不觉间逐渐失衡。

---

① 《习近平在中央党校（国家行政学院）中青年干部培训班开班式上发表重要讲话强调　筑牢理想信念根基树立践行正确政绩观　在新时代新征程上留下无悔的奋斗足迹》，《人民日报》2022 年 3 月 2 日。

这就导致部分领导干部产生攀比之心和虚荣之意，放松了对自我的要求，降低了对底线的坚守，以至于在市场经济的环境中，在“糖衣炮弹”的攻击下溃不成军、缴械投降。总而言之，作为领导干部，在改革开放的社会主义市场经济大潮中，在权力和金钱面前，要时刻保持清醒的头脑，时刻保持平和的心态，不攀比、不虚荣、不妒忌。唯有如此，方能正心、修身、齐家，方能为党干出一番事业，方能为国作出一些贡献。

综上，党员领导干部应切实把好政治关、权力关、心理关等重要关口，坚决做到政治信仰坚定、权力运用规范、心理乐观平和，把政治关、权力关、心理关有机结合起来，相互联系，相互促进，共同推动廉洁修身迈上新台阶，共同推进廉洁持家走上新阶段。

党员领导干部不能把金钱作为自己的奋斗目标，不能把发财作为自己的价值追求。这并不是说领导干部不能有自己的物质利益，恰恰相反，为了保障各级领导干部干事创业的热情，党和国家已制定了一系列制度，从各个方面保障了领导干部的合法权益。但是部分领导干部不满足于既有的待遇安排，在物质追求上超出了经济社会发展的一般水平，最终的结果只能是搬起石头砸自己的脚，落得身陷囹圄的地步。如国家能源局煤炭司原副司长魏鹏远在工作中就没有树立正确的金钱观，看到部分煤老板住别墅、开豪车羡慕不已，开始利用自己手中的权力大肆敛财。魏鹏远从最初时的几千元的小恩小惠，发展到最后居然可以明目张胆地一次性收受几百万元的现金。在魏鹏远被查处后，在他专门用来存放贿赂款的房子里，办案人员发现了近 2 亿元现金，在清点的过程中由于时间过长、钞票过多，竟然烧坏了一台点钞机。从这个例子中可以看出，新时代领导干部应该切实树立正确的金钱观，不能让金钱蒙蔽了双眼，玷污了心灵，出卖了灵魂。合理合法的收入应该给予支持和保护，而对于非法的收入应该予以明确拒绝，在心中始终要有一颗红心，在心中始终要有一根红线。红心是为了信仰，红线是为了敬畏。

因此，习近平总书记反复强调领导干部要廉洁修身、廉洁齐家，把家风建设摆在重要位置，要求所有党员干部要“戒贪止欲、克己奉公，切实把人民赋予的权力用来造福于人民”,“防止‘枕边风’成为贪腐的导火线，防止子女打着自己的旗号非法牟利，防止身边人把自己‘拉下水’”[①]。

（二）继承和弘扬革命前辈的红色家风

红色家风是中国共产党永不褪色的又一个传家宝。红色家风对于营造良好的社会风气，坚持和弘扬党的优良作风能够产生有力的影响。习近平总书记指出，广大家庭都要弘扬优良家风，以千千万万家庭的好家风支撑起全社会的好风气，特别是各级领导干部要带头抓好家风，领导干部的家风，不仅关系自己的家庭，而且关系党风政风。各级领导干部特别是高级干部要继承和弘扬中华优秀传统文化，继承和弘扬革命前辈的红色家风[②]。红色家风是革命前辈在长期的历史过程中形成的，具有鲜明的时代特征和丰富的精神内涵。红色家风，是指一代代共产党人在革命、建设、改革的岁月中所建立和倡导的家风，彰显的是爱党爱国、忠于人民、廉洁自律、艰苦朴素、甘于奉献的优良传统和作风。红色家风的颜色是“红色”的，也就是忠于党的领导，忠于革命事业，始终与人民群众紧密联系在一起，这是区别于其他家风最为显著的特征。

① 《习近平李克强栗战书赵乐际分别参加全国人大会议一些代表团审议》,《人民日报》2018 年 3 月 11 日。

② 习近平:《在会见第一届全国文明家庭代表时的讲话》，人民出版社 2016 年版，第 6 页。

习近平总书记指出："在培育良好家风方面，老一辈革命家为我们作出了榜样。"[①]1944 年，朱德的母亲去世。这个消息传到延安后，朱德极为悲恸，但是由于当时紧张的革命形势，朱德没有时间回到四川老家送母亲最后一程，就在《解放日报》上写了一篇感人至深的悼文《回忆我的母亲》："我用什么方法来报答母亲的深恩呢？我将继续尽忠于我们的民族和人民，尽忠于我们民族和人民的希望——中国共产党，使和母亲同样生活着的人能够过快乐的生活。"[②]由此看到，朱德能够从中国共产党革命事业和革命前途的角度来思考共产党人的家风问题，把一家一户的孝道上升到党和国家的层面上，从而使这种孝道更具有深厚的价值情感和时空指向。

红色家风价值传承，永不过时。新中国成立后，很多西方国家认为中国共产党根本解决不了民众的吃饭问题。面对一穷二白的中国，中国共产党在党内和党外先后开展了增产节约运动，并开展"三反""五反"运动，有效地推动了生产的发展，提升了人们对于勤俭节约的认识。时任政务院总理的周恩来，一件衣服都是缝缝补补穿了 10 多年。国家给他也定做了一些崭新的衣服，但他平时不舍得穿，只有在重要的场合才拿出来穿。可见，红色家风是党和国家的宝贵财富，寄托着无数革命前辈和革命先烈的精神遗产。这一点，任何时候都要始终牢记。红色家风没有过时，也永远不会过时。红色家风具有浓郁的时代特征，凝结着中国共产党人好的家庭习惯和家庭作风。虽然红色家风产生的时间同新时代

① 《习近平关于注重家庭家教家风建设论述摘编》，中央文献出版社 2021 年版，第 34 页。

② 王杰：《传承红色家风　涵养初心使命》，《中国纪检监察》2020 年第 13 期。

之间有了一段时间差，但对红色家风的理解应包括具体内容和精神实质两方面。继承和弘扬红色家风，不仅仅是传承学习红色家风的表象，更应该注重红色家风的精神实质和内核。广大党员干部要传承对党忠诚、为国奉献的红色家风，要学习在生活中不挑挑拣拣、不追求物质生活享受的红色家风，要学习吃亏在前、享乐在后的红色家风。从这个意义上看，红色家风在过去、现在和未来都具有鲜活的意义和重要的价值。

一是要继承和弘扬对党忠诚的红色家风。习近平总书记指出："要大力加强对党忠诚教育，学习宣传先进典型，引导党员、干部见贤思齐，把对党忠诚纳入家庭家教家风建设。"[①]对党忠诚，这是作为党员最基本的要求和规范，也是入党最为基本的一个条件。对党忠诚，要求在政治上同党保持一致，严格服从党的号召和安排，认真完成自己的本职工作，不弄虚作假、阳奉阴违，当"两面人"，做"两面派"，要表里如一、心口如一。做老实人、干老实事、说老实话。中国特色社会主义进入新时代，继承和弘扬对党忠诚的红色家风，最重要的是全体党员要做到，深刻领悟"两个确立"的决定性意义，增强"四个意识"、坚定"四个自信"、做到"两个维护"，紧密团结在以习近平同志为核心的党中央周围。

二是要继承和弘扬艰苦奋斗、勤俭节约的红色家风。习近平总书记指出，过去我们党靠艰苦奋斗、勤俭节约不断成就伟业，现在我们仍然要用这样的思想来指导工作。不论我们国家发展到什么水平，不论人民生活改善到什么地步，艰苦奋斗、勤俭节约的思想永远不能丢。艰苦奋

① 《习近平关于"不忘初心、牢记使命"论述摘编》，党建读物出版社、中央文献出版社 2019 年版，第 124 页。

斗、勤俭节约，不仅是我们一路走来、发展壮大的重要保证，也是我们继往开来、再创辉煌的重要保证[①]。建党伊始，旧中国羸弱不堪。为了争得民族独立、人民解放，为了实现国家富强、人民幸福，中国共产党人发扬吃苦耐劳、顽强拼搏的精神，塑造了“苦不苦想想长征两万五、累不累想想革命老前辈”的坚强意志，最终推翻了三座大山，取得了新民主主义革命的胜利。在建党百年之时，党的第一个百年奋斗目标已顺利实现，如期完成脱贫攻坚任务，全面建成小康社会。但这不意味着，我们可以抛弃艰苦奋斗、勤俭节约的红色家风和优良传统。相反，我们应继续保持艰苦奋斗、勤俭节约的传统，提倡低碳环保、绿色出行的理念，稳扎稳打，为第二个百年奋斗目标的早日实现提供坚实的保障。

三是要继承和弘扬爱国主义的红色家风。习近平总书记指出：“在社会主义核心价值观中，最深层、最根本、最永恒的是爱国主义。爱国主义是常写常新的主题。拥有家国情怀的作品，最能感召中华儿女团结奋斗。”[②]在中国共产党百年历程中，爱国主义的红色家风在不同时期呈现出不同的内容。新民主主义革命时期，无数党的英雄儿女，为了建立一个新中国，抛头颅，洒热血，书写了感天动地的爱国主义情怀，为实现中华民族伟大复兴创造了根本社会条件。社会主义革命和建设时期，为了建设一个新中国，无数中国共产党人，披荆斩棘、砥砺奋进，为实现中华民族伟大复兴奠定了根本政治前提和制度基础。改革开放和社会主义现代化建设新时期，为了实现国家由站起来到富起来，无数中国共

---

① 《习近平关于“不忘初心、牢记使命”论述摘编》，党建读物出版社、中央文献出版社 2019 年版，第 245 页。

② 习近平：《在文艺工作座谈会上的讲话》，人民出版社 2015 年版，第 24 页。

产党人，解放思想，实事求是，锐意进取，为实现中华民族伟大复兴提供了充满新的活力的体制保证和快速发展的物质条件。中国特色社会主义进入新时代后，爱国主义呈现多元一体的新时代面貌。那就是在以习近平同志为核心的党中央的坚强领导下，统筹推进“五位一体”总体布局，协调推进“四个全面”战略布局，当面临艰难险阻、利益抉择时，勇于舍小家为大家，敢于担责任作表率，不计较个人得失，时刻把国家荣誉和集体利益放在前面，为实现中华民族伟大复兴添砖加瓦。

弘扬红色家风，推动党的作风建设需要抓好以下工作。第一，领导干部应深入学习习近平总书记关于红色家风的相关重要论述，切实搞懂搞透，领会其精神实质，让树立红色家风的意识内化于心，为改进党的作风、纠正“四风”提供思想前提。领导干部在学习的过程中，应采用单位集体学习和个人单独学习相结合的方法。在单位集体学习的过程中，领导干部可以带头分享学习过程中自己的理解和感受，对不理解或者存在疑惑的地方带领大家一起讨论，直到把问题彻底搞清楚、弄明白。在个人单独学习的过程中，每个党员可以采取边读边想、边想边写的方法，做到既动脑又动手，通过两者有机结合加深对问题的认识和理解。第二，应该建立发扬红色家风的体制和机制，确保继承和发扬红色家风能够行稳致远。习近平总书记指出：“小智治事，中智治人，大智立法。治理一个国家、一个社会，关键是要立规矩、讲规矩、守规矩。”[1]这就要求我们在发扬红色家风的过程中，应从顶层设计入手，建立一套行之有效的制度，包括发扬红色家风的学习制度、发扬红色家风的考核制度等。第

① 《习近平关于严明党的纪律和规矩论述摘编》，中央文献出版社、中国方正出版社 2016 年版，第 6 页。

三，领导干部要以身作则、以身示范，探索建立多元化的发扬红色家风的途径。发扬红色家风，应该多头并进，同向发力，灵活运用现代化媒介；广大党员干部必须在红色家风传承中通过一系列媒介和载体展现红色家风，传承红色家风，在全党全社会营造良好的红色家风，为推进党的作风建设创造思想条件。

（三）继承和弘扬中华优秀传统文化

中华优秀传统文化是中华民族的“根”和“魂”。习近平总书记在党的二十大上指出，“中华优秀传统文化源远流长、博大精深，是中华文明的智慧结晶”[①]。中国特色社会主义文化不是无源之水、无本之木，而是有着中国特色社会主义文化的“源头”和“根本”。德国哲学家雅斯贝尔斯认为，人类漫长的历史演进过程中存在“轴心时代”，这个“轴心时代”集中出现在公元前500年前后，分别在中国、印度和西方等地方。在东方的中国，“轴心时代”先后产生了以孔子为代表的一大批思想家，这是一个百花齐放、百家争鸣的时代。在中华民族5000多年的历史长河中，无数中华儿女努力劳作、奋进拼搏，创造了源远流长、博大精深的中华优秀传统文化，为中华民族的生生不息、发展壮大提供了强大的精神支撑。中华优秀传统文化中的思想观念、人文精神、道德规范、意志品质等不仅承载着先辈们的智慧精髓，更是滋养当代中国人精神世界、提振当代中国人精神力量的源头活水和不竭动力。尊重中华优秀传统文化，就是尊重中华民族的历史根脉与精神追求，就是尊重中华儿女

① 习近平：《高举中国特色社会主义伟大旗帜　为全面建设社会主义现代化国家而团结奋斗》，人民出版社2022年版，第18页。

的勤劳奋斗与实践探索，就是尊重中国人的不懈追求与文化需要，正如习近平总书记所指出的："抛弃传统、丢掉根本，就等于割断了自己的精神命脉。博大精深的中华优秀传统文化是我们在世界文化激荡中站稳脚跟的根基。"①

中华优秀传统文化为领导干部形成良好家风提供了丰厚营养。习近平总书记指出："中华优秀传统文化中很多思想理念和道德规范，不论过去还是现在，都有其永不褪色的价值。我们要结合新的时代条件传承和弘扬中华优秀传统文化，传承和弘扬中华美学精神。"②一是中华优秀传统文化为领导干部良好家风的形成提供了精神支柱。良好家风不仅是一些家庭中的行为规范，更为重要的还是一种文化的传承，是一种文明的传递，而文化和文明，本质上都是属于精神层面的产物。中华文明在它悠久的历史演变中，创造了底蕴深厚、博大精深的文明。二是中华优秀传统文化为领导干部良好家风的形成提供了行动指南。恩格斯指出："马克思的整个世界观不是教义，而是方法。它提供的不是现成的教条，而是进一步研究的出发点和供这种研究使用的方法。"③恩格斯这段话经典地阐释了对待马克思主义应该持有的态度，这句话同样适用于对待中华优秀传统文化。虽然时过境迁，岁月流转，但中华优秀传统文化在今天并没有过时，未来也并不会过时，它将为领导干部家风的形成提供行动指南。

继承和弘扬中华优秀传统文化应成为各级领导干部的必修课。一是领导干部继承和弘扬中华优秀传统文化有助于坚定文化自信。习近平总

① 《习近平谈治国理政》第1卷，外文出版社2018年版，第164页。

② 习近平：《在文艺工作座谈会上的讲话》，人民出版社2015年版，第26页。

③ 《马克思恩格斯文集》第10卷，人民出版社2009年版，第691页。

书记强调：“文化自信是一个国家、一个民族发展中更基本、更深沉、更持久的力量。”[①]中华优秀传统文化历经几千年的发展而历久弥新，在中国人生活的各个方面刻下了深深的烙印。新时代党的领导干部通过学习中华优秀传统文化能够感受中华文化的博大精深，能够了解中华民族从哪里来，将要到哪里去，不至于迷失在历史的长河中。中华优秀传统文化为领导干部提供丰富的精神食粮，从而坚定他们的文化自信，为自身形成良好的思想作风提供了文化根基。二是领导干部继承和弘扬中华优秀传统文化有助于提高执政本领，增强服务意识。中华优秀传统文化内涵丰富、包罗万象，其中就蕴含着古代中国统治者治国理政的历史智慧和宝贵经验，这些历史智慧和宝贵经验对于新时代领导干部而言，具有重要的参考价值和借鉴意义，如“先天下之忧而忧，后天下之乐而乐”的精神、“民惟邦本，本固邦宁”的思想，以及“水能载舟，亦能覆舟”的启示等，这些充满智慧的精神、思想、启示没有过时，也永远不会过时，它对于新时代领导干部树立正确家风、形成优良作风都具有重要的意义和作用。

在继承和弘扬中华优秀传统文化时，广大党员领导干部还需要正确认识和处理好优秀传统文化与传统文化之间的关系，取其精华、去其糟粕；正确认识和处理好优秀传统文化、革命文化与社会主义先进文化之间的关系，要将优秀传统文化中蕴含的历史智慧、实践创造、家国情怀、做人准则、处事态度等多个方面内化于自己的一言一行之中，要传承发扬革命文化发展中逐步形成的精神谱系。在传承和弘扬中华优秀传统文化时，广大党员、干部要有坚定的政治立场和政治定力，旗帜鲜明地反

---

① 《习近平谈治国理政》第3卷，外文出版社2020年版，第18页。

对复古泥古，以儒代马、全盘西化，也坚决反对历史虚无主义和文化虚无主义，坚定中国特色社会主义文化自信，为形成党的优良作风、扭转不正之风提供思想根基。

（四）保持高尚道德情操和健康生活情趣

党员领导干部的道德情操和生活情趣，不仅关系着个人的修养品行，而且关系到党在群众中的威信和形象，是他们家风、党风的直接体现。早在地方工作期间，习近平同志就指出，“一名领导干部的蜕化变质往往就是从生活作风不检点、生活情趣不健康开始的，往往都是从吃喝玩乐这些看似小事的地方起步的……在当前复杂的社会环境下，各级领导干部要加强思想道德修养，注重培养健康的生活情趣”[①]。党的十八大以来，习近平总书记对领导干部又多次明确提出要加强作风建设、保持高尚道德情操和健康生活情趣的要求，提出要引导党员、干部自觉践行社会主义荣辱观，培养高尚的道德情操和健康生活情趣，始终保持蓬勃朝气、昂扬锐气、浩然正气，用自己的模范行为和高尚人格感召群众，引领社会风尚。

道德情操是道德情感与道德操守的结合，是构成道德品质的重要因素，包含社会公德、职业道德和家庭美德 3 个方面。道德情操主要通过社会舆论和个人修养来调整、规范人们的行为，其内涵比法律更宽泛，要求比法律更严格，深刻地影响着人的一生。道德情操有高尚和低俗之分。高尚的道德情操能够催人奋发进取、塑造良好形象、抵御消极思想，是一个人的立身之本、成事之基。习近平总书记曾深刻指出：“许多腐败

---

① 习近平：《之江新语》，浙江人民出版社 2007 年版，第 261 页。

分子走上犯罪道路，大多是从操守不严、品行不端、道德败坏开始的。”高尚的道德情操使人更具有人格魅力。人格魅力是一个人的人品、气质、能力的综合反映，也是党的干部所应具备的公正无私、以身作则、言行一致优良品质的外在表现。有高尚道德情操的党员、干部，对待自己时要求严格，有进取精神，自励而不自大，自谦而不自卑；对待他人和集体时，真诚热情友善，富有同情心，乐于助人，关心爱护同志，积极参加集体活动；对待学习、工作和事业时勤奋认真。有高尚道德情操的党员干部在理智上感知敏锐，具有丰富的想象力和较强的逻辑性，尤其是富有创新意识和创造能力；在情绪上，善于控制和支配自己的情绪，能够保持乐观开朗、振奋豁达的心境，让人愿意与其相处；在意志上，目标明确、行为自觉、善于自制、勇敢果断、坚韧不拔、积极主动。可见，人生应该追求高尚的道德情操，要用独特的人格魅力影响自己。

道德情操与生活情趣紧密联系，一个人有什么样的道德情操，就有什么样的生活情趣。习近平总书记指出：“全面从严治党，既要注重规范惩戒、严明纪律底线，更要引导人向善向上，发挥理想信念和道德情操引领作用。”[①]生活情趣是人类对精神生活的追求，是对生命之乐的感知，是审美感觉上的自足。生活情趣是个人品行和修养的直接体现，有雅俗之分，高低之别。健康的生活情趣可以放松紧张的情绪，驱赶身心的疲惫，可以帮助人享受生活的美好，陶冶高尚的情操，提升人格魅力。生活情趣看似小事、小节，但小中见大，不可小觑。一个人的生活情趣，反映了他日常生活中的价值取向，影响着他的人生抉择和事业发展。从

① 《习近平关于全面从严治党论述摘编》，中央文献出版社 2016 年版，第 68 页。

一个人的兴趣爱好，可以判断出他的精神境界、品位和品质，可以看出他对工作、对事业的基本态度，可以看出他的人格是否高尚。随着社会生活越来越丰富多彩，人们的生活情趣、个人爱好也越来越多样化。对于党员领导干部而言，讲操守、重品行，作风正派、情趣健康，保持高尚的精神追求，始终是必备的基本素质，也是廉洁自律的底线要求。风成于上，俗形于下。党员干部的生活作风和生活情趣不仅仅是个人的私事，更会影响所在单位、部门、行业乃至全社会的风气。党员领导干部的个人爱好会对周围的人产生较大的影响，具有很强的示范性；只有保持高尚的道德情操和健康的生活情趣，带头弘扬社会主义核心价值观，树立良好的生活作风，才能净化风气、祛除邪气，凝聚风清气正的“正能量”。因此，党员干部要慎重对待个人爱好，在生活情趣问题上保持高度警惕，要把理想信念转化为对“奋斗目标的执着追求、对本职工作的不懈进取、对高尚情操的笃定坚持、对艰难险阻的勇于担当”①。

保持高尚的道德情操和健康的生活情趣是家风、党风建设的基本内容，是检验共产党员先进性、纯洁性的重要标准，对于加强和改进作风、提高执政能力，具有非常重要而深刻的意义；不仅是维护党员干部个人形象的现实需要，更是捍卫党的纯洁性和先进性的迫切要求。

一是要艰苦奋斗，勤政敬业。习近平总书记指出：“人类的美好理想，都不可能唾手可得，都离不开筚路蓝缕、手胼足胝的艰苦奋斗。”②艰苦奋斗是中华民族的传统美德，是保持党的政治本色和旺盛活力的传

① 《习近平关于全面从严治党论述摘编》，中央文献出版社 2016 年版，第 68 页。

② 《习近平关于青少年和共青团工作论述摘编》，中央文献出版社 2017 年版，第 47 页。

家宝，是新时代发展对我们提出的现实要求。古人讲，“俭可以养廉，俭可以成德”，意思是生活上的节俭可以养成廉洁的操守，培育高尚的道德。党员领导干部要永葆共产党人艰苦奋斗的本色，必须加强道德修养，追求健康纯洁、节俭朴素的生活品位和积极向上的生活情趣，带头弘扬社会主义道德风尚，艰苦奋斗，大胆干事，干净干事，努力做廉政和勤政的表率，保持共产党人的高尚道德情操。同时，党员、干部特别是领导干部，一定要勤政敬业，牢记人民的重托，看淡名利尽责任，忠于职守创业绩。荀子说：“凡百事之成也，必在敬之；其败也，必在慢之。故敬胜怠则吉，怠胜敬则灭。”勤政，就是忠于职守，勤奋敬业，不当懒官。只要每名党员领导干部都能做到勤政敬业，努力工作，就能克服工作中的矛盾和困难，开创工作新局面，创造工作新业绩。抓工作就是要坚持落细作风，不能光有部署不抓落实、光有过程不讲结果、光有数量没有质量、光有形式没有效果；必须要注意从每个环节、每个细节抓起，真正在细中求质量，细中出效益。

二是要淡泊名利，无私奉献。古人讲，“求名之心过盛必作伪，利欲之心过强多偏执”。习近平总书记指出：“劳动模范身上体现的‘爱岗敬业、争创一流，艰苦奋斗、勇于创新，淡泊名利、甘于奉献’的劳模精神，是伟大时代精神的生动体现。”[①]在人类历史的长河中，大凡有所作为的人无不把淡泊名利、无私奉献视为一种道德风范和精神境界，作为修身养性、完善自我的行为准则。三国时期的诸葛亮就曾提倡“鞠躬尽瘁，死而后已”。人活着要有价值，而这种价值须以为人民、为国家、

① 习近平：《在知识分子、劳动模范、青年代表座谈会上的讲话》，人民出版社 2016 年版，第 8 页。

为人类多作贡献来体现。所以说，淡泊名利、无私奉献的人生追求，是衡量党员干部思想境界的重要尺度，也是我们书写人生、成就事业的巨大动力。新时代，全面建成社会主义现代化强国的宏伟目标要求我们要有宽阔的胸怀和高远的志向，个人的名利得失比之于社会主义现代化建设事业是微不足道的。古代先贤尚且有“先天下之忧而忧，后天下之乐而乐”的情怀，新时代的共产党人更应具有淡泊名利、无私奉献的精神境界。

三是要作风严谨，生活正派。习近平总书记强调：“要关注党员、干部思想动态、工作表现，也要注意他们的生活作风和情趣，发现问题及时引导纠正。”[①]党员领导干部的生活作风与学风、思想作风、领导作风、工作作风等一起构成党的作风整体形象，它是党员领导干部的个人人格和品行的综合反映。现实生活中，一些领导干部往往把生活作风作为生活“小节”而忽视。其实，作为党的事业领头雁，生活作风绝不是生活“小节”，而是一个重大的政治问题。古人说：“敖不可长，欲不可从，志不可满，乐不可极。”在人生的道路上，我们每个人都会遇到各种各样的诱惑，稍有不慎，就会染指中邪，走上歪路。共产党员特别是手中掌握一定权力的领导干部更应保持清醒的头脑，要有高尚的人生目的和追求，正确选择自己的爱好、明辨是非、克己慎行、清正廉洁、去俗就雅，在大是大非面前能把握住自己，而且要在生活细节上守住底线，“喜”而不“玩”，“爱”而不“溺”，谨防个人情趣成为人生的陷阱。

总之，党员、干部要时刻牢记自己的使命，始终保持清醒的头脑，

① 习近平：《在第十八届中央纪律检查委员会第六次全体会议上的讲话》，人民出版社2016年版，第21页。

常修从政之德，常怀律己之心，常思贪欲之害，常戒非分之想，保持高尚的道德情操和健康的生活情趣，不断校正人生航标，真正做到生活正派、情趣健康，把个人作风与家风、党风融为一体，展现党的先进性，展现优秀共产党员的精神风貌，正如习近平总书记于 2022 年 3 月在中央党校（国家行政学院）中青年干部培训班开班式上所指出的："要守住生活关，培养健康情趣，崇尚简朴生活，保持共产党人本色。要守住亲情关，严格家教家风，既要自己以身作则，又要对亲属子女看得紧一点、管得勤一点。"①

三、严格教育、管理、监督亲属子女

习近平总书记指出，党员干部"要勤于检视心灵、洗涤灵魂，校准价值坐标，坚守理想信念。要增强政治定力、道德定力，构筑起不想腐的思想堤坝，清清白白做人、干干净净做事。要管好家属子女和身边的工作人员，坚决反对特权现象，树立好的家风家规。"②实际上，党员领导干部的家风对于亲属子女的作风问题能够产生极其深刻的影响，党的十八大以来，一些领导干部因其亲属子女违法乱纪造成的贪腐问题不在少数，其重要原因就是对亲属子女缺少教育、管理和监督。实际上，严

① 《习近平在中央党校（国家行政学院）中青年干部培训班开班式上发表重要讲话强调　筑牢理想信念根基树立践行正确政绩观　在新时代新征程上留下无悔的奋斗足迹》，《人民日报》2022 年 3 月 2 日。

② 《中共中央政治局召开民主生活会　以认真学习贯彻习近平新时代中国特色社会主义思想　坚定维护以习近平同志为核心的党中央权威和集中统一领导　全面贯彻落实党的十九大各项决策部署情况为主题进行对照检查》，《人民日报》2017 年 12 月 27 日。

格教育、管理、监督亲属子女，理应成为领导干部家风建设中的一项基础性、经常性工作；党员领导干部要时刻加强对亲属子女对财富、权力等认识的正确引导，关注亲属子女的在外行为，时刻防止亲属子女可能利用自己手中权力造成的作风问题与腐败问题，党员领导干部切实把家风建设的要求贯彻落实到严格教育、管理、监督亲属子女工作的全过程和各方面，就能为党的作风建设提供坚实后盾。

（一）过好亲情关

家庭是心灵的港湾，亲人是内心最柔软的地方，亲情是最温馨的情感。习近平总书记在会见第一届全国文明家庭代表时指出："各级领导干部要保持高尚道德情操和健康生活情趣，严格要求亲属子女，过好亲情关，教育他们树立遵纪守法、艰苦朴素、自食其力的良好观念，明白见利忘义、贪赃枉法都是不道德的事情，要为全社会做表率。"[①]这一要求为广大党员干部正确认识和处理亲情关系指明了方向，亲情应成为推动领导干部前进的情感动力，而不是干事创业的绊脚石。

过好亲情关，一是要养亲而不弃亲。领导干部要在家庭中营造有责任、有担当的家庭氛围，使其亲属子女能够以其为榜样和典范。勇于承担起赡养父母的责任。中国有历史悠久的孝文化，"百善孝为先"，"孝"已成为中华优秀传统文化中深入人心的理念。领导干部在家应践行家庭美德，带头赡养父母，给父母提供力所能及的帮助，改善他们的生活品质，要多同父母沟通交流，缓解他们的情感寂寞。习近平总书记作为党

① 习近平：《在会见第一届全国文明家庭代表时的讲话》，人民出版社 2016 年版，第 6 页。

和国家的领导干部，长期处在繁忙工作之中，但只要有时间，就会陪同他 90 多岁的母亲一起散步、聊天[①]。不仅如此，领导干部还应尽到对晚辈的抚养教育义务。对子女的教育、工作等各个方面给予及时的帮助和指导，帮助他们树立正确的世界观、人生观、价值观。领导干部应及时疏导他们成长、成才过程中遇到的困惑和问题，为他们排忧解难，做他们的坚强后盾。

二是要爱亲而不溺亲。习近平总书记指出，领导干部之所以会走上违法乱纪的道路，是由于，“有的是受亲情友情所累，违反原则办事而丢掉了理想信念”[②]。这就要求新时代领导干部在关心关照亲朋好友的同时，一定要严守底线和红线。对于亲朋好友带有倾向性和苗头性的错误想法和错误观念，要给予及时的沟通教育、引导交流，使他们及时纠正思想、观念上的不正之风。对于亲朋好友的错误甚至是违法乱纪行为应坚决做到不袒护、不护短，及时出手制止，甚至交给相关部门及时处理。很多事例证明，部分领导干部在亲友出现带有苗头性、倾向性问题的时候，没有能够及时制止，反而是睁一只眼闭一只眼，甚至部分领导干部干脆参与其中，这导致了家族式腐败的出现。因此，领导干部在面对亲情关时，要始终树立红线意识和底线思维。这个红线就是党的纪律和党的规矩，不能破坏党的纪律和党的规矩。这个底线就是国家的法律，要敬畏法律；领导干部必须做到知法守法、信仰法律，不能利用手中的权力，为了谋取私利，为了照顾亲友，知法犯法。

---

① 《习近平谈治国理政》第 1 卷，外文出版社 2018 年版，第 445 页。

② 《习近平关于“不忘初心、牢记使命”论述摘编》，中央文献出版社 2019 年版，第 84 页。

三是要教亲而不纵亲。爱之不以道，适所以害之也。于治国者，必先持家。家风严，才能党风正。管好亲友是领导干部政治生活和家风建设中的重要内容，是领导干部良好家风呈现和政治命运延续的重要引擎。“上梁不正下梁歪”折射出领导干部对“身边人”的影响力，“树倒猢狲散”往往是因为“一人得道，鸡犬升天”。党员领导干部的好作风能带出好家风，好家风又能促其养成好作风。家风不正，做人态度和做事方法就会出问题，导致“身边人”容易触犯法律。领导干部要带头引领，纯正家风，切实当好家庭的“掌门人”，要从严治家，时常教育亲友严守法纪，绝不能为所欲为、随心所欲；要公私分明，立好家规，严格教育子女，教育家人以平常心对待名利，特别“要把对党忠诚纳入家庭家教家风建设”[①]，引导亲属子女坚决听党话、跟党走；要始终保持“如临深渊、如履薄冰”的危机感，这样才能筑牢防腐拒变的家庭防线，避免滑向犯罪的深渊。

（二）注重发挥妇女在社会生活和家庭生活中的独特作用

妇女的发展程度是衡量社会文明进步的重要尺度。中国共产党自成立之日起，就始终密切关注妇女的解放与发展，高度重视发挥妇女的“半边天”作用，为妇女发展创造了良好的国内外环境。党的十八大以来，党和国家高度重视妇女事业的发展，广大妇女的社会地位不断提高，在家庭文明建设和经济社会建设领域发挥着独特作用。习近平总书记强

① 《习近平在中央和国家机关党的建设工作会议上强调　全面提高中央和国家机关党的建设质量　建设让党中央放心让人民群众满意的模范机关》，《人民日报》2019 年 7 月 10 日。

调："我们也要注重发挥妇女在社会生活和家庭生活中的独特作用，发挥妇女在弘扬中华民族家庭美德、树立良好家风方面的独特作用。中国人一直赞美贤妻良母、相夫教子、勤俭持家，这些是中华民族传统优秀文化的重要组成部分。"①

在党员领导干部的家风建设中，妇女在夫妻关系、亲子关系中占很大比重，是一个家庭稳定与否、家风优良与否的重要决定因素，因此要注重发挥妇女"在弘扬中华民族家庭美德、树立良好家风方面的独特作用"②。作为母亲，妇女是孩子的第一任老师，是孩子性格、习惯、品格的教导者和示范者，"要自觉肩负起尊老爱幼、教育子女的责任，在家庭美德建设中发挥作用，帮助孩子形成美好心灵，促使他们健康成长，长大后成为对国家和人民有用的人"③。作为妻子，要保持夫妻关系的默契，营造融洽的和谐家庭氛围，在维系家庭的稳定及促进家庭的和睦幸福等方面发挥着积极的无法替代的作用。

由于心理和历史、社会的原因，妇女和家庭有着天然的联系，千百年来，妇女对婚姻和家庭有着很重的责任感，她们的感情丰沛、温柔细腻，更有利于在家庭中扮演"多重角色"，为每个成员构建一个温馨的精神家园；以真善美的心灵，美化着家居环境，提升着家庭的文化品位，净化着家庭乃至社会的风气。在对家庭和谐幸福的执着追求中，妇女也

---

① 《习近平关于社会主义政治建设论述摘编》，中央文献出版社 2017 年版，第 184 页。

② 《习近平在同全国妇联新一届领导班子集体谈话时强调　坚持男女平等基本国策　发挥我国妇女伟大作用》，《人民日报》2013 年 11 月 1 日。

③ 《习近平在同全国妇联新一届领导班子集体谈话时强调　坚持男女平等基本国策　发挥我国妇女伟大作用》，《人民日报》2013 年 11 月 1 日。

在不断地提高自身的素质和修养，完成一次次由蛹化蝶的蜕变。对此，习近平总书记要求："坚持以社会主义核心价值观为统领，引导妇女既要爱小家，也要爱国家，带领家庭成员共同升华爱国爱家的家国情怀、建设相亲相爱的家庭关系、弘扬向上向善的家庭美德、体现共建共享的家庭追求，在促进家庭和睦、亲人相爱、下一代健康成长、老年人老有所养等方面发挥优势、担起责任。要引导妇女带动家庭成员，发扬尊老爱幼、男女平等、夫妻和睦、勤俭持家、邻里团结等中华民族传统美德，抵制歪风邪气，弘扬清风正气，以好的家风支撑起好的社会风气。要帮助妇女处理好家庭和工作的关系，做对社会有责任、对家庭有贡献的新时代女性。"①

家庭和睦则社会安定，家庭幸福则社会祥和，家庭文明则社会文明。因此，新时代要更加注重发挥妇女在家庭生活中的独特作用，推动社会主义核心价值观在家庭落地生根，形成爱国爱家、相亲相爱、向上向善、共建共享的社会主义家庭文明新风尚，能够为领导干部形成良好的家风，形成向上的家教创造良好的条件。当然，党和国家也要把保护妇女权益、发展妇女事业作为重要的任务落实到位，"以作风建设的实际成效推进妇女事业发展。要通过立体化、多层面的组织体系最广泛地把广大妇女吸引过来、凝聚起来"②。

---

①《习近平在同全国妇联新一届领导班子成员集体谈话时强调　坚持中国特色社会主义妇女发展道路　组织动员妇女走在时代前列建功立业》，《人民日报》2018年11月3日。

②《习近平在同全国妇联新一届领导班子集体谈话时强调　坚持男女平等基本国策　发挥我国妇女伟大作用》，《人民日报》2013年11月1日。

（三）健全领导干部家风建设制度

随着经济体制深刻变革、社会结构深刻变动、利益格局深刻调整、思想观念深刻变化，家庭领域也出现许多新情况新问题，如婚恋观呈现多元趋势，婚姻稳定度下降；养老观念出现分化，呈现城乡差异；家教观念显露多重矛盾，重知识学习轻品德培养现象凸显；受不良思潮和价值观影响，家庭生活中出现一些道德失范行为等。这些家庭现象对社会形成了巨大冲击，特别是一些领导干部家教不严、家风不正，把家庭当成权钱交易所，把家人当成利益共同体，发生家庭式甚至是家族式贪腐案件，败坏党风、政风乃至整个社会风气。如何应对新情况、解决好新问题，是摆在中国共产党面前的重要课题。

党的十八大以来，以习近平同志为核心的党中央大力加强领导干部家风建设，既注重价值引领，又注重建章立制，要求领导干部坚持道德“高线”，廉洁修身、廉洁持家，严守纪律“底线”，把纪律和规矩挺在前面，体现了思想建党与制度治党相结合，以道德和制度的内外合力为营造风清气正的党风政风提供了新方法，为党风建设实践开辟了新路径。新时代，中国共产党制定和修订了相关党内法规，把家风建设提升到了制度层次。2015 年 10 月，中共中央正式印发了《中国共产党廉洁自律准则》，这一准则言简意赅地规范了党员领导干部应当廉洁从政、廉洁用权、廉洁修身、廉洁齐家等 4 个方面的内容，在廉洁齐家方面，明确规定党员领导干部应“自觉带头树立良好家风”[①]。这是中国共产党首次

① 《〈中国共产党廉洁自律准则〉〈中国共产党纪律处分条例〉》，人民出版社 2015 年版，第 6 页。

以党内法规形式对党员领导干部应该“自觉带头树立良好家风”作出的规定，对于指导新时代党员和党员领导干部的家风传承和建设提出了新要求，为建立家风建设的长效机制提供了基本的制度保证。

健全领导干部家风建设制度，一是要建立健全领导干部家庭财产申报制度。建立领导干部财产申报制度，能够把领导干部的合法收入和合法财产纳入到监管中，这一做法既能对领导干部的财产进行评估，也能对领导干部的心理形成震慑。早在 1995 年 6 月，中央办公厅、国务院办公厅就颁布了《关于党政机关县（处）级以上领导干部收入申报的规定》；2001 年 6 月，中央纪委、中央组织部又颁布了《关于省部级现职领导干部报告家庭财产的规定（试行）》。这两个规定成为党员领导干部财产申报的主要依据，但规定在实施的过程中却存在申报范围不明确、申报内容不公开、申报效果不明显等弊端。因此，党的十八大以来，中共中央强调必须加强干部家庭财产申报制度的实施，指出要严格执行抽查核实一定比例的申报内容。在此基础上，领导干部家庭财产申报制度得到了进一步的完善。二是要严格执行领导干部重大事项报告制度。2014 年 10 月，习近平总书记在加强反腐败国际追逃追赃工作的讲话中指出：“重大事项报告制度不能摆在那，要抽查，抽查以后有问题的就要追究处理，这样这个制度才有用，而且才能如实报。”①2019 年 2 月，中共中央印发了《中国共产党重大事项请示报告条例》，该条例不仅对坚决维护习近平总书记党中央的核心、全党的核心地位，坚决维护党中央权威和集中统一领导，保证全党团结统一和行动一致，具有重要意义，而且对

① 《习近平关于党风廉政建设和反腐败斗争论述摘编》，中央文献出版社、中国方正出版社 2015 年版，第 131 页。

领导干部家风建设具有重要的指导意义。三是要完善干部信息公开制度。当前干部信息的公开内容及范围是有限的，难以完全接受群众的监督。健全干部财产、家庭状况等信息公开机制，能够加强对领导干部亲属、子女在就业、经商等方面的约束和监督。四是要健全廉政考评机制。拓宽党风廉政述职范围，不仅要加强工作实绩的考评，还要将家庭情况纳入年度党风廉政建设述职报告当中，要求领寻干部对家庭财产、家庭成员从业教育等内容进行如实汇报。此外，要探索建立干部家风建设考核机制，将家风建设纳入领导干部的考评内容，把家风好坏作为干部提拔、晋级、奖惩的重要依据，切实将“德才兼备. 以德为先”干部标准落到实处，通过多措并举全面加强对领导干部家风的监督，为推动党的作风建设夯实领导干部的家风根基。

对此，习近平总书记强调要重视党的制度建设，要把党的制度建设贯穿新时代党的建设全过程，健全领导干部家风制度建设对于新时代党的建设具有重要的现实意义。一则从时间谱系上来看，健全领导干部家风制度建设有助于领导干部家风建设久久为功、行稳致远。把领导干部家风从日常约定俗成提升为抽象制度生成，夯实领导干部家风建设的基础，这将使领导干部家风建设不以个别人看法的改变而改变，不以个别人主观喜恶的变化而变化，有利于保持领导干部家风建设的稳定性和预期性。二则从内容谱系上来看，有助于领导干部家风建设合理化、体系化、规范化。一般而言，领导干部家风往往呈现出主观化、碎片化、日常化的特征，这就决定了它在形式、内容、程序等方面存在些许问题，很难适应新时代党对领导干部家风建设的要求。如何改进上述现象，加强新时代领导干部家风制度建设不失为一个很好的选择。通过制度化的安排和程序化的设计，领导干部家风制度建设将会趋于合理化、体系化、规范化。三则从影响结果上来看，有助于领导干部家风建设可普及、可复制、可推广。实现中华民族伟大复兴的中国梦，需要千百万领导干部勠力同心、砥砺奋进，需要在领导干部家庭中形成一套可普及、可复制、可推广的良好家风，这就使领导干部家风制度建设显得尤为必要。总而言之，领导干部家风制度化建设，可使优良家风普及面更广、复制性更好、推广程度更高。

中华民族历来注重家庭、家教、家风，家庭的命运与国家的命运、民族的命运紧密相连。习近平总书记积极弘扬中华民族家风建设的优良传统，明确指出领导干部的家风，不仅关系自己的家庭，而且关系党风政风，要求把家风建设作为领导干部作风建设的重要内容，严格管好家庭成员与身边人。这些重要思想和实践对于推进党员干部的家风建设，以家风转党风、以家风促党风，都发挥了重要的指导作用。

第六章 持之以恒抓常抓细抓长

党的作风建设是党的生命线，是一个永恒的课题。从党的自身建设而言，作风建设永不懈怠是党的政治优势和优良传统，是永葆党的青春活力和政治本色的重要着力点；高度重视作风建设，是党历久弥新的重要法宝。从新时代新征程的现实要求看，中国共产党能否承担起新的时代使命，关键取决于党的建设新的伟大工程；党的作风建设作为伟大工程中保持自身先进性的关键和时代课题，直接关系国家的命运、人民的命运、民族的命运。从实现中华民族伟大复兴的历史使命看，中国共产党也必须始终把作风建设视为党的生命，使党始终走在时代前列，勇于自我革命，保持生机活力，与人民心连心、同呼吸、共命运。因此，面对前行中的各种风险挑战与未解决的突出矛盾，党的作风建设必须在抓常抓细抓长上下功夫，以“没有完成时、只有进行时”的恒心和韧劲抓好抓实。

一、作风建设是攻坚战和持久战

党的十八大以来，习近平总书记准确研判了作风建设的艰巨性、长期性和复杂性，反复强调“作风建设永远在路上”，越到紧要关头越不能有丝毫松懈，特别指出作风建设是“摆在我们面前的一项重大而紧迫的任务，抓作风建设一丝都不能放松、一刻都不能停顿”[①]，要求全党把党的作风建设摆到重要位置，“以滚石上山的劲头、爬坡过坎的勇气，保持定力、寸步不让，深化整治、见底见效”[②]，要对党的作风问题保持高度警惕，保持高压态势，常抓不懈，久久为功。

（一）作风问题具有顽固性和反复性

加强作风建设是中国共产党的光荣传统，是党不断确立优势、赢得主动的重要法宝。在革命、建设、改革的百年实践中，中国共产党之所以能够团结带领人民取得一系列伟大成就，战胜一个又一个困难，很重要的一个原因就是党在长期实践中培育并坚持了光荣传统和优良作风。依靠党的光荣传统和优良作风，中国共产党确立了自己的政治优势，为党和人民事业不断从胜利走向胜利提供了重要保障。但是历史经验也告诉我们，在长期执政的环境中，一些党员干部滋生了骄傲自满情绪和特

---

① 《十八大以来重要文献选编》上，中央文献出版社 2014 年版，第 308 页。

② 习近平：《推进党的建设新的伟大工程要一以贯之》，《求是》2019 年第 19 期。

权思想，一些社会现象和错误思想对党的领导干部产生了消极影响，尤其是在社会主义市场经济条件下，商品交换原则必然会渗透到党内生活中来，不可避免地会侵害党的队伍，正如习近平总书记所说："这是不以人的意志为转移的。社会上各种各样的诱惑缠绕着党员、干部，'温水煮青蛙'现象就会产生，一些人不知不觉就被人家请君入瓮了。"[①]在这一过程中，党的作风问题明显地表现出很强的顽固性和反复性。对此，习近平总书记认为"作风问题我们一直在抓，但很多问题不仅没有解决、反而愈演愈烈，一些不良作风像割韭菜一样，割了一茬长一茬。症结就在于对作风问题的顽固性和反复性估计不足，缺乏常抓的韧劲、严抓的耐心，缺乏管长远、固根本的制度"[②]；也清醒地认识到"形成优良作风不可能一劳永逸，克服不良作风也不可能一蹴而就"[③]。

可见，作风建设没有"休止符"，是由作风本身的特点和复杂的环境所决定的。无论是优良作风还是不正之风，作风都是一种日积月累、积习而成的行为现象，这一现象表现出作风在形成过程中的稳定性。优良作风的稳定性可以营造全党全社会积极健康的政治生态，而不良作风的稳定性就突出地表现在解决不正之风过程中的顽固性和反复性。不良作风就如"弹簧"一样，压一压就紧一紧，放一放就松一松；作风问题是长期形成的痼疾顽症，可谓冰冻三尺非一日之寒，并非一朝一夕之事。

---

① 《习近平关于党风廉政建设和反腐败斗争论述摘编》，中央文献出版社、中国方正出版社 2015 年版，第 22 页。

② 《习近平关于党风廉政建设和反腐败斗争论述摘编》，中央文献出版社、中国方正出版社 2015 年版，第 22 页。

③ 《习近平关于党风廉政建设和反腐败斗争论述摘编》，中央文献出版社、中国方正出版社 2015 年版，第 80 页。

因此纠正不正之风、改进党的作风不是一蹴而就的，不是走过场、摆形式，而是一个长期的斗争，是一场持久战和攻坚战。而当不正之风与腐败问题相互交织时，就表现出更强的顽固性。这又与腐败作为社会现象产生的土壤密切相关。亨廷顿认为，腐化程度与社会和经济迅速现代化有关，现代化开辟了新的财富和权力来源，助长了政治行为和经济财富之间的交易，即腐化的行为①。可以说腐败是现代化的伴生物，实质上更准确地说是在市场经济条件下与资本特性相伴而生的，只要市场经济存在，资本追求利益最大化的特性和商品交换原则必然会渗透党内生活，这是不以人的意志为转移的。面对腐败产生的必然性，规范使用公共权力仅靠党员干部的道德自律是远远不够的，必须要有健全的法律和制度体系，以防止公权私用。而党的作风建设上的理论与实践并没有得到坚决执行，又加剧了不正之风与腐败问题的反复交织。

当前，形式主义、官僚主义、享乐主义、奢靡之风等问题实际上是党内存在的突出矛盾和问题的突出表征，积习甚深。在反对“四风”的过程中，作风问题的顽固性和反复性表现明显。一些党员干部思想上不够重视，没有深刻认识到党中央坚决反对“四风”问题的重要性、必要性和紧迫性，认为纠正“四风”不过是“一阵风”，摆摆形式，走走过场，存在应付、观望思想；一些党员干部对落实中央八项规定精神的艰巨性和长期性认识不足，时间一长就容易产生松懈情绪，没有形成思想和行动上的自觉；这些问题使改进党的作风工作出现了“抓一抓有好转，

① ［美］塞缪尔·P. 亨廷顿：《变化社会中的政治秩序》，王冠华、刘为等译，上海人民出版社 2008 年版，第 45 页。

松一松就反弹"[①]的现象。还有一些部门和地方存在反对“四风”工作不实的问题，比如，领导班子履行主体责任不够，搞形式、做虚功、打折扣；有的领导干部依然奉行好人主义，对管辖范围内的“四风”问题睁一只眼闭一只眼；一些部门和地方传导压力不足，落实中央八项规定精神存在上紧下松现象，顶风违纪的问题仍然发生，甚至数量居高不下。老问题解决了，新问题又出来了；作风建设抓抓停停，或者寄希望于集中一段时间的一次整治根本转变作风，都是未能充分认识到作风问题的顽固性和长期性，这种改进作风的工作方法不仅不能从根本上转变作风，反而会在党内形成新的党风问题，影响党的政治生态，使广大群众对党的作风建设失去信任和信心。

“千丈之堤，以蝼蚁之穴溃；百尺之室，以突隙之烟焚。”列宁早在建立苏维埃政权时，就深刻指出过官僚主义这个“新脓疮”和“祸害”对党造成的严重损害，明确提出“反对官僚主义的斗争需要几十年时间。这是一场最艰巨的斗争，要是有人对你们说，只要采纳反官僚主义的纲领，我们马上就能摆脱官僚主义，那他准是一个爱说漂亮话的骗子”[②]。这一判断实际上为中国共产党正确认识作风问题提供了历史经验。党的十八大以来，习近平总书记要求全党充分估计作风问题的顽固性和反复性，以“挑山工”登泰山的故事，形象又深刻地阐释了作风建设永不懈怠的极端重要性，在各种场合反复要求对“四风”问题及其各种变异表现提高警惕；提出要把作风建设作为一个长期性、经常性的重要任务，以坚强的意志品质

① 《习近平关于党的群众路线教育实践活动论述摘编》，党建读物出版社、中央文献出版社 2014 年版，第 64 页。

② 《列宁全集》第 40 卷，人民出版社 2017 年版，第 250 页。

持续努力，寸步不让，一抓到底，“把要求落实到每一项工作、每一个环节之中，建立健全管用的体制机制，自觉接受群众评议和社会监督”①，以钉钉子精神，踏石留印、抓铁有痕；强调越是到紧要关头，越不能有丝毫松懈，“只要以滚石上山的劲头、爬坡过坎的勇气，保持定力、寸步不让，深化整治、见底见效，就能一步步实现弊绝风清、海晏河清”②。

（二）时刻防范“四风”隐形变异新动向

党的十八大以来，从制定和执行中央八项规定开始，以习近平同志为核心的党中央，坚持以上率下，以身作则、身体力行，全党上下纠正“四风”取得重大成效。经过不懈努力，奢靡享乐之风基本刹住，群众反映强烈的突出问题得到有效遏制，一些过去被认为不可能刹住的歪风邪气刹住了，一些过去司空见惯的顽瘴痼疾攻克了，作风建设成为党的建设一张亮丽名片，带动了社会风气的整体好转。但是，党内存在的作风不纯问题还未得到根本解决，“不想腐”的思想基础仍不够牢靠；压力传导逐级递减，上热中温下冷、水流不到头的现象仍然存在；不收敛不收手情况仍然存在，“四风”问题呈现隐形变异；形式主义和官僚主义问题仍然突出，需要着力破题整治；有的制度修订完善不及时，缺乏针对性和可操作性，执行不到位③。

---

① 《习近平关于“不忘初心、牢记使命”论述摘编》，党建读物出版社、中央文献出版社 2019 年版，第 185 页。

② 习近平：《推进党的建设新的伟大工程要一以贯之》，《求是》2019 年第 19 期。

③ 《纠正“四风”不能止步　作风建设永远在路上——中央纪委有关负责同志答新华社记者问》，http://news.12371.cn/2017/12/11/ARTI1512984624229801.shtml。

早在2014年1月，习近平总书记就在党的群众路线教育实践活动第一批总结暨第二批部署会议上专门有针对性地列举了一些隐形变异现象，“有的楼堂馆所穿上‘创业大厦’、‘研发中心’等马甲，有的以培训为名行游山玩水之实，有的干部红白喜事不请客但收礼，有的大吃大喝转战到私人会所、农家乐、‘内部食堂’。有的送礼和收礼穿上‘隐身衣’，礼品册、电子礼品卡等花样繁多，利用网络、快递进行，双方不见面，十分隐蔽。还有的单位为了应付检查，采取无中生有、移花接木、指鹿为马等手法，看似在表格上完成了考核指标，实际上没有多少改变”①。这些问题都表明了作风问题的顽固性和反复性，以及“四风”问题隐形变异新动向的初期表现。

2017年12月，习近平总书记就新华社一篇《形式主义、官僚主义新表现值得警惕》一文作出指示，再次指出了“四风”问题的顽固性与反复性，要求纠正“四风”不能止步，并强调了文中提出的“四风”问题的新情况，如“一些领导干部调研走过场、搞形式主义，调研现场成了‘秀场’；一些单位‘门好进、脸好看’，就是‘事难办’；一些地方注重打造领导‘可视范围’内的项目工程，‘不怕群众不满意，就怕领导不注意’；有的地方层层重复开会，用会议落实会议；部分地区写材料、制文件机械照抄，出台制度决策‘依葫芦画瓢’；一些干部办事拖沓敷衍、懒政庸政怠政，把责任往上推；一些地方不重实效重包装，把精力放在‘材料美化’上，搞‘材料出政绩’；有的领导干部热衷于将责任下移，‘履责’变‘推责’；有的干部知情不报、听之任之，态度漠然；

① 《习近平关于党风廉政建设和反腐败斗争论述摘编》，中央文献出版社、中国方正出版社2015年版，第80—81页。

有的干部说一套做一套、台上台下两个样”[①]。随后，中央纪委有关负责同志在关于落实习近平总书记重要指示的答新华社记者问中，进一步具体说明了“四风”问题的新动向和新表现。

奢靡享乐歪风在高压下比较突出的新动向就是改头换面、潜入地下的隐形变异。“比如：违规公款吃喝转入内部食堂、培训中心、农家乐等隐蔽场所，或接受私营企业在高档小区内安排的‘一桌餐’；有的在费用报销上做手脚，将大额消费拆分成多个小额发票报销，或长期在饭店挂账，待‘风头’过后一起结账。公款旅游打着单位集体活动、职工疗养休养等‘幌子’，公务出国扎堆热点国家，借公务之机游山玩水，变更行程绕道绕远，或由下属单位、相关利益单位、管理服务对象支付旅游费用。收送礼品、礼金避开敏感时间节点搞‘错峰送礼’，还通过电子礼品卡、电子红包、快递等隐蔽方式进行。通过违规借用下属单位或企业车辆等方式使用公务用车，甚至变‘公车私用’为‘私车公养’。婚丧喜庆事宜化整为零分批操办、异地操办、变换身份操办，或只收礼金不办酒席。”[②]

“形式主义、官僚主义在一定程度上仍然存在，在一些地方和单位问题还比较突出，主要有10种表现：一是在贯彻落实方面，有的领导干部对贯彻落实中央重大决策部署表态多调门高，但行动少落实差，虚多实少，仅仅满足于‘轮流圈阅’‘层层转发’‘安排部署’，个别领导干部说一套做一套，我行我素。二是在调查研究方面，有的单位搞形式、走过

① 《习近平近日作出重要指示强调　纠正“四风”不能止步　作风建设永远在路上》，《人民日报》2017年12月12日。

② 《纠正“四风”不能止步　作风建设永远在路上——中央纪委有关负责同志答新华社记者问》，http://news.12371.cn/2017/12/11/ARTI1512984624229801.shtml。

场，像打造旅游线路一样打造‘经典调研线路’，无论什么调研主题，去的是同一条路线、访的是同一批对象、听的是同一套说辞，搞‘大伙演、领导看’的走秀式调研。三是在服务群众方面，有的单位表面上推进服务型政府建设，‘门好进、脸好看’，但还是‘事难办’，将过去的‘管卡压’变成了现在的‘推绕拖’；有的政务服务热线电话长期无人接听；有的政府网站更新的内容主要是领导活动，政务公开、便民服务等栏目几乎成为僵尸栏目。四是在项目建设方面，一些地方热衷于打造领导‘可视范围’内的项目工程，而不考虑客观实际，‘不怕群众不满意，就怕领导不注意’‘奖状一屋子，工作还是老样子’。五是在召开会议方面，一些地方无论什么会议都要层层重复开，一个接一个，检查评比走马灯，导致干部疲于应付，没有时间抓落实。六是在改进文风方面，有的地方写文件、制文件机械照搬照抄，出台制度规定‘依葫芦画瓢’，内容不是来自调查研究，而是源自抄袭拼凑。七是在责任担当方面，有的领导干部‘只求不出事，宁愿不做事’，凡事都要上级拍板，避免自己担责，甚至层层往上报、层层不表态。八是在工作实效方面，有的地方对工作不重实效重包装，把精力都放在‘材料美化’上，一项工作刚开始就急于总结成绩、宣传典型，搞‘材料出政绩’。九是在履行职责方面，有的部门热衷于与下属单位签订‘责任状’，将责任下移，试图让下级的‘责任状’成为自己的‘免责单’。十是在对待问题方面，有的党员干部对身边不良风气和违规问题态度漠然，事不关己、高高挂起，知情不报、听之任之，甚至在组织向其了解情况时仍不说真话。”[①]这些问题，“看似新表

① 《纠正“四风”不能止步 作风建设永远在路上——中央纪委有关负责同志答新华社记者问》，http://news.12371.cn/2017/12/11/ARTI1512984624229801.shtml。

现，实则老问题”[①]，进一步表明了作风问题的顽固性和反复性。

对于“四风”问题的新动向和新变异，习近平总书记清醒认识到“四风”问题病根未除、土壤还在，要求对“四风”隐形变异新动向必须时刻防范，“一定要认清‘四风’的严重性、危害性和顽固性、反复性”[②]，下大力气加以整治“四风”问题，坚决防止不良风气反弹回潮，“把刹住‘四风’作为巩固党心民心的重要途径，坚决防止产生‘疲劳综合征’”[③]，“要以马不离鞍、缰不松手的定力，以反复抓、抓反复的韧劲，以钉钉子精神贯彻中央八项规定及其实施细则、整治‘四风’、落实为基层减负的各项规定，建立健全长效机制”[④]。

2020 年 1 月，中央纪委国家监委网站在公布的 2019 年全国查处违反中央八项规定精神问题统计表中，首次向社会公开发布查处形式主义、官僚主义问题的数据，并对查处享乐主义、奢靡之风问题的数据统计指标进行了优化调整。统计表显示，在形式主义、官僚主义问题上，“贯彻党中央重大决策部署有令不行、有禁不止，或者表态多调门高、行动少落实差，脱离实际、脱离群众，造成严重后果”的问题数为 2095 起，处理人数 3055 人，党纪政务处分人数 1519 人；“在履职尽责、服务经济社

① 《习近平近日作出重要指示强调　纠正“四风”不能止步　作风建设永远在路上》，《人民日报》2017 年 12 月 12 日。

② 《习近平在指导河北省委常委班子专题民主生活会时强调　坚持用好批评和自我批评的武器　提高领导班子解决自身问题能力》，《人民日报》2013 年 9 月 26 日。

③ 《习近平关于“不忘初心、牢记使命”论述摘编》，党建读物出版社、中央文献出版社 2019 年版，第 199 页。

④ 《中共中央政治局召开民主生活会强调　加强政治建设提高政治能力坚守人民情怀　不断提高政治判断力政治领悟力政治执行力》，《人民日报》2020 年 12 月 26 日。

会发展和生态环境保护方面不担当、不作为、乱作为、假作为，严重影响高质量发展”的问题数为59588起，处理人数85688人，党纪政务处分人数52926人；“在联系服务群众中消极应对、冷硬横推、效率低下，损害群众利益，群众反映强烈”的问题数为3161起，处理人数4613人，党纪政务处分人数2359人；“文山会海反弹回潮，文风会风不实不正，督查检查考核过多过频、过度留痕，给基层造成沉重负担”的问题数为1696起，处理人数2755人，党纪政务处分人数505人；其他方面的问题数为8371起，处理人数11861人，党纪政务处分人数6038人。在享乐主义，奢靡之风问题上，统计指标优化为6类：一是违规收送名贵特产和礼品礼金；二是违规吃喝；三是违规操办婚丧喜庆；四是违规发放津补贴或福利；五是公款旅游以及违规接受管理和服务对象等旅游活动安排；六是其他，包括违规配备和使用公车、楼堂馆所问题、提供或接受超标准接待、组织或参加用公款支付的高消费娱乐健身等活动、接受或提供可能影响公正执行公务的健身娱乐等活动、违规出入私人会所、领导干部住房违规[①]。

由此可见，这是党中央聚焦形式主义、官僚主义的突出问题、防范“四风”隐形变异的自觉行动，正如习近平总书记在十九届中央纪委四次全会上强调，要坚决贯彻中央八项规定精神，保持定力、寸步不让，防止老问题复燃、新问题萌发、小问题坐大。实际上，防止“四风”隐形变形新动向，就要坚持全面从严、一严到底，要深入开展党的优良传统和作风教育，完善作风建设长效机制，把好传统带进新征程，将好作风

① 《2020年12月全国查处违反中央八项规定精神问题22401起》，https://www.ccdi.gov.cn/jdjbnew/wntj/202203/t20220330_182963.html。

弘扬在新时代。

二、作风建设要标本兼治

反对“四风”的实践证明，作风建设“抓和不抓大不一样，真抓和假抓大不一样，严抓和松抓也大不一样”①；同时它是一个长期的、复杂的、艰巨的过程，非“常”不足以治本，非“细”不足以克难，非“长”不足以巩固。前热后冷，前紧后松，就会功亏一篑；抓而不紧，抓而不实，抓而不常，就等于白抓。对此，习近平总书记在指导河南省兰考县委常委班子党的群众路线教育实践活动专题民主生活会时专门强调，解决作风方面存在的问题，根本要靠坚持不懈抓常、抓细、抓长，要标本兼治，经常抓、见常态，深入抓、见实效，持久抓、见长效。这一判断既提出了作风建设“永远在路上”的根本要求，又明确了“标本兼治”的根本方法。

（一）经常抓、见常态

习近平总书记指出：“抓常，就是要经常抓、见常态。作风建设，重在经常，必须常常抓。风气养成重在日常教化，作风建设贵在常抓不懈，时刻摆上位置、有机融入日常工作，做到管事就管人，管人就管思想、管作风。”②可见，经常抓，就是要求各级党组织和主要负责人要通过对

① 习近平：《在党的群众路线教育实践活动总结大会上的讲话》，人民出版社2014年版，第25页。

② 《习近平关于党风廉政建设和反腐败斗争论述摘编》，中央文献出版社、中国方正出版社2015年版，第84页。

全体党员日常潜移默化地教育、管理、监督，使全体党员始终保持清醒的头脑，注重清除思想的灰尘，使作风建设成为经常性的工作。

一是加强理论武装，经常自我检视。政治上的坚定，源于理论上的清醒。坚持以科学理论引领、用科学理论武装，是中国共产党永葆先进性、纯洁性的根本保证。思想理论水平的高低，决定着党员素质的高低，没有先进理论的武装，共产党员就不能树立崇高的精神追求，不能在工作中保持常学常新的良好作风。习近平总书记在庆祝中国共产党成立100周年大会上的重要讲话中指出："中国共产党为什么能，中国特色社会主义为什么好，归根到底是因为马克思主义行！"因此，深入系统学习马克思主义，用马克思列宁主义、毛泽东思想、邓小平理论、"三个代表"重要思想、科学发展观和习近平新时代中国特色社会主义思想武装头脑，是共产党员提高理论水平、弘扬党的作风、加强党性修养的必然要求。但是党内确实存在"有的干部学风不浓、玩风太盛"，"不注意学习，忙于事务，思想就容易僵化、庸俗化"的现象，此时"能不能多一点学习、多一点思考，少一点无谓的应酬、少一点形式主义的东西"，是转变工作作风的重要内容[①]。对此，习近平总书记要求领导干部把认真学习马克思主义理论作为看家本领，一定把"学习放在很重要的位置上"，提出"学习需要沉下心来，贵在持之以恒，重在学懂弄通，不能心浮气躁、浅尝辄止、不求甚解"[②]。广大党员、干部要通过自觉的常态化学习，"把学习成果转化为提升党性修养、思想境界、道德

---

① 《习近平谈治国理政》第1卷，外文出版社2018年版，第407页。

② 《习近平谈治国理政》第1卷，外文出版社2018年版，第407页。

水平的精神营养，做到真学真懂真信真用”[①]，把所学理论知识不断转化为坚定理想信念的动力，不断提升自己的政治素养，提高知识化和专业化水平，增强自身在实践中的工作能力，展现知行合一的态度与行为，形成优良的思想作风和工作作风。同时，习近平总书记还进一步强调广大党员干部“要深入改进作风，在学习上下一番真功夫、实功夫、苦功夫”，“凡是作出的承诺、立下的军令状都说一件、干一件、成一件，营造良好政治生态、保持清正廉洁政治本色”[②]；要经常性地“以党章为镜，对照党的纪律、群众期盼、先进典型，对照改进作风要求，在宗旨意识、工作作风、廉洁自律上摆问题、找差距、明方向”，“勇于正视缺点和不足，严明党的纪律特别是政治纪律，敢于触及思想、正视矛盾和问题，从自己做起，从现在改起，端正行为，自觉把党性修养正一正、把党员义务理一理、把党纪国法紧一紧，保持共产党人良好形象。”[③]与时俱进的理论学习与始终清醒的自我检视紧密相连，是广大党员、干部树立良好作风的基础，是作风建设“见常态”的内生动力。只有深入学习马克思主义理论特别是习近平新时代中国特色社会主义思想，学习党史、新中国史、改革开放史、社会主义发展史、中华民族发展史，学习经济、政治、法律、文化、社会、管理、生态、国际等各方面基础性知识，学习同做好本职工作相关的新知识新技能。只有读原著、学原文、悟原理，前后贯通学、及时跟进学，运用党的科学理论优化思想方法，解决思想困惑，检视自身思想作风和精神状态，牢固树立正确的世界

① 《十八大以来重要文献选编》下，中央文献出版社2018年版，第348页。

② 《习近平在黑龙江考察调研时强调　深化改革开放优化发展环境　闯出老工业基地振兴发展新路》，《人民日报》2016年5月26日。

③ 《十八大以来重要文献选编》上，中央文献出版社2014年版，第315页。

观、人生观、价值观和权力观、政绩观、事业观，才能使自己的思维方式和精神世界更好适应事业发展需要。

二是经常教育管理，严肃政治生活。党员、干部常态化自我学习与各级党组织对党员、干部集中化教育、管理，是相辅相成、有机统一的；以严肃的党内政治生活为载体，加强对党员干部的教育管理，是作风建设“见常态”的外在保障。习近平总书记指出，“党内政治生活是党组织教育管理党员和党员进行党性锻炼的主要平台，从严治党必须从党内政治生活严起。有什么样的党内政治生活，就有什么样的党员、干部作风”[①]；“改进工作作风，就是要净化政治生态，营造廉洁从政的良好环境”[②]。可见，作风建设“见常态”与党内政治生活存在内在联系。在开展党内政治生活中，理论武装是党内政治生活的应有之义，“抓好思想教育这个根本”，这是党内政治生活的首要任务，是保证全党步调一致的前提。广大党员、干部要“筑牢信仰之基、补足精神之钙、把稳思想之舵，坚守真理、坚守正道、坚守原则、坚守规矩，明大德、严公德、守私德，重品行、正操守、养心性，做到以信念、人格、实干立身”[③]；要“抓好选人用人这个导向”，这是党内政治生活的风向标，要落实好干部标准，严把政治关、品行关、作风关、廉洁关，大力整治选人用人上的

---

① 习近平：《在党的群众路线教育实践活动总结大会上的讲话》，人民出版社2014年版，第18页。

② 习近平：《在党的十八届六中全会第二次全体会议上的讲话（节选）》，《求是》2017年第1期。

③ 习近平：《在党的十八届六中全会第二次全体会议上的讲话（节选）》，《求是》2017年第1期。

不正之风；要“用好组织生活这个经常性手段”①，这是党内政治生活的重要内容和载体，要认真落实“三会一课”、民主生活会、领导干部双重组织生活、民主评议党员、谈心谈话等制度，加强经常性教育、管理，在党内营造批评和自我批评的良好风气。同时，以习近平同志为核心的党中央专门出台干部教育培训规划，要求注重分类分级开展精准化的教育培训，引导广大干部做到学以致用、知行合一，“使教育培训过程成为干部增强党性修养、提升品行作风的过程”②。这些论述都是经常抓作风建设的实践表现，专门的教育培训与党内政治生活的教育管理使党的作风建设在教育管理上保持严肃性和规范性，有助于广大党员干部提升理论武装的日常性和系统性，是作风建设“见常态”的有效方法，为作风建设“见常态”提供组织保障。

三是经常分析情况，强化日常监督。习近平总书记要求：“各级党组织及其主要负责人要把班子和干部队伍作风建设紧紧抓在手上，经常分析班子和干部队伍作风状况，经常分析本地区本部门干群关系状况，及时掌握苗头性、倾向性问题，采取有针对性的措施。”③这是作风建设经常抓、见常态的具体工作表现。各级党组织和主要负责人要依托日常工作和经常性的党内生活，在加强理论武装和教育管理的同时，要强化日常监督，“把行为管理和思想管理统一起来，把工作圈管理和社交圈管

---

①　习近平：《在党的十八届六中全会第二次全体会议上的讲话（节选）》，《求是》2017年第1期。

②《中共中央政治局召开会议　审议〈中国共产党支部工作条例（试行）〉和〈2018—2022年全国干部教育培训规划〉》，《人民日报》2018年9月22日。

③《习近平关于党风廉政建设和反腐败斗争论述摘编》，中央文献出版社、中国方正出版社2015年版，第84—85页。

理衔接起来，把八小时之内的管理和八小时之外的管理贯通起来”[①]；要“多了解党员、干部日常的思想、工作、作风、生活状况，多注意干部群众的反映，抓早抓小，防微杜渐”[②]，发现苗头性、倾向性问题及时批评教育，经常敲响思想警钟，使咬耳扯袖、红脸出汗成为常态；“要把党内监督体现在时时处处事事上，敦促党员、干部按本色做人、按角色办事。全党同志要习惯于在同志间相互提醒和督促中修正错误、共同进步”[③]。日常的党员干部教育管理监督，能够使作风建设落实于党员干部队伍建设的各个环节，保证作风建设“见常态”的落实落地。

（二）深入抓、见实效

习近平总书记指出：“抓细，就是要深入抓、见实招。作风建设，重在抓细节，必须环环抓。老百姓看作风建设，主要不是看开了多少会、讲了多少话、发了多少文件，而是看解决了什么问题。‘春江水暖鸭先知’，有没有变化，老百姓体会最深。为什么我们要抓景区会所、送节礼、送月饼、送贺年卡这些看起来不起眼的事情？为什么要抓办公用房、公车配备、出差餐饮等问题？就是要从细节处着手，养成习惯。如果对工作、对事业仅仅满足于一般化、满足于过得去，大呼隆抓，眉毛胡子一把抓，那么问题就会被掩盖。相反，提高标准、从严要求，自然就会

---

① 习近平：《在全国组织工作会议上的讲话》，人民出版社2018年版，第22页。

② 习近平：《在党的十八届六中全会第二次全体会议上的讲话（节选）》，《求是》2017年第1期。

③ 习近平：《在党的十八届六中全会第二次全体会议上的讲话（节选）》，《求是》2017年第1期。

看到差距、看到问题。抓住了问题也就抓住了具体。”[①]可见，“深入抓、见实效”是领导干部工作作风的重要体现，作风建设的细节反映的是党的作风的本质，与百姓的满意程度、工作的务实习惯紧密相连。实际工作中抓不具体、抓不到位、抓不出实效的情况，归根到底，是缺乏抓落实的工作作风和工作本领。各级党组织既要对基层群众反映的作风问题一一回应、具体解决，转变敷衍应付的工作态度，又要透过现象看本质，把解决个别的具体问题与普遍存在的不正之风统一起来，使党的作风建设能够展现出让人民群众实实在在感受到的“实效”。

一方面，“深入抓”要到群众中去把握细节、抓好落实，让为民办实事“见实效”。习近平总书记在不同场合和工作上，都突出强调了作风建设深入推进的重要性，指出群众利益无小事，要求问需于民、问政于民、问计于民，“实实在在帮群众解难题、为群众增福祉、让群众享公平”[②]。在浙江工作时，习近平同志提出“做好为民办实事工作，关键在于用好的作风来办好事”，“最实在的事就是要着力解决民生问题，特别是关心困难群体，多做、大做‘雪中送炭’的事，多搞一些直接造福于民的‘满意工程’、‘民心工程’，切实把老百姓家门口的事情办好”；为民办实事，“最大的实效就是真正使广大群众得到实惠、感到幸福”，“要让群众来评判为民办实事工作的成效”[③]。在以为民务实清廉为主要内容的党的群众路线教育实践活动中，习近平总书记在同党外人士座谈

---

① 《习近平关于党风廉政建设和反腐败斗争论述摘编》，中央文献出版社、中国方正出版社 2015 年版，第 85 页。

② 《习近平关于全面建成小康社会论述摘编》，中央文献出版社 2016 年版，第 159 页。

③ 习近平：《之江新语》，浙江人民出版社 2007 年版，第 247 页。

时，恳请大家“围绕中国共产党作风建设方面存在的重点问题，多向我们反映群众呼声，多提切实可行的意见和建议，帮助我们解决工作中存在的不足”[①]。在总结党的群众路线教育实践活动成效时，习近平总书记指出，此次活动“积极回应群众关切，着力打通联系服务群众的‘最后一公里’，形成了人往基层走、钱往基层投、政策往基层倾斜的良好导向，改作风改到群众心坎上”，“一大批多年积累的矛盾和问题得到有效化解，一大批信访积案得到切实解决”，“广大党员、干部从一系列部署要求中感受到了严肃，从敢于啃硬骨头、破老大难的行动中体会到了认真，从改进作风的实际成效中看到了希望，在全党全社会弘扬了正气”[②]。可见，解决群众关心的小事，办好与群众利益密切相关的实事，展现了深入抓作风建设的成效，树立了党的形象，为全社会形成了良好的风向标。

另一方面，“深入抓”要改进工作方法，转变工作作风，以提高本领“见实效”。实事必须实干，决不喊空口号、摘花架子，决不能“只想当官不想干事，只想出彩不想担责，满足于做表面文章，重显绩不重潜绩，重包装不重实效”[③]，必须克服高高在上、急功近利、大而化之、坐而论道、眼高手低等不良习惯，脚踏实地、稳扎稳打，尽力而为、量力而行。对此，毛泽东早在 1944 年 3 月谈工作作风时就说道，好的工作方法就是做到群众化和具体化，“建立好的工作作风，就是要放下架子，打开脑筋

---

① 《中共中央召开党外人士座谈会　习近平主持会议并发表重要讲话》，《人民日报》2013 年 7 月 31 日。

② 习近平：《在党的群众路线教育实践活动总结大会上的讲话》，人民出版社 2014 年版，第 5—6 页。

③ 《习近平关于“不忘初心、牢记使命”论述摘编》，党建读物出版社、中央文献出版社 2019 年版，第 198 页。

多想问题”[①]。党的十八大以来，习近平总书记要求领导干部继承党的优良传统，加强学习，提高执政本领，深入开展调查研究，“既要到工作局面好和先进的地方去总结经验，又要到困难较多、情况复杂、矛盾尖锐的地方去研究问题，特别是要多到群众意见多的地方去，多到工作做得差的地方去，既要听群众的顺耳话，也要听群众的逆耳言，这样才能听到实话、察到实情、收到实效”[②]。广大党员、干部通过学习，创造性地开展工作，达到知行合一，形成事必躬亲、真抓实干的工作作风，能够使“见实效”成为作风建设的经常状态。

（三）持久抓、见长效

习近平总书记指出：“抓长，就是要持久抓、见长效。作风建设，重在持久，必须反复抓。历史和现实都告诉我们，抓好作风建设非一日之功。作风问题往往抓一抓就好一些，放一放就松下来，存在一个很难走出来的怪圈。这么多年来，作风问题我们一直在抓，但很多问题不仅没有解决，反而变本加厉了。症结就是没有抓长，三天打鱼两天晒网，集中抓的时候雷霆万钧，平时则放任自流。所以，作风问题必须抓长、长抓，扭住不放，持之以恒，久久为功。”[③]

回顾历史，中国共产党充分认识到作风问题的反复性和顽固性，始终高度重视党的作风建设。1942 年，延安整风是一次全党范围内的马克

① 《毛泽东文集》第 3 卷，人民出版社 1996 年版，第 98 页。

② 《习近平关于“不忘初心、牢记使命”论述摘编》，党建读物出版社、中央文献出版社 2019 年版，第 218—219 页。

③ 《习近平关于党风廉政建设和反腐败斗争论述摘编》，中央文献出版社、中国方正出版社 2015 年版，第 85—86 页。

思主义思想教育运动，全党以反对主观主义整顿学风、反对宗派主义整顿党风、反对党八股整顿文风为内容，以“惩前毖后、治病救人”为方针，通过开展批评和自我批评，锻炼了党性，摆脱了把马克思主义教条化、把共产国际决议和苏联经验神圣化的错误倾向的束缚，使干部在思想上大大地提高一步，使党达到了空前的团结并进一步成熟起来。1957年的整风运动是一次普遍深入的反官僚主义、反宗派主义、反主观主义的整风运动，通过整风提高了全党的马克思主义思想水平，改进了作风，适应了社会主义建设的需要。1960年，中共中央作出《关于彻底纠正“五风”问题的指示》，下决心彻底纠正共产风、浮夸风、命令风、干部特殊风和对生产的瞎指挥风，号召全党大兴调查研究之风。改革开放以来，中国共产党先后开展1983年整党、“三讲”教育、保持共产党员先进性教育活动、创先争优活动、党的群众路线教育实践活动、“三严三实”专题教育、“两学一做”学习教育、“不忘初心、牢记使命”主题教育、党史学习教育等，突出解决党的先进性与纯洁性问题，深入推进了党的作风建设。

历史和实践证明，针对不同阶段党的作风问题开展集中性的整风整党运动，是增强党的凝聚力和战斗力的创举，展现了党自我革命的勇气，并取得了阶段性的成效。但集中性、阶段性的整风运动无法形成党的作风建设的合力和持久力，未能解决不正之风顽固性和反复性的问题，反而可能会出现老百姓最反感的“一阵风”情形，这会大大影响作风建设的效果，消解人民群众对党的信任和支持。因此，党的作风建设必须以抓长、长抓的态度和耐心，紧密联系具体实际，既解决老问题，也察觉新问题；既解决显性问题，也解决隐性问题；既解决表层次问题，也解决深层次问题，抓出习惯，抓出长效。党的十八大以来，以习近平同志为核心的党中央以强烈的使命担当和顽强的意志品质，直面党内存在的种种问题和弊端，从制定和执行中央八项规定破题，建立并完善了一系列被实践证明了的行之有效的制度，遏制了“舌尖上的浪费”，刹住了“车轮上的腐败”，整治了“会所里的歪风”，治理了“节日中的腐败”，让人民群众真真切切感受到了作风建设带来的实效，赢得了党心民心。

对于如何持久抓、见长效，习近平总书记强调必须从体制机制层面进一步破题，为作风建设形成长效化保障。建立作风建设的长效机制，必须从政治、思想、组织、纪律、制度等多方面寻求合力。一是要坚持党的全面领导，建立完善作风建设的领导体制和工作机制，切实解决基层党的领导和监督虚化、弱化问题，把党的作风建设与其他各项工作统筹规划，提高各级党组织和主要领导干部对作风建设常抓不懈的重视程度，督促领导干部带头改、带头抓，推动作风建设合力的发挥。二是要把党性教育作为基础环节抓好，建立健全教育引导机制，通过加强理想信念教育、党风党纪教育、群众路线教育、初心使命教育，使党员干部形成正确的权力观和政绩观，营造良好的政治生态。三是要把选人用人的导向抓好，把作风问题列入干部选拔任用考核的重要内容，着力构建以好的作风选人、选作风好的人的用人机制，奖优罚劣、开门改作风的常态机制，科学有效、运行合理的干部激励考评机制，真正做到有功必奖、有过必惩。四是要把制度执行作为关键，建立健全预警、监督、问责机制，通过坚决执行落实党内一整套制度体系，以制度约束规制党的作风建设，把事前监督、事中监督和事后监督有机结合，确保预警、监督、问责、追责各环节的贯彻执行，防止不正之风回弹，确保作风建设的长期性和有效性。

总之，党的作风建设永远在路上，作为全面从严治党的重要切入点，能够在广大人民群众中形成直接影响。抓作风既要着力解决当前突出问题，又要注重建立长效机制，持续努力、久久为功。党的十八大以来，以纠正“四风”问题为突破点的作风建设成效显著，但仍出现反弹、变异的状况，党的作风建设仍然任重道远，还“需要经历砥砺淬炼的过程，要继续在常和长、严和实、深和细上下功夫”[①]。2022年10月，习近平总书记在党的二十大上进一步指出：要“把握作风建设地区性、行业性、阶段性特点，抓住普遍发生、反复出现的问题深化整治，推进作风建设常态化长效化。”[②]这一认识反映了中国共产党对新时代党的作风建设的深化，指明了新征程上党的作风建设的重点与方向。

三、实现作风建设制度化、规范化、常态化

习近平总书记在党的群众路线教育实践活动总结大会上鲜明指出：“这么多年，作风问题我们一直在抓，但很多问题不仅没有解决、反而愈演愈烈，一些不良作风像割韭菜一样，割了一茬长一茬。症结就在于对作风问题的顽固性和反复性估计不足，缺乏常抓的韧劲、严抓的耐心，缺乏管长远、固根本的制度。”[③]可见，铲除不良作风和腐败现象滋生蔓延的土壤，根本上要靠法规制度，要实现作风建设的制度化、规范化和

① 《中国共产党第十八届中央纪律检查委员会第七次全体会议公报》，《人民日报》2017年1月9日。

② 习近平：《高举中国特色社会主义伟大旗帜　为全面建设社会主义现代化国家而团结奋斗》，人民出版社2022年版，第68页。

③ 习近平：《在党的群众路线教育实践活动总结大会上的讲话》，人民出版社2014年版，第24—25页。

常态化。

实际上，改革开放以来，党的领导人已经逐步认识到作风建设制度化的极端重要性，并在作风建设制度化的实践上作了自觉探索，把党的作风建设和制度建设有机统一起来，逐步把党的作风建设主要由思想教育解决作风问题的方式转变到规范化常态化制度化和思想教育相统一解决党的作风问题的轨道上来。邓小平曾指出，“制度问题不解决，思想作风问题也解决不了”[①]；“对干部和共产党员来说，廉政建设要作为大事来抓。还是要靠法制，搞法制靠得住些”[②]。2001 年 9 月，江泽民进一步指出：“抓作风建设，一靠教育，二靠制度。既要加强思想政治建设，提高党员干部发扬党的优良传统和作风的自觉性与坚定性，又要建立健全一套管用的制度和机制，推进作风建设制度化、规范化。”[③]党的十五届六中全会以加强和改进党的作风建设为主题，把作风建设制度化提到重要位置，提出了解决作风问题的制度建设要求，规定要坚持理论学习制度、调查研究制度、联系群众制度、党内监督制度、依法行政制度、与干部生活作风有关的制度、干部人事制度。2010 年 12 月，胡锦涛又指出：“要健全完善思想作风建设各项制度，把从严的要求贯穿到思想作风建设各个领域各个环节，促进思想作风建设制度化、经常化。”[④]这些论述和实践表明，党的作风建设制度化，是有效抑制不良作风滋长蔓延的重要保证，党的优良作风也会由于广大党员、干部普遍遵守有关制度而日益得到发

① 《邓小平文选》第 2 卷，人民出版社 1994 年版，第 328 页。

② 《邓小平文选》第 3 卷，人民出版社 1993 年版，第 379 页。

③ 《江泽民论加强和改进执政党建设（专题摘编）》，中央文献出版社、研究出版社 2004 年版，第 266 页。

④ 《胡锦涛文选》第 3 卷，人民出版社 2016 年版，第 466 页。

扬光大，这些都为党的十八大以来推进作风建设的制度化、规范化、常态化提供了宝贵经验和实践积累。党的十八大以来，习近平总书记不断强调要通过清晰的制度导向，把干事创业的手脚从形式主义、官僚主义的桎梏、“套路”中解脱出来，逐步形成求真务实、清正廉洁的新风正气。

（一）树立制度的权威性和严肃性

推进作风建设制度化、规范化、常态化，首先要在全党范围内形成制度意识，树立制度的权威性和严肃性，让广大党员、干部敬畏制度、遵守制度。当前，党内制度意识缺失、制度权威性削弱等问题还明显存在，“有些干部连一些基本规矩都不讲，毫无制度意识、毫无敬畏之心，缺乏为官做人的起码底线，口无遮拦、随心所欲，什么话都敢说，什么事都敢干”[①]。这些问题很大程度上是因为思想教育工作没有做到位，党的理想信念和规章纪律没有内化于心，党的制度落实还存在“破天窗”的问题。对此，习近平总书记要求，“制度一经形成，就要严格遵守，坚持制度面前人人平等、执行制度没有例外”；要“坚决纠正有令不行、有禁不止的各种行为，使制度真正成为党员、干部联系和服务群众的硬约束，使贯彻党的群众路线真正成为党员、干部的自觉行动”[②]。

一是养成制度意识，履行维护制度权威的义务。形成制度意识、维护制度权威是党员、干部必须无条件履行的义务，各级党组织要通过教育引导使党员、干部把党章党规党纪刻印在心上，形成尊崇党章、遵守

---

① 《习近平关于严明党的纪律和规矩论述摘编》，中央文献出版社、中国方正出版社 2016 年版，第 72 页。

② 《十八大以来重要文献选编》上，中央文献出版社 2014 年版，第 318—319 页。

党纪的良好习惯，养成纪律自觉。习近平总书记提出，“要加强对党员、干部特别是领导干部的教育，让大家都明白哪些事能做、哪些事不能做，哪些事该这样做、哪些事该那样做，自觉按原则、按规矩办事”[①]；并要求各级党组织要创新教育方式，“积极探索纪律教育经常化、制度化的途径，多做提提领子、扯扯袖子的工作，使党员、干部真正懂得，党的纪律是全党必须遵守的行为准则，严格遵守和坚决维护纪律是做合格党员、干部的基本条件”[②]，使党员、干部心有所畏、言有所戒、行有所止。

二是破除特权思想，自觉增强法规制度意识。《中国共产党章程》明确规定：“中国共产党党员永远是劳动人民的普通一员。除了法律和政策规定范围内的个人利益和工作职权以外，所有共产党员都不得谋求任何私利和特权。”反对特权、破除特权思想是树立制度权威性和严肃性的题中应有之义。习近平总书记要求：“领导干部不论职务多高、资历多深、贡献多大，都要严格按法规制度办事，坚持法规制度面前人人平等、遵守法规制度没有特权、执行法规制度没有例外。越是领导干部，越是主要领导干部，越要自觉增强法规制度意识，以身作则，以上率下，尤其要善于依法规制度谋事、依法规制度管人、依法规制度用权，自觉维护法规制度的严肃性和权威性。”[③]

三是坚决执行制度，形成尊崇制度、敬畏制度的良好氛围。制度的

---

① 《习近平在湖南考察时强调 深化改革开放推进创新驱动 实现全年经济社会发展目标》，《人民日报》2013年11月6日。

② 习近平：《在党的群众路线教育实践活动总结大会上的讲话》，人民出版社2014年版，第26—27页。

③ 《习近平关于严明党的纪律和规矩论述摘编》，中央文献出版社、中国方正出版社2016年版，第103—104页。

生命力在于执行，制度在建立之时要广泛听取广大党员、干部的意见，以便形成对制度的普遍认同，但制度一经形成实施，就必须坚决执行，不能出现“破天窗”问题，否则制度就会形同虚设，“党的章程、原则、制度、部署丧失严肃性和权威性，党就会沦为各取所需、自行其是的‘私人俱乐部’”①。习近平总书记指出，中国共产党要“严肃查处一些党员干部包括高级干部严重违纪问题的坚强决心和鲜明态度，向全党全社会表明，我们所说的不论什么人，不论其职务多高，只要触犯了党纪国法，都要受到严肃追究和严厉惩处，决不是一句空话”②，坚决不留“暗门”、不开“天窗”，使全党形成敬畏制度、尊崇制度、遵守制度、执行制度、捍卫制度的良好环境。所以说，养成制度意识不仅仅是党员的义务所在，全党还需要用严格的纪律维护制度，完善全覆盖的制度执行监督机制，强化日常督察和专项检查。要把制度执行情况纳入考核内容，推动干部严格按照制度履职尽责、善于运用制度谋事干事，以此来增强党员干部对制度的敬畏感。

维护制度的权威性与严肃性是作风建设制度化、规范化、常态化的基础与前提，制度一旦出现“破窗效应”，作风建设的规范化、常态化就无从谈起。因此，党的制度建设需要贯穿作风建设的全过程，在党员、干部的教育、管理、监督等各方面推进作风建设的制度化、规范化和常态化，使广大党员、干部能够严格按党章党规党纪要求自己，知边界、明底线，把他律要求转化为内在追求，使制度成为硬约束而不是“橡皮筋”。

---

① 《习近平关于严明党的纪律和规矩论述摘编》，中央文献出版社、中国方正出版社 2016 年版，第 4 页。

② 《习近平关于严明党的纪律和规矩论述摘编》，中央文献出版社、中国方正出版社 2016 年版，第 71 页。

（二）以法治思维和法治方法抓作风建设

法治思维和法治方法是国家治理和政党治理的基本遵循，作风建设作为党的建设新的伟大工程的重要组成部分也不例外。但是党风不正，就会在党内形成一种“人治”的氛围，以言代法、以权压法、徇私枉法就会甚嚣尘上，法治风尚就会败坏，因此习近平总书记明确提出以法治思维和法治方法抓作风建设。以法治思维和法治方法抓党的作风建设就是要求各级党组织和主要负责人能以法治价值与法治精神为导向，运用法律规范、法律原则、法律方法等对党的作风问题进行分析、综合、判断、推理，以法治的思维想问题、作判断、行措施，以法为据，以法为尺，形成作风建设的规范化、法治化、常态化与长效化。

一方面，健全完善作风建设制度必须坚持法治思维。在十八届中央政治局第十六次集体学习时，习近平总书记就指出：“要本着于法周延、于事简便的原则，体现改革精神和法治思维，把中央要求、群众期盼、实际需要、新鲜经验结合起来，努力形成系统完备的制度体系，以刚性的制度规定和严格的制度执行，确保改进作风规范化、常态化、长效化，切实防止‘四风’问题反弹。”[①]在党的群众路线教育实践活动中，习近平总书记要求及时总结新鲜经验，不管建立和完善什么制度，都要“注重实体性规范和保障性规范的结合和配套，确保针对性、操作性、指导性强”[②]。在十八届中央纪委六次全会上，习近平总书记再次强调：“健全完善制

① 《习近平关于党风廉政建设和反腐败斗争论述摘编》，中央文献出版社、中国方正出版社 2015 年版，第 88 页。

② 《十八大以来重要文献选编》上，中央文献出版社 2014 年版，第 318 页。

度，以党章为根本遵循，本着于法周延、于事有效的原则，制定新的法规制度，完善已有的法规制度，废止不适应的法规制度，健全党内规则体系，扎紧党纪党规的笼子。”[①]由此观之，坚持法治思维是习近平总书记推进作风建设制度化、规范化、常态化坚持的基本理念。在法治理念的指导下，党的作风建设能够更好地形成有效的制度体系，通过扎紧作风建设的制度牢笼，从源头上正风肃纪，为作风建设制度的执行落实提供规范性的保障。

另一方面，推进作风建设制度化、规范化、常态化，必须坚持法治方法。党的十八大以来，以习近平同志为核心的党中央始终把党内法规作为全面从严治党的制度支撑和重要保障，制定、修订和出台了一系列党内法规制度，并使党内法规与国家法律协调衔接，这些为推进作风建设的制度化、规范化、常态化提供了法治条件。以法治方法抓作风建设就是要求各级党组织和党员干部在作风建设中做到依法立规、依法决策、依法履职、依法监督、依法问责等。依法立规要求在作风建设中，要立“明规矩”，改变“一些部门在法律法规和规章的起草、制定过程中，为获取部门利益，将部门权力灌入其中，使部门利益法定化”[②]等严重问题；要破“潜规则”，“让潜规则在党内以及社会上失去土壤、失去通道、失去市场”，使得“全党上下，任何一级组织、任何一名党员和干部都要严格遵守党的组织制度和党的法规纪律，对党忠诚，光明磊落，公道正

① 习近平：《在第十八届中央纪律检查委员会第六次全体会议上的讲话》，人民出版社2016年版，第18页。

② 孙明杰：《改革开放以来政府职能转变研究》，上海三联书店2022年版，第271页。

派”[①]。依法决策要求各级党组织和党员、干部在作风建设中避免决策的随意化，纠正“喜欢拍脑袋决策、拍胸脯表态，盲目铺摊子、上项目，最后拍屁股走人，留下一堆后遗症”[②]的不良作风。依法履职要求领导干部“坚持法定职责必须为、法无授权不可为”[③]，正确履行公权力，不失职、不缺位，避免“拿卡要、雁过拔毛，乱收费、乱罚款、乱摊派，甚至收回扣、拿红包”[④]等歪风邪气，纠正“不思进取、庸政懒政混日子”“患得患失、不敢担当却贪图名利、享受”[⑤]等不良思想作风。依法监督要把法规制度贯穿于作风建设的各个领域、落实到制约和监督权力的各个方面，建立“两个责任”监督机制，健全监督体系，发挥舆论监督、群众监督作用，形成监督的强大合力。依法问责是党的作风建设制度落地生根的利器，习近平总书记要求，“对党中央决策部署贯彻落实不力的，对不服从统一指挥和调度、本位主义严重的，对不敢担当、作风漂浮、推诿扯皮的，除追究直接责任人的责任外，情节严重的还要对党政主要领导进行问责。对失职渎职的，要依纪依法惩处”[⑥]；通过对失职和渎职的人员追

---

① 《习近平关于党风廉政建设和反腐败斗争论述摘编》，中央文献出版社、中国方正出版社 2015 年版，第 45 页。

② 《习近平关于党风廉政建设和反腐败斗争论述摘编》，中央文献出版社、中国方正出版社 2015 年版，第 15 页。

③ 《习近平关于党风廉政建设和反腐败斗争论述摘编》，中央文献出版社、中国方正出版社 2015 年版，第 133 页。

④ 《习近平关于党风廉政建设和反腐败斗争论述摘编》，中央文献出版社、中国方正出版社 2015 年版，第 19 页。

⑤ 习近平：《在党史学习教育动员大会上的讲话》，人民出版社 2021 年版，第 20 页。

⑥ 《中共中央政治局常务委员会召开会议　研究加强新型冠状病毒感染的肺炎疫情防控工作》，《人民日报》2020 年 2 月 4 日。

究责任，处理好权责关系，强化干部责任意识，规范干部履职行为。

以法治思维和法治方法抓作风建设是推进党的作风建设制度化、规范化、常态化的必然要求和必然趋势，也是根除作风上痼疾顽症的治本之策。通过坚持法治思维和法治方法，使党员、干部能够正确有效地履行法律法规规定的职责，不越权、不滥权、不庸政、不懒政、不怠政，使作风建设制度能够成为党员、干部联系群众、服务群众、凝聚群众的硬约束，从体制机制上堵塞滋生不正之风的漏洞。

（三）完善以转作风改作风为重点的制度体系

以转作风改作风为重点的制度体系，涉及制度建设的内容、主体、程序和方式等方面，完善作风建设的制度体系必须坚持作风建设的问题导向，紧扣作风建设的制度问题，把握作风建设的制度特点。对此，习近平总书记深刻指出："抓制度，要把握共性要求，研究个性特点，注重体现作风建设要求，体现机关管理和干部管理规律，体现广大群众意愿，确保形成的制度行得通、指导力强、能长期管用。"[①]2013 年 11 月，党的十八届三中全会审议通过的《中共中央关于全面深化改革若干重大问题的决定》，对于健全改进作风常态化制度作出了明确规定，要求围绕反对形式主义、官僚主义、享乐主义和奢靡之风，加快体制机制改革和建设。这一要求与规定指明了以转作风改作风为重点的制度体系的完善方向与实现目标。

一是健全领导干部带头改进作风制度。习近平总书记指出："各级

① 《习近平在湖南考察时强调 深化改革开放推进创新驱动 实现全年经济社会发展目标》，《人民日报》2013 年 11 月 6 日。

领导干部敢于拿自己开刀，解决问题才能势如破竹，改进工作才能立竿见影。”[①]党的十八大以来，以习近平同志为核心的党中央制定了一系列规范党内高级领导干部作风问题的制度，党的高级干部在落实中央八项规定精神上，在建立联系点真诚谈心、具体帮扶上，在以向我看齐的姿态听意见、摆问题、管自身、抓督查上，确实发挥了榜样示范作用，展现了作风建设的显著成效。实现改进作风常态化，要充分发挥“关键少数”的作用，要建立健全领导干部深入基层调查研究机制，引导基层党员、干部自觉到群众中去，认真听取群众的意见和建议，着力解决群众反映强烈的突出问题和生产生活中的实际问题，从群众中汲取人民的智慧与力量，按照群众的意见改进工作；在联系群众上领导干部要自觉主动，坚持一级做给一级看，一级带着一级干，用做出样子代替喊破嗓子，形成干部联系群众的常态化。

二是深化干部制度改革。干部队伍建设是改进党的作风的重要抓手，习近平总书记要求深化干部制度改革，“完善管思想、管工作、管作风、管纪律的从严管理机制，推动形成能者上、优者奖、庸者下、劣者汰的正确导向”[②]。毛泽东曾经说过：“在这个使用干部的问题上，我们民族历史中从来就有两个对立的路线：一个是‘任人唯贤’的路线，一个是‘任人唯亲’的路线。前者是正派的路线，后者是不正派的路线。”[③]任人唯贤与任人唯亲是两条根本对立的选人用人的干部路线；是坚持任人唯

① 习近平：《在党的群众路线教育实践活动总结大会上的讲话》，人民出版社2014年版，第8页。

② 《习近平在中央政治局第二十一次集体学习时强调 贯彻落实好新时代党的组织路线 不断把党建设得更加坚强有力》，《人民日报》2020年7月1日。

③ 《毛泽东选集》第2卷，人民出版社1991年版，第527页。

贤还是坚持任人唯亲，关系到党和国家各项事业的兴衰成败，关系到党的生死存亡。因此，中国共产党的干部路线是“要任人唯贤，反对任人唯亲”[①]，“共产党的干部政策，应是以能否坚决地执行党的路线，服从党的纪律，和群众有密切的联系，有独立的工作能力，积极肯干，不谋私利为标准，这就是‘任人唯贤’的路线”[②]。但是在党的历史上，任人唯亲、跑官要官、买官卖官、拉票贿选现象是屡禁不止的，党的十八大以来，习近平总书记多次谈到任人唯亲现象对党内造成的损害，指出“任人唯亲、任人唯利、任人唯圈，如同埋下‘定时炸弹’，终究会引爆。为了一己私欲，无视组织原则，提拔重用德才不达标者甚至长期带病的干部，必然扭曲用人导向，挫伤干部队伍积极性，对政治生态造成严重破坏”[③]。因此，转作风改作风的制度建设必须完善选人用人专项检查和责任追究制度，要“深化人才发展体制机制改革，破除人才引进、培养、使用、评价、流动、激励等方面的体制机制障碍”[④]，要“加强对各级‘一把手’的监督检查，完善任职回避、定期轮岗、离任审计等制度”[⑤]，把好干部标准落实到干部选拔、培养、任用和考核的各个方面，切实形成公道正派、选贤任能、知人善任、人尽其才的选人用人导向，着力纠

---

① 《邓小平文选》第3卷，人民出版社1993年版，第146页。

② 《毛泽东选集》第2卷，人民出版社1991年版，第527页。

③ 《习近平关于全面从严治党论述摘编》，中央文献出版社2016年版，第135页。

④ 《习近平在中央政治局第二十一次集体学习时强调　贯彻落实好新时代党的组织路线　不断把党建设得更加坚强有力》，《人民日报》2020年7月1日。

⑤ 《习近平在十九届中央纪委四次全会上发表重要讲话强调　一以贯之全面从严治党强化对权力运行的制约和监督　为决胜全面建成小康社会决战脱贫攻坚提供坚强保障》，《人民日报》2020年1月14日。

正跑官要官等不正之风。

三是坚持落实党内政治生活制度。党内政治生活是锤炼党性、改进作风的重要载体，“全体党员、干部特别是高级干部必须拒腐蚀、永不沾，坚决同消极腐败现象作斗争，坚决抵制潜规则，自觉净化社交圈、生活圈、朋友圈，决不能把商品交换那一套搬到党内政治生活和工作中来”[①]。坚持落实党内政治生活制度，要求“各级党委（党组）要全面履行加强和规范党内政治生活的领导责任，着力解决突出问题，建立健全党内政治生活制度体系，把加强和规范党内政治生活各项任务落到实处”[②]；要求“各级党组织要着力解决不按规定开展党内活动，党内生活质量不高、流于形式、难以发挥作用的问题，切实提高党内政治生活的政治性原则性战斗性”[③]。坚持和落实党内政治生活制度，要坚持不懈开展作风教育，持续保持整治“四风”高压态势，深化领导干部、领导班子、领导机关作风建设，建立健全规范制约权力运行制度，落实管党治党主体责任，为推进作风建设常态化、长效化提供坚强保证。

四是规范作风建设的具体制度，包括会议公文制度、政绩考核制度、领导干部工作生活保障制度、领导干部亲属经商等相关制度规定。改革会议公文制度就要着力改进会风文风，会风文风是党的工作作风的集中反映，中央八项规定明确要求精简会议活动、简报，坚决杜绝文山会海。

---

① 《〈关于新形势下党内政治生活的若干准则〉〈中国共产党党内监督条例〉》，人民出版社 2016 年版，第 41 页。

② 《〈关于新形势下党内政治生活的若干准则〉〈中国共产党党内监督条例〉》，人民出版社 2016 年版，第 41 页。

③ 《关于深化“四风”整治、巩固和拓展党的群众路线教育实践活动成果的指导意见》，人民出版社 2014 年版，第 6 页。

健全严格的财务预算、核准和审计制度，要抓住源头，加强“三公”经费预算编制与支出管理，稳步推进“三公”经费支出公开，严格控制和压缩“三公”经费，着力控制“三公”经费支出和楼堂馆所建设。改革政绩考核机制，要坚决破除“唯 GDP”的政绩导向，引导干部树立正确的政绩观，推动作风转变，用好问责制度，着力解决“形象工程”“政绩工程”以及不作为、乱作为等问题。规范并严格执行领导干部工作生活保障制度，就是要求不准多处占用住房和办公用房，不准超标准配备办公用房和生活用房，不准违规配备公车，不准违规配备秘书，不准超规格警卫，不准超标准进行公务接待，严肃查处违反规定超标准享受待遇等问题，并探索实行官邸制，为保证领导干部的有效履职提供必要的工作保障。完善并严格执行领导干部亲属经商、担任公职和社会组织职务、出国定居等相关制度规定，就是要防止领导干部利用公共权力或自身影响为亲属和其他特定关系人谋取私利，坚决反对特权思想和作风[①]。

党的十八大以来，反“四风”、改作风的制度规定陆续出台实施，“各级根据中央八项规定精神，在联系服务群众、规范权力运行等方面制定和修订了一批工作制度和管理制度，扎紧了制度笼子，强化了对不良作风的刚性约束，按规矩办事、按规矩用权意识显著增强，越界犯规行为减少。不少领导干部说，过去习以为常、司空见惯的‘四风’问题不敢小视了，一人说了就算、一拍脑袋就定、一拍胸脯就办不大行得通了，什么饭都敢吃、什么人都敢交、什么事都敢做受到节制了，头脑中在这几方面的‘紧

---

① 《中共中央关于全面深化改革若干重大问题的决定》，人民出版社 2013 年版，第 37—38 页。

箍咒’自觉勒紧了”[①]。可以说，通过作风建设制度的出台执行，以转作风、改作风为重点的制度体系更加完善，制度执行力和约束力得到加强。

作风建设永远在路上，持续深入改进作风，落实全面从严治党要求，是党和国家各项事业顺利发展的根本保证。反对作风之弊，是一场持久战和攻坚战；解决作风问题是一项经常性工作，必须在抓常、抓细、抓长上下功夫，正如习近平总书记所强调的：“抓作风，无论使好的制度和规矩真正执行起来，还是使不良风气彻底得到扭转，都要有足够的力量和长期的作为，坚持稳扎稳打、步步为营、久久为功。”[②]唯有如此，才能真正实现作风建设的制度化、规范化和常态化，“把好传统带进新征程，将好作风弘扬在新时代”[③]。

① 习近平：《在党的群众路线教育实践活动总结大会上的讲话》，人民出版社2014年版，第5页。

②《习近平在福建调研时强调　全面深化改革全面推进依法治国　为全面建成小康社会提供动力和保障》，《人民日报》2014年11月3日。

③《习近平在十九届中央纪委五次全会上发表重要讲话强调　充分发挥全面从严治党引领保障作用　确保“十四五”时期目标任务落到实处》，《人民日报》2021年1月23日。

参考文献

1.《马克思恩格斯选集》第1—4卷，人民出版社2012年版。

2.《列宁选集》第1—4卷，人民出版社2012年版。

3.《毛泽东选集》第1—4卷，人民出版社1991年版。

4.《邓小平文选》第1—2卷，人民出版社1994年版。

5.《邓小平文选》第3卷，人民出版社1993年版。

6.《江泽民文选》第1—3卷，人民出版社2006年版。

7.《胡锦涛文选》第1—3卷，人民出版社2016年版。

8.《习近平谈治国理政》第1卷，外文出版社2018年版。

9.《习近平谈治国理政》第2卷，外文出版社2017年版。

10.《习近平谈治国理政》第3卷，外文出版社2020年版。

11.《习近平谈治国理政》第4卷，外文出版社2022年版。

12.《习近平关于党的群众路线教育实践活动论述摘编》，党建读物出版社、中央文献出版社2014年版。

13.《习近平关于协调推进“四个全面”战略布局论述摘编》，中央文献出版社2015年版。

14.《习近平关于党风廉政建设和反腐败斗争论述摘编》，中央文献出版社、中国方正出版社2015年版。

15.《习近平关于严明党的纪律和规矩论述摘编》，中央文献出版社、中国方正出版社 2016 年版。

16.《习近平关于全面从严治党论述摘编》，中央文献出版社 2016 年版。

17.《习近平关于“不忘初心、牢记使命”论述摘编》，党建读物出版社、中央文献出版社 2019 年版。

18.《十八大以来重要文献选编》上，中央文献出版社 2014 年版。

19.《十八大以来重要文献选编》中，中央文献出版社 2016 年版。

20.《十八大以来重要文献选编》下，中央文献出版社 2018 年版。

21.《十九大以来重要文献选编》上，中央文献出版社 2019 年版。

22.《十九大以来重要文献选编》中，中央文献出版社 2021 年版。

23. 王沪宁:《政治的逻辑——马克思主义政治学原理》，上海人民出版社 1998 年版。

24. 中共中央党史和文献研究院编:《中国共产党的一百年》，中共党史出版社 2022 年版。

25. 戴焰军:《执政党建设问题研究》，中共中央党校出版社 2013 年版。

26. 夏春涛:《中国共产党怎样解决作风建设问题》，江西人民出版社 2014 年版。

27. 郭亚丁:《全面从严治党——学习习近平党的建设思想论述》，中共中央党校出版社 2015 年版。

28. 张福俭:《作风建设进行时》，人民日报出版社 2015 年版。

29. 中共中央党史研究室编:《中国共产党的九十年》，中共党史出版社、党建读物出版社 2016 年版。

30. 李君如：《办好中国的事情关键在党》，中国人民大学出版社 2016 年版。

31. 张士义、刘志新主编：《新时代党的作风与纪律建设》，中共党史出版社 2018 年版。

32. 张英伟编：《全面从严治党永远在路上》，中国社会科学出版社 2019 年版。

33. 本书编写组编：《加强作风建设全面从严治党》，光明日报出版社 2020 年版。

34. 周良书：《大党风范：中国共产党的作风建设》，中央文献出版社 2021 年版。

35. 张太原：《中国共产党百年成功的方法论》，人民出版社 2021 年版。

36. 穆敏、闫朦：《党的十八大以来作风建设的基本经验》，《理论学刊》2016 年第 1 期。

37. 戴焰军：《关于加强党的作风建设的几点思考》，《党的文献》2017 年第 3 期。

38. 彭庆红、任鹏：《习近平关于党的作风建设重要论述的时代背景与理论特征》，《思想教育研究》2017 年第 4 期。

39. 齐卫平：《习近平新时代党的作风建设思想研究》，《理论探讨》，2018 年第 3 期。

40. 刘红凛、李卫华：《习近平党的作风建设思想的精神品格与实践方略》，《当代世界与社会主义》2018 年第 4 期。

41. 赵旭生：《关于新时代作风建设常态化制度化的思考——学习习近平关于作风建设的重要论述》，《理论视野》2019 年第 7 期。

42. 杨旭鹏：《比较视域下新时代党的作风建设的实践理路——

毛泽东与习近平关于作风建设重要论述之比较》,《党建研究》2020 年第 2 期。

43. 闫书华:《习近平关于作风建设重要论述的时代品格和践行路径》,《理论探讨》, 2021 年第 2 期。

44. 冯留建、江薇:《中国共产党作风建设的历史考察及主要经验》,思想理论教育导刊, 2022 年第 6 期。

后记

以钉钉子精神狠抓作风建设是党的建设的重要组成部分，也是新时代全面从严治党的重要切入点。党的十八大以来，习近平总书记高度关注党的作风建设，并反复要求以钉钉子精神、以抓常抓细抓长的韧劲狠抓作风建设，弘扬时代新风，永葆党的青春活力。在以反对“四风”为突破口深入推进作风建设的过程中，习近平总书记对党的作风建设提出了一系列新观点、新判断、新论述，是其关于全面从严治党重要论述的重要组成部分，为推进党的作风建设的制度化、规范化、常态化、长效化指明了实践方向和具体方法。

本书是2018年度安徽省社会科学规划重大项目“习近平总书记关于全面从严治党重要论述研究”的最终研究成果。项目计划书和撰写提纲由姚宏志召集子课题负责人经反复研究确定，并报有关部门审核批准。本书前言、第一章、第二章、第三章、第六章由沈燕培完成，第四章、第五章由孙亮完成，全书由姚宏志、沈燕培统稿和定稿。

项目计划书和撰写提纲的编写、书稿的修改得到了有关部门领导和相关领域专家的指导。书稿撰写过程中，我们引用和参考了学术界诸多研究成果。在此，一并表达深深谢意！

由于我们水平有限，书稿中难免有不妥之处，恳请广大读者批评指正！

沈燕培

2023 年 1 月